111 GRÜNDE, ALBANIEN ZU LIEBEN

AF566289

Den Möwen, den Mauerseglern und Schwalben,
dem Land der Möwen und deren Republik!

Jörg Martin Dauscher

111 Gründe, Albanien zu lieben

Eine Liebeserklärung an
das schönste Land der Welt

Mit Fotografien des Autors

SCHWARZKOPF & SCHWARZKOPF

Inhalt

... wird, wird, wird!

Vorwort

Zum dritten Mal schon brecht ihr im Mitsubishi-Pick-up nach Saranda auf. Die kurze Saison beginnt, die Touristen trudeln ein und ihr braucht Nachschub für die Taverne. Über Piqueras und Shën Vasil geht es hinüber. Du kennst die Strecke, du kennst sie gut. Nicht hundertmal bist du sie gefahren, aber Dutzende Male sind es schon!

Heute aber ist die Luft klarer als sonst, der Blick zurück auf den Mali i Çikes ist phänomenal, Porto Palermo ist auszumachen, die Häuserreihen von Qeparo leuchten in der Morgensonne auf, vor euch Shën Vasil, von wo aus es landeinwärts weitergeht, um die Küstenberge herum, das Meer, die Ionische See verliert ihr aus dem Blick. Gjergj fährt schnell, es gibt kaum Verkehr, er sucht das griechische Radio (Ena), weil er immer das griechische Radio sucht, Pantelis Pantelidis singt *Ginetai*, als ihr über den Pass hinüber seid und bis nach Delvinë und zum Mali i Gere blicken könnt – jener Pantelidis mit dieser sehr weichen, sehr reifen Stimme, der nur 32 Jahre alt wurde, Autounfall.

Gjergj hat nebem dem albanischen auch einen griechischen Pass, der Landstrich nahe der griechischen Grenze heißt *Laberia* und ist zweisprachig. Pantelidis singt von der Liebe – *κοντά σου έρχομαι καρδιά μου και περιμένω να σωθώ* –, und ihr fahrt über den Kreisverkehr, wo ihr wenige Tage zuvor Emilija abgesetzt hattet, die von dort nach Gjirokastra hitchhiken wollte – *γίνεται γίνεται γίνεται* –, ihr schnallt euch an, der Straßenasphalt vor euch zieht sich am Bergrücken entlang wie eine schimmernde Vene.

Es ist erst acht Uhr, und du hast Tränen in den Augen, Tränen, von denen du selber nicht weißt, wo sie herkommen. 111 Gründe, sagst du dir später, wozu 111, wenn doch ein einziger schon ausreicht? Es wird, wird, wird!

Jörg Martin Dauscher

»Albania amazes me, makes me exhausted and drives me crazy. But this country is never boring. There is always something to discover, something that will surprise you, rejoice you, terrify you ...«

Robert Elsie

I

Stolz und Vorurteil

1. Grund

Weil Amerika gegenüber von Korfu liegt

In das Dorf Amerika kam ich erstmals, indem der Bus nicht kam. Das heißt, natürlich kam der Bus, ich war jedoch zu spät dran gewesen: Ich hatte fest damit gerechnet, nach vier Uhr nachmittags noch aus Amerika wegzukommen. Heute weiß ich gar nicht mehr, warum ich das wollte. Heute wohne ich während des Sommers dort.

Ich lebe im unteren Dorf, im alten Teil, die Wege gleichen Stiegen und die Steine sind 100 Jahre alt; sie führen an Metalltoren und weiß gekalkten Einfriedungen vorbei. Mit dem Auto kommt man dort gar nicht hin und muss einen guten Kilometer hinuntersteigen bis zu den Häusern am Hang. Dem Wasser muss man folgen, wenn man zu meinem Haus will, denn entlang der Steine läuft ein kleiner Kanal, gurgelt und gluckert den ganzen Sommer über. Er dient der Bewässerung der Gärten, als Waschwasser und zum Kochen. Zum Trinken taugt das Wasser nicht, eine Trinkwasserversorgung gibt es nicht, nicht im alten Dorf und auch nicht im neuen, Trinkwasser muss in großen Plastikgalonen zu fünf oder sechs Litern erworben und die Stiegen hinuntergeschleppt werden.

Im Vorübergehen sehe ich an den Toren und Mauern von Alt-Amerika weiße Möwen auf blauem Grund. Manche sind verwittert, andere frisch aufgetragen. Ich weiß nicht zu sagen, was das Symbol bedeutet, ich habe es immer nur hier gesehen. Meine Bekannten tragen allesamt Schwarz und Kopftuch, ich bringe Lebensmittel aus dem Oberdorf mit, von der Straße, wo es die kleinen Geschäfte gibt. Sie schenken mir Zitronen, Orangen, Tomatensetzlinge und Küsse auf beide Wangen. Ich erkenne sie von ferne daran, ob sie ein weißes Kopftuch tragen oder ein schwarzes, ob der Stock aus Naturholz ist oder ebenfalls schwarz. Ich erkenne sie an ihren Bewegungen, bei Zonjë Theodora ist es die linke Hüfte, bei Zonjë Lindita sind es die Knie.

Ich muss dazusagen, dass Amerika in Wirklichkeit ganz anders heißt, nur ich nenne es so: Ich bin der Einzige, der das Dorf so nennt. Ich kam auf den Namen, weil im unteren Dorf fast jedes dritte Haus leer steht. Und als Zonjë Theodora mit mir erstmals die Stiegen hinabging zum Gemüsegarten und zum alten Haus, da hatte sie auf dieses oder jenes Gebäude gedeutet und jedes Mal gesagt:

– Amerika!

Die südliche Küste ist ein Abwanderungsgebiet. Seit den frühen 1990er Jahren wurde die Hauptstadt Tirana, das nahe Griechenland, Italien und vor allem die USA wieder, was sie vor dem Kommunismus schon einmal waren: Hauptziele der Migration. Auch Theodoras Töchter weilen fern der Heimat, wohnen in Cleveland, Ohio, in Athen sowie in Tirana und kommen nur selten nach Hause. Zonjë Theodora aber liebt Amerika, sie liebt den Blick über das Meer auf Korfu, sie liebt die Orangenbäume und das Klima. Theodora spricht vom »Aroma« Amerikas, sie ist nie auf die Idee gekommen, wegzuziehen. Obwohl sie einen amerikanischen Pass hat, wie sie mir immer wieder erzählt.

2. Grund

Weil die südliche Küste Albaniens der Welt entrückt ist

Entlang der Bucht von Vlora dominieren die Neubauten, legale und illegale, fertige und halbfertige sowie diejenigen, die nie fertiggestellt werden: Hotels, Apartmentblocks und Privatdomizile. Dies ändert sich schlagartig, sobald man weiter nach Süden fährt und der Bus sich über den tausend Meter hohen Llogara-Pass gemüht hat. Dann fällt der Blick hinunter auf die andere Seite, auf die Fläche des Ionischen Meeres, eingerahmt vom drastisch aufsteigenden Höhenzug des Ceraunischen Gebirges. Vor einem erstreckt sich der erstaunlich verlorene, bemerkenswert ursprüngliche Küstenabschnitt der Albanischen Riviera, die *Bregu i detit*. Weit unten liegt auf halber Höhe, zwischen Bergen und Meer, das Dorf Amerika.

Amerika schaut aus sicherer Distanz auf ein seltsam leeres Meer hinab – es gibt kaum Boote, kaum Anlegestellen. Nur einige Trawler drehen ihre Runden, weiter in der Ferne ziehen die Fähren von und nach Kerkyra vorbei und seltener ein Frachtschiff. Die alten Häuser von Amerika stehen am Hang, die steinernen Kirchlein sind orthodox, in nicht wenigen Familien wird griechisch gesprochen. Eine einzige Straße verbindet das Dorf mit den anderen Küstendörfern des Landstrichs, windet sich zeitraubend über Hügelkuppen und durch Taleinschnitte. Bis hinunter zu den Stränden sind es fast 200 Höhenmeter, die Pfade führen über Hügel und Olivenhaine bergab, Straßen, zumal befestigte, gibt es kaum.

Die *Bregu i detit* wirkt in mehrfacher Hinsicht der Welt entrückt: Weit unten liegt die See, schimmert jeden Tag in einem anderen Licht, direkt im Rücken der Dörfer stehen die hohen Berge, an denen Sommergewitter toben und über die außer Hirtenpfaden kein Weg führt. Gegenüber glitzern nachts die Lichter von Korfus Nordküste, künden heute noch von jener anderen Welt, von jenem Westen, der von Amerika aus gesehen im Süden liegt.

Wenn ich in Berlin bin und Nachrichten lese, habe ich stets das Gefühl, ich wäre von diesen umzingelt. Auch in Amerika nehme ich am Geschehen der Welt teil, stehe aber unter dem Eindruck, dieses wäre weit weg und würde mich nicht unmittelbar angehen. Tirana ist ja schon unvorstellbar weit entfernt, und selbst Saranda liegt hinter Bergzügen versteckt.

3. Grund

Weil es ganz einfach ist, nach Albanien zu kommen

Ich bin der einzige Ausländer, der in Amerika wohnt, aber bei Weitem nicht der einzige mit einem ausländischen Pass. Damals, als der Bus nicht kam, war ich zunächst in das Café des Ortes gegangen und hatte nach einem Zimmer gefragt, um später dann hinunterzugehen, ins alte Dorf, nach Alt-Amerika, wo ich auf Zonjë Theodora traf. Anschließend ging ich durch die Olivenhaine zum Strand, wo ein paar Männer Strandliegen aufstellten, Strohdächer ausbesserten und sich offensichtlich auf die Saison vorbereiteten.

– Hey Tourist! Du bist viel zu früh dran!

Ein hochgewachsener, sehniger Typ strahlte mich an.

– Na komm, setz dich. … Raki? Du trinkst doch Raki?

Gjergj würde er heißen, das Boot da, das sei seines. Er sei Fischer und würde im Sommer die Taverne betreiben und Zelte vermieten. Wer ich denn sei und wo ich mein Albanisch gelernt habe?

– Auf der Straße, sage ich.

Da habe er sein Englisch auch her, sagt er.

Vieles in Albanien ist mir einfach so geschehen, ohne dass ich es hätte kommen sehen oder gewollt. Genaugenommen ist mir ganz Albanien einfach so passiert. Und anders kann ich mir das alles gar nicht vorstellen …

Die häufigste Frage, die mir in vergangenen Jahren gestellt wurde, war, wie um alles in der Welt ich denn nach Albanien gekommen sei. Ich will daher die Antwort nicht schuldig bleiben, es ist eigentlich ganz einfach: meist mit dem Flugzeug direkt nach Tirana. Wenn ich direkt in den Süden wollte, dann gelegentlich auch über Korfu, einmal mit der Fähre von Triest nach Durrës und einmal über Mazedonien am Ohridsee entlang. Zudem einmal mit der Bahn über Belgrad und Podgorica, wo man allerdings in den Bus umsteigen muss. Von Prizren im Kosovo habe ich mich ebenfalls einst über Gjakova nach Bajram Curri in die Albanischen Alpen durchgeschlagen, in das Valbona-Tal.

Erstmals nach Albanien kam ich aufgrund eines Zufalls: Ich habe einen Berliner Studienfreund, Alfons, mit dem ich eine Zeit lang zusammenlebte und der mich eines Tages zu sich nach Hause einlud: in sein Dorf nach Nordalbanien, nach Naraç. Dieser Einladung war ich damals gefolgt. Das war 2006, also zu einer Zeit, als Albanien noch nicht einmal wahrgenommen wurde, und wenn überhaupt, dann negativ. Von dieser ersten Zeit in Albanien, vom Werdegang meines Freundes Alfons und von dessen Familie, habe ich ausführlich im Buch *Albanische Episoden* berichtet, sodass sich das hier erübrigt. Nur so viel: Das Land hatte mich beeindruckt und weiterhin beschäftigt. Und ich halte fest: Albanien ist mir passiert, ist zu mir gekommen.

4. Grund

Weil Albanien einem passiert

Ich habe den Eindruck, dass in dem Moment, wo man beschließt, nach Albanien zu reisen, einem diese Reise arrangiert wird, befördert und choreografiert. Der Zufall kommt auf den Plan, und das Vorhaben, in jenes randständige, bislang übel beleumundete, verfemte und vergessene Land zu reisen, wird von hoher Stelle befördert: Von dem Augenblick an, an dem man seine Aufmerksamkeit auf Albanien richtet, ist es, als würde man ein morphogenetisches Feld betreten, welches passgenaue Zufälle herstellt und die Umstände so steuert, dass diese ineinandergreifen wie ein Puzzle, dass sich absonderliche Handlungsstränge ergeben und romanhaft überlagern. Zum Glück hat man in Albanien viel zu wenig Zeit, um sich darüber klar zu werden, erst in der Rückschau wird man gewahr, wie Albanien einem passiert ist. Man muss sich eingestehen, dass es nicht die Willenskraft war, nicht die eigenen Entscheidungen, die einen durch das Land trugen, sondern die Begebenheiten und die Begegnungen. Man merkt, wie eins zum anderen kam und einen in die Mitte nahm. »... Jetzt fabuliert er aber was vom Hocker!«, denken Sie jetzt wohl, oder? Sie glauben mir nicht! Nun, dann hören wir uns doch Emilijas Geschichte an! Die ist eine neutrale Instanz, und ich protokolliere lediglich, was Emilija mir erzählt hat, nachdem wir sie in Amerika aufgelesen hatten.

Emilija studiert in Vilnius, Litauen, und verbringt ihre Sommer draußen in der Welt. Aus dem Atlas hatte sie sich Albanien als Destination herausgesucht, aber ansonsten keinerlei weitere Informationen eingeholt, im Glauben, ankommen würde sie dort ohnehin nicht, vielleicht schon in Tschechien umkehren müssen.

Der alte Rucksack war gepackt, Zelt und Matratze waren mitgenommen, als Emilija als Anhalter irgendwann Ende Juni an einer Tankstelle außerhalb von Vilnius stand, bereit für die erste Etappe. Die erste Etappe sei eigentlich ganz einfach, sagt sie, denn jedes zweite Auto führe nach Polen. Diesmal aber war dem nicht so, die Pkw ließen sie stehen, und sie war schon ein wenig frustriert, als ein Lkw-Fahrer von sich aus anbot, sie mitzunehmen. Der Lkw war in Schweden zugelassen, Emilija weiß das, denn sie notiert sich zuvor immer die Nummernschilder. Wo sie hinwolle, wollte der Fahrer wissen.

– Nach Albanien!

Der Fahrer schaute sie verdutzt von der Seite an, schwieg und begann dann umständlich in einer Sporttasche zu kramen, die andere Hand am Lenkrad. Emilija bekam ein wenig Angst, denn der Fahrer begann seltsam schief zu lächeln. Was macht er nur, dachte sie, sucht er nach einer Waffe, ist die Fahrt jetzt schon vorüber?

Die Hand des Fahrers fand schließlich, was sie gesucht hatte. Sie zeigte den albanischen Pass mit dem Doppeladler vor. Vier Tage später und 2.500 Kilometer weiter sprang Emilija in Berat, Zentralalbanien, aus dem Fahrerhaus.

5. Grund

Weil Sie eingeladen werden, zum Kaffee, zum Raki oder in die Familie

In Strömen habe es geregnet, junge Hunde und Katzen seien vom Himmel gestürzt. Keine Möglichkeit habe es gegeben, per Anhalter nach Korça zu kommen, also habe sie den Bus genommen, erzählt Emilija. Eine ganz seltsame Atmosphäre habe im Bus geherrscht, so sonderbar schweigsam und in sich gekehrt hätten die Mitreisenden gewirkt, während der Regen an die Scheiben gedrückt wurde und nichts vom Land zu sehen gewesen sei.

Eine Frau habe sie minutenlang angesehen, habe sich im Sitz umgedreht und sie regelrecht angestarrt. Dass Männer starren, das passiere schon mal, aber eine Frau? Schon habe sie sich gedacht, spreche ich sie halt an, als die Frau sich zu ihr setzte und von sich aus das Gespräch aufnahm:

– Aus Litauen!

Die leichte Enttäuschung, die über das Gesicht der Frau gehuscht war, sei ihr nicht entgangen. Und in der Tat, mit den blauen Huskyaugen und dem dunkelblonden Haar könnte man Emilija durchaus für eine Deutsche halten – für das Klischee einer Deutschen. Es stellte sich heraus, dass die Frau Deutsch lernte und auf eine Unterhaltung in der Fremdsprache spekuliert hatte.

– Und wo willst du hin?

– Nach Korça.

Nein, niemanden würde sie dort kennen und auch noch nicht wissen, wohin gehen.

– Dann komm doch zu uns!

Eine gute Woche verbringt Emilija in Korça, bei jenen Leuten, die sie später ihre »albanische Familie« nennen wird. Sie schläft auf einem der drei Sofas in der Wohnküche, einzig die Eltern haben ein Schlafzimmer für sich. Emilija wird mit den wichtigsten Vokabeln ausgestattet, mit einer albanischen SIM-Card und Zukunftsoptionen: Der Sohn des Hauses ist in ihrem Alter, und dessen Mutter bemüht sich nach Kräften, zwischen den beiden eine Verbindung herzustellen. Als sie zum Kaffeetrinken in die Öffentlichkeit geschickt wurden, zur Sicherheit in Begleitung der kleinen Schwester, ist es den beiden jedoch ein bisschen peinlich, so sprachlos beieinander zu sitzen. Und wir müssen davon ausgehen, dass auch bessere Fremdsprachenkenntnisse der Verbindung nicht auf die Sprünge geholfen hätten, zu groß sind die kulturellen Unterschiede, die familiären Hintergründe, die sich daraus ergebenden Erwartungen und Zukunftspläne, als dass dies durch Wortschatz überbrückt werden könnte.

Den meisten Reisenden, die ich über die Jahre in Albanien getroffen habe, ist es nicht anders ergangen. Auch diesen hatten Zufälle den Weg nach und die Wege durch Albanien gebahnt, auch diese hatten das Glück, mit minimalem Vorwissen in ein äußerst freundliches Land zu reisen. Einem war im montenegrinischen Podgorica der Sammelbus nach Shkodra aufgefallen, Podgorica war ihm langweilig erschienen, und von Abenteuerlust gepackt, dachte er sich: Nun, warum nicht! Eine andere fuhr jahrelang in die Sommerfrische nach Korfu, blickte von dort aus auf die massiven Gebirgszüge der albanischen Küste, schlug eines Tages alle gut gemeinten Warnungen in den Wind und machte sich mit der Fähre nach Saranda auf. Ein Dritter, ein Musikwissenschaftler, geriet aufgrund eines Forschungsprojekts in die Bergdörfer der Laberia, wo er mit seinen Kollegen polyfone Gesänge aufnahm, um diese zu konservieren.

Shkodra ganz im Norden Albaniens ist eine katholisch geprägte Stadt venezianischen Ursprungs, das südliche Saranda hat etwas fast Karibisches, und im Bergland der Laberia haben uralte Bräuche bis auf den heutigen Tag Bestand. Nun da unsere drei Reisenden einmal dort eingetroffen waren, fanden sie sämtliche Vorurteile unzutreffend und das Gegenteil wahr: wie spektakulär die Landschaft sei, wie offen und herzlich die Menschen! Wie spannend, wie anregend, wie aufregend dieses Land! Sie müssen davon zu Hause erzählt haben, von ihrer Entdeckung Albaniens und von dieser seltsamen Atmosphäre, dieser besonderen Mischung aus Fremdartigkeit, mediterraner Offenheit und Wildheit. Denn irgendwann begann sich der Wind zu drehen, und Albanien wurde von Menschen bereist, die genau dies suchten, Albanien wurde zum Reiseziel. Zunächst waren es die Rucksacktouristen, die jungen Backpacker, dann kamen die Motorradfahrer und schließlich die Wohnmobile.

6. Grund

Weil sämtliche Vorurteile unzutreffend sind

Albanien ist inzwischen durchaus auf der Landkarte des Tourismus verzeichnet, trotzdem beherrschen immer noch Vorurteile, Desinteresse und Ahnungslosigkeit viele Gespräche und sogar Zeitungsartikel. Vorurteile entspringen einem Mangel an Wissen, sie sind der Desinformation geschuldet. Desinformation bedeutet nicht, dass man weder etwas über ein Land zu lesen bekäme, noch dass nicht regelmäßig berichtet würde: Es sind jedoch die gleichen Geschichten, die wieder und wieder erzählt werden, es sind ganz bestimmte Ausschnitte der Wirklichkeit, die es in die Medien schaffen und dort wiederholt und variiert werden. Man glaubt in den Redaktionen zu wissen, was das Publikum will, was spannend ist und lesenswert, sprich welche Themen für Auflage und Einschaltquote sorgen. Im Fall von Albanien sind das: Blutfehden, eingeschworene Jungfrauen, Bunker. Dies sind Randphänomene in einem Transformationsland, die ich gar nicht leugnen will und noch beleuchten werde (vgl. Grund 12 und 102), die jedoch, häufig wiederholt, eine gesamte Region exotisieren und Vorurteile bedienen.

Ein gewisser Claas Relotius hat sein Publikum (und die Redaktionen) jahrelang sehr erfolgreich mit dem versorgt, was es hören wollte, und zu diesem Zweck ein wenig die Fantasie spielen lassen und maßlos übertrieben. Ihm ist auch ein Stück geschuldet, das in der *NZZ* erschien und die Blutrache in Nordalbanien zum Thema hatte. Krsto Lazarević hat sich für die Website »Übermedien« die Mühe gemacht, diesen Artikel genauer anzusehen, und stellt die 3000 Familien Shkodras, die sich in Blutfehde befänden, wie Relotius schreibt, jenen 68 gegenüber, die ein Artikel der BBC 2017 etwas genauer verzeichnet. Relotius' Artikel zeichnet ein Bild von einer Stadt, die sich am Rande des Kriegszustands befindet und in der Gewalt auf der Tagesordnung steht. Das Gegenteil ist der Fall, Shkodra ist eine aufblühende, lebendige, überaus sichere Stadt. Aber es sind Relotius' Schauergeschichten, die auf offene Ohren trafen, gerade weil sie Vorurteile bedienten …

Vorurteile sind ja auch nicht komplett falsch, sie bestehen meist – nicht immer, für Gott, nicht immer – aus einem durchaus wahren Kern, der aber ins Groteske aufgebläht wird und der alles andere überlagert, weil ihm kein Korrektiv zur Seite gestellt wird. Die nigerianische Schriftstellerin Chimamanda Adichie spricht diesbezüglich von »single stories«. Ihr zufolge ist es Aufgabe der Schriftsteller, diese zu erweitern und zu ergänzen, auf dass die Wirklichkeit wieder Platz nähme, zwischen unseren Zeilen: in der Vorstellungskraft und dem Geist unserer Leser. Denn Schriftsteller würden über etwas sehr Kostbares verfügen, an dem es den Medien meist mangelte: ausreichend Zeit und genügend Platz. Und ein Buch zu lesen, das sei immer noch etwas für diejenigen, die sich ihrerseits die Zeit nehmen, die es genauer wissen wollen: kostbare Leser!

Die Blutrache jedenfalls ist ein Überbleibsel aus dem Gewohnheitsrecht der Berge, aus dem sogenannten Kanun. In den 90ern sind alte Blutfehden teils wieder aufgelebt, teils wurden sie als Ausflucht genutzt, um Bandenkriege zu legitimieren. In dieser Zeit ist das Regelwerk des Kanuns in Nordalbanien aufgrund der Absenz einer staatlichen Ordnungsmacht zudem stellenweise wieder in Kraft gesetzt worden. Seitdem aber ist ein Vierteljahrhundert vergangen, und sowohl die Kirche als auch der Staat haben das ihre dazu beigetragen, dass Blutfehden heutzutage keine Rolle mehr spielen und sich nur noch vereinzelt Familien »im Blut« befinden. Wenn Relotius im genannten Artikel schreibt, ein böses Wort, eine harmlose Beleidigung oder ein Streit um Geld reiche »heute« (sic!) aus, damit ein Mann den anderen erschlagen würde, dann ist das völliger Unfug. Es gibt schlicht keine neu entstehenden Blutfehden.

Zu den alten gesellen sich mittlerweile neue Vorurteile, Desinformation auf einem anderen Niveau, das vorzugsweise auf Kanälen wie Arte ausgestrahlt wird: Dort werden zugunsten von spektakulären Landschaftsbildern große Teile der albanischen Lebenswirklichkeit ausgeblendet. Albanien wird erneut romantisiert, diesmal zwar positiv, aber dies ändert nichts an der Lückenhaftigkeit, welche auch diese Berichte auszeichnet. Da wird auf einmal die Fjordlandschaft des Nordens in Szene gesetzt und mit Norwegen verglichen, es fällt aber kein Wort darüber, dass die Weiler am Seeufer von massiver Abwanderung betroffen sind und vor sich hinsterben. Da werden die Strände des Südens in den höchsten Tönen gelobt, und keine Kamera schwenkt auf die wilden Mülldeponien und das ungelöste Plastikproblem, zu dem jeder Tourist, ob er will oder nicht, beiträgt.

Der Grund ist immer derselbe, es ist Vorsatz und Unwissenheit plus Mangel an Zeit: Vor Kurzem habe ich die Redaktion eines deutschen Privatsenders (recht erfolglos) beraten, die ein Feature über Urlaub in Albanien sowie über die Amüsiermöglichkeiten an den albanischen Stränden drehen wollten (Vorsatz). Vier Drehtage (Mangel an Zeit) waren dafür vorgesehen, und Albanien sollte, ich zitiere wörtlich, »als Alternativdestination zu Ischia oder Mallorca« dargestellt werden. Das Drehteam brach zeitig im Mai (Unwissenheit) auf und fand die Strände allesamt verlassen, die Beachbars geschlossen und von Feierstimmung keine Spur – im Juli und August hätten sie die Bilder bekommen, die sie haben wollten.

Sehen Sie, das ist das Grundproblem: diejenigen Bilder bekommen zu wollen, die man sich einbildet. Das klappt nicht, das klappt nie. Die Wirklichkeit ist immer eine andere, als die Vorstellung wahrhaben will – und Albanien ist vieles, ganz gewiss aber keine »Alternativdestination zu Ischia oder Mallorca«. Und Vorurteile, ganz gleich auf welchem Niveau, halten einer Überprüfung nie stand. Immer ist die Wirklichkeit komplexer, als wir glauben.

7. Grund

Weil Teile Ihres Umfelds noch immer glauben, Albanien sei trist und gefährlich

Noch immer hält sich hartnäckig die Überzeugung, Albanien sei irgendwie gefährlich, und die Albaner seien allesamt Halunken. Nun, solch großflächig und großzügig angewandte Vorurteile machen es einem zwar leicht, zeugen jedoch nicht unbedingt von einem differenzierenden Intellekt: Albanien bedeutet in vielen Köpfen sozusagen Osten plus Balkan mal Nordkorea – ganz so, als hätte die Natur zwischen Kroatien (herrlich!), Montenegro (Geheimtipp!), Korfu und ganz Griechenland (Karibik Europas!) eine Ausnahme eingebaut, ungefähr 450 Küstenkilometer veröden lassen, mit Bunkern zugestellt und die Menschen dort von Grund auf vergiftet. Noch immer wird, sobald in meiner Gegenwart das Thema »Albanien« aufkommt, mit Bestürzung reagiert.

Nun, die Überzeugung, der Osten sei grau und trist, auch wenn er im Süden liegt, ist ein Relikt des Kalten Krieges: Nirgendwo ist in den letzten 30 Jahren mehr passiert als im Osten. Nirgendwo ist Europa vitaler als in den ehemals sozialistischen Ländern. In Westdeutschland hat man keinen Begriff davon, denn dort hat sich ja nicht wahnsinnig viel verändert, dort lief ja alles einfach weiter. Umso erschreckender finde ich zuweilen die Ignoranz, die man gegenüber dem Osten hegt. Und ich schließe mich da ein: Neben Tirana war ich in Sofia, in Belgrad und schließlich in Bukarest. Jeweils glaubte ich in eine graue, monotone Stadt zu reisen. Pustekuchen! Auf Tirana kommen wir noch zu sprechen, zu Belgrad nur so viel: Ganz gewiss eine der schönsten Städte des Kontinents! Sofias Innenstadt erinnert wiederum an manche *Quartiers* von Paris, Bukarest kann es in Sachen Aufbruchstimmung mit dem Berlin der Jahrtausendwende aufnehmen. Der Idiot, der davon keine Ahnung hatte, der war ich, und deswegen musste ich viel verreisen.

In Bezug auf Albanien geht es mir inzwischen ähnlich wie den Albanern selbst, ich bin die Vorurteile leid, und sie sind mir zu grob gestrickt, um überhaupt dagegen zu argumentieren. Viel interessanter ist es, nach den Ursprüngen zu fragen: Als im Jahre 1997 in Albanien die öffentliche Ordnung zusammenbrach, der Staat und die Staatsgewalt sich auf wenige Quadratkilometer im Zentrum Tiranas zurückzogen, die Löhne und Gehälter ausblieben, da gingen irgendwann auch die Gefängniswärter nach Hause zu Kindern und Familien, nicht ohne die Gefängnistüren offen stehen zu lassen. Was sich daraufhin binnen weniger Wochen nach Griechenland ergoss, das waren jetzt in der Tat nicht die Intellektuellen Albaniens, auch nicht die Familienväter und schon gar nicht die Besitzer von Grund und Boden. Jenen Tausenden Besitzlosen, die keine Verwandte und keinen Ort hatten, an den sie zurückkehren konnten, und die stattdessen südwärts zogen, ist der schlechte Ruf der Albaner in Griechenland geschuldet. Bei uns im Norden waren es die Fernsehbilder der übervollen Frachter 1991 auf dem Weg nach Brindisi und Bari, der hohläugigen, schweigsamen Massen an den Kais, die auf Jahre hinaus das Albanienbild prägten. Damals war es das Fremde schlechthin, das gänzlich Andere, das da die europäische Bühne betrat. Wir gruselten uns ein bisschen und wandten uns wieder ab, bis uns 1997 erneut Bilder von Flüchtlingen, Unruhen und dem Zusammenbruch der öffentlichen Ordnung erreichten, dicht gefolgt vom beginnenden Kosovokrieg. Dass Albanien sich anschließend auf den Weg gemacht hat, Wirtschaft und Politik konsolidiert hat, das bekamen wir dann gar nicht mehr mit.

Nun ist es zu allem Überfluss auch noch so, dass man selbst von Albanern vor Albanien gewarnt ist. Genauer gesagt vor jenem Landesteil, in dem man sich gerade nicht befindet. Den Menschen im Norden ist der Süden suspekt, jenen im Süden der Norden und allen zusammen die Hauptstadt. Im Norden heißt es, den Südalbaner sei nicht zu trauen, im Süden erzählt man sich von den Clans und der Blutrache im Bergland des Nordens. Der Grund für diese »Binnenvorurteile« liegt sowohl in der Heterogenität Albaniens als auch der gepflegten Unkenntnis des jeweils anderen Landesteils: Der Norden ist katholisch geprägt, hier leben die sogenannten Gegen, im islamisch und griechisch-orthodoxen Süden die Tosken.

Die Landesteile unterscheiden sich nicht nur hinsichtlich der Religion, sondern überdies in Sachen Gebräuche und Dialekt. Es ist gar nicht so selten, dass jemand, den es sagen wir von Shkodra nach Saranda verschlägt, sich nicht auf Anhieb verständlich machen kann: Die sprachlichen Unterschiede betreffen nicht nur Aussprache, sondern auch Wortschatz und Struktur. Damit gehen weltanschauliche Differenzen einher: Bis heute gilt der Süden, da einst das Stammland der kommunistischen Führungsriege, als sozialistische Hochburg, der Norden hingegen als mehrheitlich den Demokraten zugeneigt.

8. Grund

Weil die Religionszugehörigkeit kaum eine Rolle spielt, wie alle betonen (außer vielleicht bei der Frage, wo man einkauft oder Kaffee trinkt, oder wenn Erdogans Geld im Spiel ist)

Kristi Gongo ist Journalistin beim landesweiten Sender Top-Channel und stammt ursprünglich aus Korça, aus einer islamisch geprägten Familie. Geboren wurde sie am Weihnachtsfeiertag, was ihre Eltern zum Anlass nahmen, sie nach dem Christkind zu benennen, das sie ja ist. Albanien wird häufig als islamisches Land dargestellt, was insofern stimmt, als dass ca. 57% der Bevölkerung sich zum sunnitischen Islam bekennen (17% katholische und orthodoxe Christen, 2% alevitische Bektaschi – der nicht unerhebliche Rest von fast einem Viertel der Bevölkerung bezeichnet sich als atheistisch, als gläubig ohne Kirchenzugehörigkeit oder lässt die Frage schlicht unbeantwortet). Mit solcherlei verkürzter Information ausgestattet, wundern sich die Touristen in Tirana über die unterschiedslose Uniform der Damenwelt, welche auf High Heels und in voller Kriegsbemalung durch den *blloku* schlendert sowie mit künstlichen Fingernägeln im Pradatäschchen nach dem Samsung fandet: Von Verschleierung keine Spur bzw. ab und zu mal ein Kopftuch, aber selten – seltener als in Münster, Paderborn oder sogar Finsterwalde.

Albanien ist nicht christlich oder islamisch, Albanien ist vor allem albanisch geprägt. Man sagt, die Religion der Albaner sei zuvorderst das Albanertum – und da ist was dran! Vielleicht haben Sie im Hinterkopf, dass Albanien einst als einziges atheistisches Land der Welt galt: Ab 1967 kopierte der Diktator Enver Hodscha Maos Kulturrevolution und schickte die verbliebenen Priester, Pastoren und Imame in die Verbannung oder in den Tod. Kirchen und Moscheen wurden geschlossen, abgerissen oder umfunktioniert. Shkodras Kathedrale beispielsweise wurde zur Sporthalle. Sämtliche Religionsausübung war bis 1992 unter Strafe gestellt und wurde zumindest bis zum Tod Enver Hodschas 1986 verfolgt. Die Albaner kehren also seit den 90ern zurück zur Religion und zu den familiären Traditionen, innerhalb derer das Bekenntnis eine große Rolle spielt. Die Religionsausübung hingegen ist weit weniger wichtig als der kulturell-historische Rahmen, den die Religion stiftet. Zudem ist Albaniens Geschichte von religiöser Toleranz und Pragmatismus geprägt, extremistische oder eifernde Bewegungen gab es innerhalb des Flickenteppichs kaum, wo ein Dorf sich zu der einen, das nächste zu der anderen Religion bekannte. Der heutige Staat ist streng laizistisch, trennt also Staatswesen von Religionsausübung – derart radikal, dass sich der Staat auch nicht für die Finanzierung der Religionsgemeinschaften oder die Ausbildung von Amtsträgern zuständig fühlt. Diesem Umstand wiederum ist der wachsende Einfluss der Türkei oder Saudi-Arabiens geschuldet, denn von dort kommt das Geld für Gehälter und Neubauten, dort werden die Imame ausgebildet – bzw. wurden, denn seit 2011 gibt es in Tirana eine eigene Koranschule.

Raki zu destillieren steht mitnichten im Widerspruch zu islamischer Familientradition. Ebenso vertragen sich der Katholizismus und das orthodoxe Christentum mit allerhand Aberglauben, aufgrund dessen z. B. Stofftiere an Neubauten aufgehängt werden, um vor böswilligen Blicken auf das Gerippe des schutzlosen Neubaus zu schützen. Dies sieht übrigens so gruselig aus, dass man in der Tat den Blick abwendet, denn die Puppen und Teddybären werden gut sichtbar am Nacken aufgehängt, der Kopf hängt leicht herab, so als sei ihnen das Genick gebrochen worden: eine massenhafte Hinrichtung von Kuscheltieren!

Dass Albaniens Bevölkerung mehrheitlich muslimischen Glaubens ist, werden Sie auf Reisen immer mal wieder vergessen, weil scheinbar nichts mehr darauf hinweist. Zwischenzeitlich wird es Ihnen wieder einfallen – beispielsweise wenn sich der Muezzin von Saranda gegen die sommerliche Musikbeschallung durchzusetzen versucht. Oder wenn am Horizont im Nirgendwo vier nagelneue Minarette erscheinen, die mit türkischen Geldern und nicht ohne Hintergedanken errichtet worden sind. Ich schreibe »scheinbar«, weil die Religionszugehörigkeit im Alltag dann doch eine Rolle spielt, wenngleich nicht vordergründig, sondern sozusagen durch die Hintertür: An der Hauptstraße hoch über der See, im eigentlichen Zentrum von Amerika, stehen zwei Kioske: einer links der Straße und einer rechts. Beide verfügen über Sitzgelegenheiten und Sonnenschirme, beide bieten Kaffee an, kalte Getränke und Kleinigkeiten zum Essen. Der eine ist durch sein Publikum eher orthodox geprägt, der andere eher muslimisch. So lebt man zusammen, respektiert sich, geht im Alltag aber doch andere Wege und sitzt am jeweils anderen Kiosk und trifft sich nicht. Dass ich einst im

»orthodoxen« Kiosk bei Elli landete und seitdem immer wieder dort einkehre, ist zwar dem Zufall geschuldet, aber auch ich handhabe es wie die anderen und bleibe den Betreibern treu, weiche nur dann auf die andere Straßenseite aus, sollte Elli einmal geschlossen oder kein *Korça* vorrätig haben.

Folgender Witz bringt es auf den Punkt:

– Treffen sich ein albanischer Jude, ein Muslim, ein Bektashi und ein Christ in der Bar …

– … und?

– Das war der Witz.

9. Grund

Weil die Albaner ein freundliches, aufgeschlossenes, neugieriges Völkchen sind

Die Albaner empfangen, ganz im Gegensatz zu dem, was ihnen selbst widerfahren ist und immer noch widerfährt, noch jeden Fremden mit offenen Armen. Einfach deswegen, weil er ein Fremder ist und damit hilfsbedürftig. Wer fragt, dem wird geholfen, und wenn es nicht mit Worten geht, dann halt mit Taten: Albanien ist ein Land, in dem man den Fremden am Arm nimmt und ihn an den gewünschten Ort geleitet. Zudem ist man immer noch neugierig auf denjenigen, den man da vor sich hat, und stellt Fragen nach dem Woher und Wohin. Gleichzeitig bleibt der Fremde in Albanien auf Hilfe angewiesen, er muss fragen, denn vieles versteht sich nicht von selbst und muss erst erschlossen werden, Abfahrtsorte und -zeiten des Überlandverkehrs etwa. In Albanien wird sich daher, ganz im Gegensatz zu anderen Urlaubsdestinationen, die Kommunikation mit den Einheimischen ganz von alleine ergeben.

10. Grund

Weil Europa jenseits des Meeres liegt

Das schönste Land, das den Albanern jahrzehntelang denkbar war, war das Ausland. Da wollte jeder hin. Und viele sind gegangen, die Jungen mit guter Ausbildung und diejenigen, die nichts zu verlieren hatten und keinen Besitz. Vor Kurzem wollte ich Gjon besuchen, der als junger Arzt in Vau-Deja Dienst schob, in einer barackenartigen Poliklinik. Ich schrieb ihm über Messenger, und Gjon antwortete Stunden später:

– Jorgo! Schön von Dir zu hören, aber ich bin in Amerika, in New York!

Mittlerweile hat sich zwar herumgesprochen, dass das Ausland auch nur aus einzelnen Ländern besteht, die jeweils so ihre Probleme haben oder welche machen, doch die Jungen lockt es weiterhin in die Ferne, verdient man dort doch ein Vielfaches dessen, was man daheim bekäme. Es zeugt von der Kraft der europäischen Idee und von deren Erfolg in den vergangenen Jahrzehnten, dass man sich in Albanien und in den anderen Ländern des Balkans überwiegend einig ist, dass man dorthin will: Nach Europa! Die Vorstellung von Europa als einer Familie, einer politischen Einheit, einem Hafen der Sicherheit, des Friedens und der persönlichen Freiheiten ist stärker als jeder Hinweis darauf, wie zerstritten die einzelnen Familienmitglieder untereinander sind, wie egoistisch ihr Vorgehen ist und wie sehr am kurzfristigen Profit orientiert ihre Interessen sind. Die alte Dame Europa wird idealisiert und so manch trügerische Hoffnung mit ihr verbunden. Kaum jemand kommt auf die Idee, Albanien sei aufgrund der geografischen Lage bereits in Europa: »Europa« liegt in der Ferne, »Europa« ist den Albanern ein Prozess, eine elend langsame Annäherung, ein Versprechen und eine Enttäuschung zugleich. »Europa«, das ist der Westen, und dort will man hin, dazu möchte man gehören. Griechenland ist den Albaner vielleicht ein bisschen Europa, aber seien wir ehrlich, so richtig dann doch nicht: Griechenland ist vor allen Dingen Griechenland und von ganz anderen Regeln gelenkt als das richtige Europa. Das richtige Europa, das liegt jenseits des Meeres, es beginnt mit Italien und besteht ansonsten hauptsächlich aus Frankreich, Deutschland und England – mit ein paar kleineren, unbedeutenderen Ländern drum herum.

Trotz dieser Fliehkräfte, trotz dieser Sehnsucht, stimmt es, wenn es heißt, die Albaner seien ein stolzes Volk. Was nicht stimmt, ist, daraus leichte Reizbarkeit oder Empfindlichkeit abzuleiten. Das Gegenteil ist der Fall: Die Albaner sind die Ersten, die ihr Land, ihre Regierung und die herrschenden Umstände kritisieren, und nehmen es auch den Ausländern nicht krumm, wenn diese es ihnen gleichtun. Vielen liegt daran, dass man sie und ihre Lebensumstände besser versteht, und gerne wird ein Einblick gegeben in die Widrigkeiten des Alltags. Arvi beispielsweise, der in Amerika ein Café betreibt, wo ich häufig am Computer saß und arbeitete, lachte mich an, als wieder mal der Strom ausfiel:

– Siehst du? Schon mal ein Grund, Albanien *nicht* zu lieben!

Grundsätzlich aber hat sich die Stimmung in Albanien innerhalb des letzten Jahrzehnts gewandelt. War man vor wenigen Jahren noch verblüfft ob der Anwesenheit eines Ausländers, der Urlaub in Albanien macht und nicht in Italien oder Frankreich, musste ich mir damals noch die Frage anhören, was in Gottes Namen ich in Albanien suchen würde, es gäbe doch nichts, so hat sich heute – nicht zuletzt aufgrund des einsetzenden Tourismus – auch unter Albanern die Überzeugung durchgesetzt, Albanien sei ein reizvolles und sehenswertes Land.

11. Grund

Weil Albanien lange isoliert war und heute noch darunter leidet

Ich bilde mir ein, dass die Aufgeschlossenheit der Albaner nicht nur eine mediterrane Gemütseigenschaft, sondern überdies eine direkte Folge der langen Isolation ist, die Albanien erlitten hat. Das Land war von der Geschichte des restlichen Kontinents abgetrennt, zunächst während der fast 500-jährigen Oberherrschaft der Osmanen, später aufgrund der Isolationspolitik des sozialistischen Regimes. Erst seit den 90er-Jahren setzt die Kommunikation zwischen dem kleinen Land an Adria und Ionischem Meer mit dem Rest Europas wieder ein.

Während der kommunistischen Zeit gelangten kaum Nachrichten aus Albanien nach Europa, weil Journalisten die Einreise grundsätzlich verwehrt war und es daher auch keine Reportagen oder Berichte in die Zeitungen schafften. Zwar war es ab den 70er-Jahren möglich, organisierte Rundreisen durch das Land zu unternehmen, jedoch nur Privatpersonen, deren politische Einstellung als genehm galt. Man darf sich diese streng reglementierten Reisen durchaus so vorstellen wie heutzutage in Nordkorea: Von zwei Begleitern durchgängig bewacht und gemaßregelt bekamen die Reisenden nur das zu sehen, was sie sehen sollten, und kamen kaum in Kontakt mit der Bevölkerung.

Albanien in den späten 70er-Jahren, das ist ein Land, das drei gescheiterte Ehen hinter sich hat: Zunächst die mit Jugoslawien, dann mit der Sowjetunion und schließlich mit dem fernen China. Von allen drei Partnern wandte sich das kleine Land schließlich ab, wähnte sich selbst im Besitz der reinen Lehre und von äußeren Feinden auch dann noch umgeben, als niemand mehr Interesse an Albanien hatte. »Die Hacke in der Hand, das Gewehr in der anderen – so kämpft ein Sozialist für sein Vaterland«, lautet ein Bannerspruch aus jener Zeit. Ob aus Überzeugung, aus Paranoia oder aus Machtkalkül, der Mythos, von allen Seiten von Feinden umgeben zu sein, wurde seitens des Diktators Enver Hodscha befördert und gepflegt. Davon zeugen Abertausende Bunker bzw. die allgemeine »Verbunkerung« der 70er- und 80er-Jahre, auf albanisch *Bunkerizimi*.

12. Grund

Wegen der allgemeinen Verbunkerung

Wenn Albanien für ein bauliches Merkmal bekannt ist, dann für seine Bunker. Die Zahlen variieren je nach Quelle – im Moment heißt es aufgrund neu erschlossener Dokumente, von insgesamt 221.143 geplanten Bunkern seien 173.371 tatsächlich gebaut worden. Die exakte Anzahl ist aber auch schnurzegal, es sind viele, und sie befinden sich überall – wobei mit »Bunkern« keine weitläufigen unterirdischen Verteidigungsanlagen gemeint sind, sondern pilzförmige Verschanzungen aus Beton für ein, zwei bis maximal fünf Personen. In den 70er-Jahren – also zu einem Zeitpunkt, zu dem Albanien schon weitgehend vergessen war und jenseits aller Interessen ein Schattendasein führte, also keinerlei äußere Feinde zu befürchten hatte – kam es Enver Hodscha in den Sinn, das Land großflächig mit Verteidigungsstrukturen »aufzurüsten«.

Das Prinzip dabei ist simpel ... und so absurd, wie die Bunkeranlagen zunächst scheinen mögen, sind diese gar nicht. Die diesen zugrunde liegende Strategie wurde dem Partisanenkrieg entnommen: Wie verteidigt man mit wenig Mann und möglichst mobil ein ganzes Land? Die Antwort lautet: indem man an jeder halbwegs strategisch bedeutsamen Stelle ein paar Kleinstbunker hinstellt, mittels derer wenige Mann samt Maschinengewehr ganze Streitmächte aufhalten könnten. Ich wähle bewusst den Konjunktiv, denn es gab niemanden mehr, der da hätte einmarschieren wollen. Dies, und nicht die Bunker selbst, ist das Absurde.

Im Verteidigungsfalle hätten also die Arbeiter die Hacke fallen und das Gewehr in die Hand nehmen sollen, um im nächsten Bunker Position zu beziehen. Dienst im Militär zu leisten war im kommunistischen Albanien Pflicht und die Verteidigung des Vaterlandes Aufgabe des gesamten Volkes. Das Staunen über die reine Existenz der Bunker habe ich längst hinter mir, doch staune ich immer noch, wie diese überhaupt an Ort und Stelle kamen und welch ungeheurer volkswirtschaftlicher Aufwand dies bedeutet hatte – für nichts und wieder nichts. Die Bunker befinden sich nicht nur in der Nähe von Ortschaften und Straßen, sondern auch entlang von Steilküsten, auf Bergkuppen und in unwegsamem Gelände. Es heißt, der Aufwand, einen einzigen Bunker zu erbauen, hätte dem einer 3-Zimmer-Wohnung entsprochen. Von Arqile weiß ich, dass die Betonringe mit Maultieren an Ort und Stelle transportiert worden sind – an den Strand oder in die Berge. Der alte Herr war gewissermaßen Abschnittskommandant für die südliche Küste gewesen, und als solcher hatte er die Baumaßnahmen der Bunker beaufsichtigt. Die Pläne seien aus Tirana gekommen, erzählt er, die vorgefertigten Betonteile aus Elbasan.

Frühen Touristen, die noch zu kommunistischer Zeit nach Albanien gekommen waren, wurde übrigens auf die Frage, was es denn mit diesen kuppelartigen Betonbauten auf sich habe, die überall aus dem Boden schießen, geantwortet:

– Ach das! Das sind Unterstände für Arbeiter. Falls es mal regnet!

13. Grund

Weil der albanische Aufstand von 1990 unter anderem aufgrund eines Fußballspiels begann

Es gibt zahlreiche Varianten dieser Geschichte, in einer spielt der Schiedsrichter eine Hauptrolle, in einer anderen ist es die Mannschaft des Innenministeriums, die gegen diejenige der Stadt Kavaja aufläuft, eine dritte behauptet, die Anwesenheit des Parteisekretärs Agron Tafa habe den Ausschlag gegeben. In einem aber sind sich alle Geschichten einig: Was in Kavaja im März 1990 geschehen war, das hatte den Ausschlag für die weiteren landesweiten Proteste gegeben, die bis dahin auf Tirana begrenzt geblieben und hauptsächlich von Studenten initiiert gewesen waren. Fußballstadien gewährten die Möglichkeit, große Menschengruppen – zumal der arbeitenden Bevölkerung – unbemerkt von der Partei zu versammeln.

Unmittelbar nach dem Abpfiff war das Publikum dazu übergegangen, regimefeindliche Parolen zu skandieren und Bücher von Enver Hodscha auf das Spielfeld zu werfen. Ein absolut unerhörter Vorgang in einem Land, in dem üble Nachrede zu Lagerhaft führen konnte und Vorsicht, Schweigsamkeit, Verstellung die gängigen Mittel waren, mit dem Alltag zurechtzukommen, sein Leben und die eigene Familie zu schützen. Es soll sich hauptsächlich um die Arbeiter der örtlichen Nagelfabrik gehandelt haben, die sich auf diese Weise zum Protest verabredet hatten und so dem Tiranaer Aufbegehren der Studenten auf einmal die Stimme der Werktätigen hinzufügte (Hintergrund: ausbleibender Lohn, Mangel an Lebensmitteln und täglich Brot – es heißt, die Arbeiter hätten pro Tag lediglich einen Becher Milch erhalten).

Bereits am darauffolgenden Tag kam es zu Protestmärschen in der Innenstadt von Kavaja, zum Skandieren von Parolen und zum Absingen patriotischen Liedguts vom Anfang des Jahrhunderts, als es darum ging, die osmanische Herrschaft abzuschütteln. Die Stadt muss den Atem angehalten haben ob solcher Vorgänge, ein Schauer muss jedem über den Rücken gelaufen sein, der die Stimmen auch nur von ferne hörte. Erst rückte die Polizei nach Kavaja ein, dann, Monate später, gewissermaßen als Revanche, kamen die »Sampisten«, eine Spezialeinheit des Innenministeriums. Ein gewisser Josef Buda, 21, der sich ihnen entgegengestellt hatte, kam zu Tode. Dessen Beerdigung wurde zum Fanal, der Trauerzug versammelte mehr Menschen, als Kavaja Einwohner hat, zog vom Friedhof weiter zum

Parteihauptquartier und steckte es in Brand. Ab diesem Zeitpunkt fing ganz Albanien Feuer.

14. Grund

Weil es kein Wort für »die Wende« gibt

Trotz der Ereignisse von 1990, dem Sturz der Statue Enver Hodschas in Tirana, der Ausgabe von Pässen und damit der Möglichkeit, das Land zu verlassen (vor dem Herbst 1991 besaßen die Albaner keinerlei Reisedokumente), den ersten Wahlen und der Abwahl der sozialistischen Regierung: Es gibt im Albanischen keinen Begriff für »die Wende«. Kein Datum, keine Wahl und kein Ereignis stellen eine Wende zum Guten dar, die als solche bezeichnet werden könnte. Stattdessen folgen auf die Aufstände lediglich die Wirren der Neunziger, die schließlich im Lotterieskandal und im Kosovokrieg münden. Deshalb spricht man in Albanien statt von einer Wende lieber von »den Neunzigern« – von einer dunklen Periode, die zum Glück überwunden ist.

Die Neunziger: das ist jene Periode der albanischen Geschichte, die zwar die Demokratie gebracht hat (also jene Staatsform, in der man wählt, wer einen bestiehlt) und damit Regierungswechsel möglich machte, die Gelder aus alten Kanälen in neue lenken könnten. Die Neunziger, das ist die Zeit der bitteren Armut, der Auswanderungswellen und der Rückkehr zur Subsistenzwirtschaft. Die Neunziger münden zunächst in den Lotterieskandal, in dessen Folge die öffentliche Ordnung erneut zusammenbrach (der Lotterie- bzw. Pyramidenskandal war ein breit angelegter Anlagebetrug) und dann in den Kosovokrieg, der Hunderttausende an Flüchtlingen nach Albanien zwingt und das Grenzgebiet zum Terrain der Schmuggler, der Mafia und der UÇK machte. Erst im Anschluss an diese Phase beginnt das, was ich den albanischen Aufbruch nennen möchte. Den Aufbruch nach Europa.

II

Gott in Albanien

15. Grund

Weil die Albaner von den Illyrern abstammen, höchstwahrscheinlich …

Erst nimmt man staunend zur Kenntnis, wie häufig in Albanien auf antike Stämme als Ahnherren verwiesen wird, um so eine direkte Linie in die Gegenwart zu ziehen und innige Verwandtschaft mit der fernen Vergangenheit zu demonstrieren. Man ist noch naiv genug, um die Informationen und Geschichten, mit denen man unterwegs ausgestattet wird, einfach hinzunehmen und sich insgeheim vorzunehmen, später nachzuschlagen und nachzulesen.

Mit der Zeit jedoch beginnt man sich darüber zu ärgern, mit welcher Chuzpe noch der kleinste Steinhaufen als vormals illyrisch bezeichnet wird und dass neben den Illyren auch gleich noch die Pelasger für die albanische Sache vereinnahmt werden. (Wenn Sie die Pelasger nicht kennen, macht nichts, denn außerhalb der antiken Literatur haben diese nicht-griechischsprachigen Bewohner Griechenlands keine Spuren hinterlassen.) Drei Dinge sollte man sich klar machen: Erstens, dass Albanien spät zur Nation wird (1912, vgl. Grund Nr. 17), zweitens dass deren Grenzen nur einen Teil des albanischen Siedlungsraums umfassen, drittens dass dieser Siedlungsraum nie homogen war, sondern vielschichtig mit slawischen und griechischen Gebieten verwoben. Daher kommt der Behauptung von Kontinuität eine derartige Bedeutung zu: Sie stiftet Identität und wehrt Ansprüche anderer ab bzw. begründet die eigenen.

Es gibt einige archäologische Belege (beispielsweise die mittelalterlichen Funde der sogenannten Koman-Kultur), die auf eine Kontinuität illyrischer und albanischer Siedlungsgeschichte schließen lassen. Davon abgesehen jedoch bleibt zwischen illyrischer und albanischer Besiedelung eine Lücke von fast 1000 Jahren bestehen, die nicht ohne Weiteres geschlossen werden kann. Wer oder was die illyrischen Stämme waren, die weit vor der römischen Zeit auf dem

Balkan siedelten, auch darüber wissen wir nur sehr wenig. Nachricht vom Reich der Illyrer erreicht uns über Herodots *Historien*. Dieser bezeichnet mit »illyrisch« jenes Siedlungsgebiet an der östlichen Adria, das sich zwischen der Südtiroler Etsch im Nordwesten bis zur serbischen Morava im Osten erstreckt und von indogermanischen Stämmen bewohnt wird, den Illyrern – ein entsetzlich großer Raum also, besiedelt von zahllosen illyrischen Stämmen, die keineswegs ein einheitliches Volk bildeten. Deshalb streiten sich heute Slowenen, Kroaten und Albaner um das Erbe: Alle drei sähen sich gerne als legitime Nachfolger der Illyrer und sind es auch – nur halt nicht allein. Auch im Kärntner Zillertal, das eines der nördlichsten illyrischen Siedlungsgebiete darstellte, worauf nicht nur Ortsnamen, sondern auch Grabfunde hindeuten, könnte man sich um die Erbschaft bewerben.

Die Illyrer haben zwar allerlei Tand, jedoch kaum schriftliche Zeugnisse hinterlassen, ja nicht einmal ein einziger vollständiger Satz ist überliefert, lediglich einzelne Begriffe, Orts- und Personennamen. Dennoch gilt als gesichert, dass die illyrische Sprache indogermanischen Ursprungs ist, bzw. einen eigenständigen Zweig darstellte. Dies trifft ebenfalls auf die (wesentlich jüngere) albanische Sprache zu, jedoch sieht sich die Linguistik weder in der Lage zu beweisen, dass diese eine Tochtersprache des Illyrischen ist, noch des Gegenteils.

Ich fasse vorsichtig zusammen: Es *könnte* sich also bei den Albanern um die direkten Nachfahren der antiken Illyrer (bzw. eines der illyrischen Stämme) handeln, zumal deren heutiges Siedlungsgebiet mit dem einstigen Kernland der Illyrer zusammenfällt. Das Albanische *könnte* sich vom Illyrischen ableiten. Dann *wären* Teile Albaniens seit mehreren Tausend Jahren kontinuierlich von ein und denselben illyrischen Stämmen besiedelt gewesen, die sich später »Skipetaren« nennen würden. Das Problem dabei ist, dass die Illyrer mit der Gründung der römischen Provinz *Illyricum* im 1. Jahrhundert vor Christus zunächst romanisiert werden, also im römischen Imperium aufgehen, um dann mitsamt diesem ab etwa 300 nach Christus langsam unterzugehen, bzw. ohne weitere Nachricht von der Bildfläche zu verschwinden. Auf den Untergang des römischen Reiches folgt auf der Balkanhalbinsel die sogenannte slawische Landnahme, also das Vordringen slawischer Stämme bis an die Adria. Es ist nicht völlig unwahrscheinlich, dass illyrische Stammesverbände irgendwo im unwegsamen Bergland der Mirdita ihre Eigenständigkeit samt Gebräuchen und Sprache bewahrt haben, um sich wesentlich später als Skipetaren in Erinnerung zu bringen. Diese These wiederum wird von jenen Grabfunden von Koman aus dem 6. bis 8. Jahrhundert untermauert, welche aufgrund ihrer Eigenarten den Übergang von antiker illyrischer zu albanischer Besiedelung bezeugen.

Die Frage aber, wo die Albaner zwischen 800 und 1500 nach Christus waren und was sie getrieben haben, bleibt vorerst unbeantwortet: Es gibt kaum Zeugnisse, kaum Nachrichten und keinerlei historische Zwischenfälle, die deren Existenz belegen würden. Jörg Kuglin hat deswegen die illyrische Abstammung der Albaner zeitlebens bestritten und auf »Men in Black« verwiesen: Die Albaner seien Außerirdische, die um 1500 herum auf dem Balkan abgesetzt worden seien. In dieser Zeit taucht auch erstmals die Bezeichnung »Skipetaren« auf, das der Volksmund (und Karl May) auf Adlersöhne (*shqipe* alb. Adler) zurückführt und damit auf das Wappentier des damals mächtigsten Fürsten Albaniens, Iskander Beu bzw. Skanderbeg, auf den wir noch zu sprechen kommen werden. Heute noch lautet die Eigenbezeichnung der Albaner *shqiptar*, Albanien heißt *Shqipëri*, also »Land der Adlersöhne«. Um Sie einerseits vollständig zu verwirren und andererseits der historischen Wahrheit Genüge zu tun, kann ich dies jedoch nicht so stehen lassen, sondern muss auf den eigentlichen ethymologischen Ursprung hinweisen: das Verb *shqiptoj*, was so viel heißt wie *klar reden*. Ein »Skipetar« ist also einer, der vernünftig und verständlich spricht – und zwar ein indogermanisches Idiom im Gegensatz zum Griechischen oder Slawischen!

Wir sind noch nicht ganz fertig, wir müssen abschließend noch klären, wie ein vermeintlich illyrischstämmiges, indogermanisches Völkchen, das sich selbst »Skipetaren« nennt, zu der international verbreiteten Bezeichnung »Albaner« kommt. Nun, schuld sind die antiken Römer und deren Benennung eines illyrischen Stammes, der nördlich von Durrës seine Wohnstätte hatte – unweit weißer Kreidefelsen nämlich: *alba* ist Latein für »weiß«.

Von »Albanern« als einer Sprach- und Volksgruppe wird erstmals im 11. Jahrhundert berichtet, und zwar aus Byzanz. Dort verortet man diese Gruppe in den Bergregionen nördlich der Via Egnatia, die durch das heutige Shkumbin-Tal verlief. Dies deckt sich wiederum mit den Funden von Koman und ist ein weiterer Hinweis darauf, dass illyrische Stämme die Völkerwanderungen und die slawische Landnahme in den Bergen überlebt und sich von dort aus im ausgehenden Mittelalter wieder verbreitet haben.

16. Grund

... es aber ebensogut sein könnte, dass die Albaner einer sehr, sehr fernen Galaxie entstammen und um 1500 herum mit dem Furgon durch den Raum teleportiert wurden

Die Albaner entstammen einer sehr fernen Galaxie, in welcher es mindestens drei Sonnen gab und der Tag 36 Stunden hatte. In dieser fernen Galaxie wurde stets Musik abgespielt, niemand war jemals alleine, und die Schwerkraft war um entscheidende Prozentzahlen heruntergeregelt. Zwar gab es dort Schriftsteller und Historiker, beide Berufsgruppen lebten jedoch isoliert und waren ausschließlich damit beschäftigt, Vorworte für Bücher zu schreiben, die weder geschrieben noch gelesen würden.

Über den Albanerstern herrschten abwechselnd der schwarze Baron und der rote Betonkopf, derjenige der beiden, der gerade nicht herrschen durfte, zog sich auf seinen Pol zurück und schmollte. Es gab eine Agentur für Fehlleistung bzw. Underperformance, die sogenannte *Agjencia e Nënarritjes*, welche dem Kulturministerium unterstand und dafür sorgte, dass jeglicher Plan zumindest in einigen Details fehlging. In dieser Agentur, die im Volksmund auch kurz *Mossuk* genannt wurde, fanden vor allem jene gut Ausgebildeten eine Anschlussverwendung, die vor der Aufteilung des Albanerplaneten in Betonkopf- und Baronanteil für den damaligen Alleinherrscher, den Großen Ganzen mit dem zahnärztlichen Lächeln, Dienst taten – in der Sicherheitsabteilung. In der neuen Zeit aber vertauschte der *Mossuk* vor allem Kalt- und Warmwasserregler und ließ in unregelmäßigen Abständen den Strom ausfallen.

Man muss dazusagen, dass der Albanerstern nur ein sehr kleines Gestirn mit begrenzten Ressourcen war. Er diente lediglich als Übungsgelände für die kommenden Aufgaben und konnte anschließend entsorgt bzw. liegen gelassen werden. Der intergalaktische Rat hatte die Teleportation der Albaner auf die Balkanhalbinsel ursprünglich für den Anfang des 18. Jahrhunderts vorgesehen, musste diesen Termin jedoch vorziehen, weil der Albanerstern vorzeitig verschlissen war. So kam es, dass bereits um 1500 die ersten Portationen stattfanden: in die Mirdita und die Matregion.

Die Weisen hatten es für klüger befunden, die Albaner – oder wie sie sich hinfort nennen würden: Skipetaren – schrittweise in schwer zugänglichem Gebiet anzusiedeln, um nicht allzu starkes Aufsehen zu erregen. Also schickte man etwa alle fünf Minuten intergalaktischer Normzeit (IGNZ) Manifestationen auf den Weg – wobei man wissen muss, dass eine Minute IGNZ etwa fünf Jahreszyklen auf der Erde entspricht. Es ist ein Irrtum, dass man innerhalb der Zeit reisen kann, die Zeit ist überall gleich, sie benimmt sich nur unterschiedlich, nach vorne oder zurückspringen ist nicht möglich. Es gibt lediglich einige schmale Tunnel zwischen den Zeitspiralen, diese aber eignen sich nur für den Transport von Ideen und Phantasmen, nicht für Wesen gleich welcher Größe und Zusammensetzung.

Die Teleportation, die keine ganz leichte Aufgabe darstellt, wurde seinerzeit von Cosinus Megapaulus geleitet, der zuvor schon erfolgreich die Basken implementiert hatte und dafür vom Interstellaren Migrationsausschuss mit Dreifach-Gold belobigt wurde. Der Rat ging daher davon aus, dass mit den Skipetaren eine ähnliche Erfolgsgeschichte ins Haus stünde. Bei einer der letzten Teleportationen war es dann aber zu einem kleineren Fehler gekommen, indem es einen Zahlendreher in den Koordinaten gegeben hatte. Daher landete ein ganzer Zug Protoalbaner etwa 200 Kilometer nördlich des ursprünglich avisierten Gebietes auf dem sogenannten Amselfeld, das keiner der Verantwortlichen zuvor so recht in Augenschein genommen hatte und für dessen Besiedlung es daher auch keine Instruktionen gab.

Allen war klar, dass da nur der *Mossuk* dahinterstecken könnte, der in der Leitzentrale auch die Wasserhähne manipuliert hatte, wenngleich die *Agjencia e Nenarritjes* selbstredend alles abstritt, wie es ihre Gewohnheit bis heute ist. Mit Sabotageakten des *Mossuk* hatte niemand wirklich gerechnet, da dieser ja selbst Gegenstand der Portation war und komplett in die Gegend des heutigen Fier und Lushnje verschoben wurde.

Eine detaillierte Aufgabenbeschreibung für die angehenden Skipetaren gab es nicht, ist doch der Intergalaktische Rat nur für maximale Buntheit der Galaxie zuständig und nicht für Sinnhaftigkeit. Das Einzige, was man den Protoalbanern mit auf den Weg gab, bestand in der zugegebenermaßen etwas dünnen Anweisung »Seid einfach ihr selbst, komme was wolle!«. Zunächst würde es gelten, sich häuslich einzurichten, zahlreich Nachkommenschaft (Cousins!) zu erzeugen, den Nachbardörfern durch Bezugnahme auf Gjergj Kastrioti einzureden, sie seien auch Skipetaren, alle seien Skipetaren, selbst die, die sich Arberi nannten, um hinfort schrittweise in die Ebenen zu gehen und schlussendlich das Meer zu sehen.

– Was das Meer sei? wollte einer der zu Portierenden in der Vorbesprechung wissen. Ein anderer warf ein:

– Das soll sehr nass sein!

Das Meer sei das Verbindende und das Trennende zugleich, das Meer sei jenes Element, das sich zerteilen ließe, aber unbegehbar sei. Das keine Form habe und doch jeden Tag aufs Neue eine annehme.

Es entstand leichte Unruhe unter den Anwesenden:

– Okay. Müssen wir da unbedingt hin?

– Ich will aber in die Berge, da, wo man nur samstags nass wird!

– Gibt es dort an diesem Meer Diskotheken, bequeme Liegen und Corona-Bier?

– Wieso Corona?

– Nur so 'ne Frage.

– Gut, könnt ihr alles haben, liefern wir nach!

Anmerkung: Das mit dem Furgon im Titel war natürlich Spaß, das Portationsvehikel hieß in Wahrheit »Space-Shqip«.

17. Grund

Weil es Albanien gar nicht gibt, jedenfalls nicht im Singular

Für sein schmales Buch über die albanische Geschichte wählte der Wiener Historiker und Balkankenner Oliver Jens Schmitt den bezeichnenden Titel *Die Albaner*. Pointierter als er selbst kann man es nicht ausdrücken, deswegen zitiere ich ihn kurz und lege das Buch einem jeden ans Herz, der sich jenseits von Nationalismus und historischen Mythen mit dem größeren multiethnischen Siedlungsraum, innerhalb dessen das junge Staatengebilde Albanien heute liegt, auseinandersetzen möchte:

Zwei Wege bieten sich im Wesentlichen an, eine Geschichte der Albaner zu schreiben: zum einen die Geschichte einer Enthnie, die seit dem Altertum besteht, sich vom antiken Volk der Illyrer herleitet und nach vergeblichen Versuchen der Herrschaftsbildung und nach jahrhundertelanger Fremdherrschaft im Jahre 1912 staatliche Eigenständigkeit erlangte, wobei mit Kosovo ein Jahrhundert danach (2008) ein zweiter albanischer Staat entstand. Zum anderen: eine albanische Geschichte als Balkangeschichte, in der sich wie in einem Brennglas die sprachliche, kulturelle und gesellschaftliche Vielfalt und Zerklüftung einer europäischen Großregion beschreiben lässt. (Oliver Jens Schmitt: *Die Albaner*, S. 11)

Selbstverständlich folgt Schmitt dem zweiten Ansatz, und ich folge weiterhin seiner glasklaren Argumentation, gebe sie jedoch in meinen eigenen Worten und verkürzt wieder: Die Raumansprüche der albanischen Nationalbewegung des vorletzten Jahrhunderts nahmen wenig Rücksicht auf besagte »Vielfalt und Zerklüftung«, sondern forderten für das nationale Projekt ein Gebiet, das mit Preveza und Ioannina Teile Nordgriechenlands, mit Prilep, Bitola und Skopje fast die Hälfte des heutigen Mazedoniens sowie den gesamten Kosovo, einzelne Landstriche Südserbiens und den Süden Montenegros umfasste.

Dies konnte schon 1879, als Pashko Vasa dieses Programm formulierte, nicht mit der Bevölkerungsstruktur oder eindeutigen Mehrheitsverhältnissen begründet, sondern musste historisch hergeleitet werden: Indem die Identität von Illyrern und Albanern vorausgesetzt wurde, ließ sich behaupten, das albanische Siedlungsgebiet sei über die Jahrhunderte aufgrund des andauernden Anrennens äußerer Feinde geschrumpft, sei kontrahiert. Daraus lassen sich bis heute allerhand Gebietsansprüche ableiten bzw. als absolutes Minimum diejenigen Gebiete fordern, in denen Albaner wohnen, ob diese dort nun in der Mehrheit sind oder nicht und ob sich dort historische Siedlungsräume überlappen oder nicht.

Als 1912 nach dem Zusammenbruch des Osmanischen Reiches die albanische Unabhängigkeit ausgerufen wird, bezieht sich diese lediglich auf den Raum des heutigen Albaniens. Die angrenzenden albanisch besiedelten Gebiete werden ausgeklammert, die Interessen der Anrainerstaaten setzten sich auf der Londoner Botschafterkonferenz durch. Übrig bleibt nach dem Verständnis vieler Nationalisten lediglich ein Kerngebiet, ein Rumpfstaat.

Das heutige Territorium der Republik Albanien ist also kleiner als der eigentliche Siedlungsraum der Albaner gewesen ist. Daher schwebt so manch einem die Idee eines eigentlichen Albaniens (neben Kosovo und der Republik Albanien) vor: *Shqiperi e madhe*, Großalbanien. Zur Begründung wird auf einstige Grenzziehungen verwiesen, auf untergegangene Reiche und Fürstentümer, auf vorgeschichtliche Vergangenheiten und vermeintlich illyrische Steinhaufen. War ja in Deutschland, trotz einiger historischer Dämpfer, lange nicht viel anders: Als es innerhalb der Landsmannschaften und damit auch in der CDU noch Mode war, Deutschlands östliche Grenzen infrage zu stellen, um verlorene Siedlungsräume wiederzugewinnen, als die Republikaner-Partei auf einem Plakat das Deutschland in den Grenzen von 1937 wiederhaben wollte, fragte ich mich, ob es nicht geschickter wäre, auf das ganze Flachland jenseits der Oder und der Neiße zu verzichten, etwas weiter auszuholen und sich auf das *Heilige Römische Reich deutscher Nation* zu beziehen. Was wollen wir mit Breslau und Tilsit, wenn wir Burgund und die Toskana wiederhaben könnten? Ließe sich nicht überdies mühelos argumentieren, dass Kaiser Wilhelm II. gehörig über den Tisch gezogen wurde, als er den Nordseefelsen Helgoland erwarb, indem er diesen mit den Engländern gegen Sansibar eintauschte, der Depp?

Weder in der albanischen Regierung noch in der größten Oppositionspartei wagt es jemand, offen Gebietsansprüche zu stellen – zu sehr ist man darauf bedacht, für die Vertreter der Europäischen Kommission den Stabilitätsgaranten zu spielen. Zugleich aber ist die Vorstellung von Albanien als Rumpfstaat in der Bevölkerung und in den sogenannten bildungsfernen Schichten überaus virulent. So virulent, dass es der Begriff *Shqiperi e madhe* in die albanische Fußballhymne von 2015 geschafft hat (*Kuq e zi*, Elvana Gjata):

Po thërret toka jonë
lisa edhe male.
Se ne jemi një Komb
Shqiperi e Madhe.

Auf Deutsch: »Unser Land ruft, die Eiche wie der Berg, dass wir ein Volk sind: Großalbanien.« … zum inbrünstigen Mitsingen anlässlich der allerersten Teilnahme an einer EM! Half aber nichts, schon in der Gruppenphase war Schluss, obwohl es im gleichen Lied heißt: *Nuk na ndal dot askush,* also »Nichts kann uns aufhalten«.

18. Grund

Weil es ein Albaner war, der die türkischen Armeen jahrzehntelang aufhielt

Nämlich Skanderbeg. … ja, ich weiß, der Name des albanischen Nationalhelden liest sich für unsereins zunächst wie die Bezeichnung eines Beistelltisches von IKEA. Ich darf Ihnen das mal kurz entschlüsseln: *Skander* steht für »Alexander« – jener Name, den Gjergj Kastrioti am Hof des Sultans angenommen hat, wo ihm auch ein militärischer Ehrentitel verliehen bzw. er zum »Bey« erklärt wurde, um sich hinfort auf Türkisch İskender Beğ zu nennen.

Gjergj Kastrioti entstammt einem mächtigen albanischen Adelsgeschlecht und wurde 1423 samt seinen Brüdern an den Hof des Sultans Murad II. entsandt – gewissermaßen als Faustpfand, sodass die albanischen Vasallenstaaten des osmanischen Großreichs still halten und brav Steuern zahlen mögen. Der 18-Jährige wurde dort zum Islam konvertiert und in der Kriegskunst unterrichtet sowie als sogenannter Janitschar ausgebildet. Die Janitscharentruppe stellte nicht nur des Sultans Leibwache, sondern erfüllte überdies höchste administrative Aufgaben im straff militärisch organisierten Staatswesen der Osmanen.

Gjergj Kastrioti zeichnet sich mehrfach aus, ihm wird der Titel eines »Bey« verliehen, was »der Große« bedeutet und etwa dem Rang eines Feldwebels entspricht. Hinfort wird er zudem Alexander geheißen, in Anspielung auf den antiken Feldherrn aus Makedonien. Was dann genau passiert ist, wissen wir nicht. Was wir wissen, ist, dass Skanderbeg hinschmeißt: Als einziger zum Islam konvertierter Adeliger vom Balkan überhaupt geht Gjergj Kastrioti dorthin zurück, wo er herkam – und hat 300 hervorragend ausgebildete albanischstämmige Reiter mit sich. Auf der Bergfestung Kruja bei Tirana (das es damals jedoch noch gar nicht gibt) holt Skanderbeg die Flagge mit dem Halbmond ein, tötet die kleine osmanische Besatzung und hisst das Wappen der Kastrioti: den schwarzen Doppeladler auf tiefrotem Grund. Mit einem Wort: Skanderbeg nimmt den Kampf gegen das osmanische Imperium und damit gegen den türkischen Vormarsch nach Europa auf. Es gelingt ihm, die albanischen Fürstentümer zu einen und eine Armee auszuheben. Mehrere bis zu 200.000 Mann (!) starke Armeen rennen in den darauffolgenden Jahren und Jahrzehnten gegen Skanderbeg und die Festung Kruja an und bleiben trotz ihrer zahlenmäßigen Überlegenheit erstaunlich erfolglos. Ismail Kadare hat den Kämpfen um Kruja mit dem Roman *Die Festung* ein Denkmal gesetzt und ausführlich beschrieben, mit welcher Taktik Skanderbeg den Apparat der türkischen Armeen schwächte, demoralisierte und immer wieder besiegte: Scheinangriffe, nächtliche Überfälle, Hinterhalte. Es ist nicht übertrieben, zu sagen, dass das kleine Albanien von 1443 bis zu Skanderbegs Tod die türkischen Streitmächte am weiteren Vormarsch gen Europa hinderte. Nicht nur hatte er die Unterstützung des Papstes und des Königs von Neapel, überdies wurde Gjergj Kastrioti in jener Zeit als »Athleta Christi« im christlichen Europa gefeiert und berühmt.

Skanderbeg starb 1468 in Lezha, ungeschlagen und wahrscheinlich an Malaria. In den darauffolgenden Jahren zerbricht die albanische Koalition, und die türkischen Armeen überrennen das Land, zeitgenössische Berichte sprechen von einer Flut türkischer Söldner, nur noch Türken habe man in Albanien gesehen. Die türkische Herrschaft über Albanien sollte mehr als 450 Jahre andauern.

19. Grund

Weil absolut niemand albanisch spricht, also außer den Albanern

Albanisch wird hauptsächlich im albanischen Siedlungsraum, also in Albanien selbst, in Teilen Mazedoniens, im Kosovo und im Süden Montenegros von gut fünf Millionen Menschen gesprochen. Dazu kommen weltweit noch einmal gute zwei Millionen Auswanderer, die ihre Muttersprache pflegen, sowie kleinere Enklaven in Italien und Griechenland.

Die Albaner teilen die verbreitete Überzeugung, dass das Albanische (*Shqip*) eine hochgradig komplizierte, kaum erlernbare Sprache sei. Vielleicht haben Sie ja den Thriller *Inside Man* von Spike Lee gesehen: Eine Bank wird überfallen, die Angestellten und Kunden in Geiselhaft genommen, die Bank wird von der Polizei abgesperrt, belagert und abgehört. Das Abhören bringt jedoch nicht viel, denn was dort von einer Männerstimme über Stunden erzählt wird, das kann keiner verstehen – auch die hinzugezogenen Dolmetscher nicht – weil absolut niemand Albanisch kann und die Sprache deshalb nicht auf Anhieb zu identifizieren ist: Es stellt sich schließlich heraus, dass die Bankräuber eine stundenlange Rede des Diktators Enver Hodscha abspielten.

Niemand spricht albanisch. Und unbegreiflicherweise macht sich kaum jemand die Mühe, die wichtigsten Wörter für den Alltag zu lernen. Obwohl dies eigentlich der Respekt vor dem Gastland verlangt, durch das man sich bewegt. Um eines klar zu sagen: Ich spreche nicht albanisch, ich radebreche, ich jongliere mit 50 bis 100 Wörtern und komme fast ohne Grammatik aus. Dass dies funktioniert, liegt nicht unbedingt an mir, sondern am guten Willen meiner Gesprächspartner.

Während meines ersten Aufenthalts vor mehr als zehn Jahren habe ich Tage gebraucht, um überhaupt »Danke« sagen zu können – so fremdartig, so unverwandt mit allem, was mir bekannt war, schienen mir die Vokabeln zu sein, sodass sie zum einen Ohr hineingingen und aus dem anderen wieder hinaus. Ich hatte jedoch auch keinen Sprachführer dabei und machte mir überdies keine Notizen (was man unbedingt tun sollte, um überhaupt etwas zu behalten).

Inzwischen ist es so, dass ich zwar auffalle durch mein Albanischsprechen und mir im *Furgon* Respekt gezollt wird, weil ich etwas in die Richtung »Nächste Ecke: Halt! Bitte!« rausgehauen habe, ich mich im Grunde aber dafür schäme, in so vielen Jahren doch recht wenig gelernt zu haben.

Ich behaupte, es braucht kaum mehr als zehn Wörter, um Eindruck zu machen und viel, viel weiter zu kommen als jene Idioten, die irgendwo Bargeld auf den Tisch knallen und noch nicht mal »Danke« sagen können. Dies gilt überall auf der Welt, nicht nur in Albanien, aber gerade dort haben verhältnismäßig wenige Vokabeln eine große Wirkung.

Diese zehn Wörter sind:

– *Faleminderit* – Danke (Betonung auf der vierten Silbe!)
– *Ju lutem* – Bitte (wörtlich: »Sie-bitten-ich«, zählt als ein Wort)
– *Përshëndetje*! – Hallo (»*Miredita*«, also »Guten Tag«, ist nicht sehr verbreitet)
– *Mirupafshim* – Auf Wiedersehen
– *Jo* – Nein
– *Po* – Ja
– *Mirë* – Gut
– *Një, dy, tre* – eins, zwei, drei

Sehen Sie, zehn Wörter, und schon geht's los, Sie stehen am Kiosk und sagen:

– *Përshëndetje! Ju lutem* (mit dem Finger zeigen): *Tre!* (drei davon)

– *Jo, jo!* (nämlich drei von den anderen)

– *Po*! (jetzt sind es die richtigen)

– *Faleminderit! Mirupafshim!*

Ich habe mir die Frage, was etwas kosten würde (»*Sa kushton?*«) gespart, weil mit der Antwort zurechtzukommen dann doch zu weit führen würde und nur Verwirrung stiftet: Die albanischen Zahlen beginnen indogermanisch, gehen dann über Vulgärlatein in das Slawische über und machen indogermanisch weiter: *Një, dy, tre, katër, pësë, gjashte, shtatë, tetë, nënte, dhjetë* … Meine absolute Lieblingszahl ist *dyzed*, die hat mich wochenlang verwirrt, denn so wird die 40 in der Schriftsprache und im Süden bezeichnet, wörtlich »Zweizwanzig«. Im Norden hingegen zählt man *katërdhjetë*, also »Viermalzehn«, so und nur so hatte ich das gelernt. Sparen wir uns diese Komplikationen, vertrauen wir den Albanern einfach (allen, außer dem *Furgon*fahrer, der um 14 Uhr Richtung Vlora fährt) und reichen wir Scheine in der erwarteten Größenordnung über den Tresen und sammeln das Münzgeld, bis wir die Zahlen bis 100 beherrschen und dieses wieder loswerden können. Übrigens: Wenn Ihnen der Automat 5000-Lek-Scheine ausspucken sollte, gehen Sie umgehend in die Bank und lassen Sie sich Scheine geben, die Sie auch in Umlauf bringen können. Das Maximum ist der 2000er, alles andere ist kein Geld, sondern ein leeres Versprechen, auf das kaum jemand wechseln will (der 14-Uhr *Furgon*fahrer gibt noch nicht mal auf 1000 raus, obwohl der das mühelos könnte, der *hajduk*!).

Aber weiter im Vokabular: Das *Mirë* wiederum brauchen Sie für die Begrüßung, denn kaum haben Sie ihr *Përshëndetje* an den Mann oder die Frau gebracht, wird man Sie nach dem Befinden fragen, etwa so:

– *Si jeni?*

Es gibt zahlreiche Varianten dieser Frage, denen allen eines gemein ist, sie erlauben nur eine einzige Antwort, die sie deswegen tunlichst geben, ganz gleich, was sie zuvor gehört haben:

– *Mirë! Shumë mirë!*

Die Frage nach dem Wohlergehen ist in Albanien eigentlich keine. Mag sein, dass ich mich täusche, aber ich bin nahezu sicher, dass Frage und Antwort gerne miteinander verflochten werden und im gleichen Atemzug gefragt und geantwortet wird:

– *Si jeni? Mirë!*

Sodass Sie nur noch antworten müssen:

– *Mirë! Si jeni?*

Erledigt.

20. Grund

Weil die Frage nach dem Befinden mit einer Kaskade an Rede und Gegenrede einhergeht

Das heißt, ganz erledigt ist dieser Vorgang damit noch nicht: Denn derart einsilbig gibt man sich nur gegenüber Fremden bzw. sehr entfernt Bekannten. Bei besseren Bekannten oder Freunden, bei Familie, Nachbarn und Kollegen ist es mit einem einfachen Gruß nicht getan. Geradezu unhöflich würde es wirken, wenn man es bei nur einer Frage beließe und seines Wegs ginge. Natürlich erkundigt man sich weiter, und zwar wie folgt:

– Und die Arbeit, was macht die Arbeit?

– *Mirë.*

– Familie, die Frau?

– *Mirë.*

– Die Kinder?

– *Mirë.*

– Alles gut mit den Olivenbäumen?

– *Mirë.*

– Und der Ausflug nach Tirana neulich, damit auch alles gut?

– *Mirë.*

– Die Autoreparatur, die verlief gut?

– *Mirë.*

– …

Ja nach Bekanntschaftsgrad und je nach Kenntnis der Lebensumstände und der Gewohnheiten des Gegenübers kann sich dieses Spiel, obschon es in hoher Geschwindigkeit gespielt wird, über mehrere Minuten hinziehen. Zwar wird jedwede Frage denkbar knapp mit *Mirë* beantwortet, eine abweichende Antwort ist gar nicht denkbar, doch ist der andere ja auch noch am Zug, muss also seinerseits entsprechend zurückfragen. Sind dann schließlich sämtliche Lebensbereiche durchgegangen und für gut befunden worden, dann kann es schließlich weitergehen.

Sie können sich jetzt vorstellen, warum es ein wenig Verwirrung auslöst, wenn ich früh am Vormittag zur Kaffeebar gehe, nett begrüßt werde und sehr deutsch antworte:

– Na, Jorgo, alles gut?

– Oh ne, scheiße, Mann! Voll müde und voll viel zu tun.

Ich komme aus einem Land, wo das gegenteilige Verfahren üblich ist, ein Land, in dem die knappe Antwort »gut geht's« als einsilbig bzw. als verdächtig kurzatmig gilt. Wer in meinem Land höflich ist und verbindlich antwortet, der berichtet zumindest von ein, zwei Schwierigkeiten des Alltags. Der Anblick zweier Deutscher, die sich zunächst strahlend begrüßen,

– Na, altes Haus!,

dann aber einen Gang zurückschalten, das Lachen wieder wegpacken, um zu einer kurzen Klage über Familie, Kinder, Gesundheit, Job anzuheben, das ist unsere Gepflogenheit. Beide Verfahren, das deutsche und das albanische, sind lange eingeübt und kulturelle Standards. Darin jeweils eine gewisse Zwanghaftigkeit zu entdecken, das ist gewiss nicht ganz falsch. In Albanien ist es jedenfalls gänzlich unmöglich, von besagtem Muster abzuweichen, etwa aus Zeitmangel oder aufgrund eines Termines.

Nach obigem Schema wird überdies – und jetzt wird es problematisch – nicht nur in der realen Welt, sondern auch online verfahren:

Eine Nachricht zu ignorieren, etwa weil man sich gerade auf etwas anderes konzentrieren möchte, das gehört sich nicht. Man muss verfügbar sein, zumindest für seine Freunde, aber das sind ja fast alle. Und diejenigen, die man nicht zu seinen Freunden zählt, die sollten das möglichst nicht wissen, deswegen muss man sich diesen gegenüber möglichst genauso verhalten wie gegenüber den eigentlichen Freunden. Man muss also rangehen, man muss zurückschreiben und sich auf den Chat einlassen, auch wenn es gar nicht so leicht ist, diesen wieder zu beenden, und nebenbei drei weitere Chat-Fenster aufgehen, weil andere gesehen haben, dass man online ist. Wenn man sich im Klaren ist, dass fast alle Chats keinen wirklichen Gegenstand haben, es kein Anliegen zu klären gilt, sondern dass diese nur geführt werden, um Kontakt zu haben, dann kann das doch etwas lästig werden.

21. Grund

Weil man bei der Begrüßung nie ganz mitkommt, aufgrund des Variantenreichtums der Grußformeln

Wenngleich eine andere Antwort als die, dass es einem gut geht, mir gar nicht denkbar erscheint, fallen die Grußformeln umso variantenreicher aus. Ich bin mir sicher, man könnte Jahre im Land verweilen, in irgendeiner abgelegenen Gegend würden sich noch weitere finden als jene, die ich gleich aufzählen werde. Wohlgemerkt lasse ich im Folgenden alles weg, was an bestimmte Situationen oder Tageszeiten gebunden ist, und widme mich nur den universellen Grußformeln.

Mirëdita! Also »Guten Tag« kann zu jeder Tageszeit gesagt werden, zumindest solange es hell ist, und ist immer die sichere Variante, jedoch nicht wirklich üblich. *Përshëndetje* ist viel gebräuchlicher und nimmt des anderen Gesundheit zum Ausgangspunkt. *Përshëndetjet e mia!, Te përshëndes!* und *Shëndet!* sind davon abgeleitet. *Tungjatjeta!* (*Ty t'u ngjaztë jeta*) ist die eher im Norden gebräuchliche Kurzform, jemandem ein langes Leben zu wünschen, wörtlich »Dass sich dir das Leben verlängere!«. Davon gibt es weitere, noch kürzere Varianten: *Njatjeta! Tjeta!* oder schlicht *Tung!* Dann gibt es eine ganze Reihe höchst überraschender Abweichungen, die ebenfalls das Befinden zum Gegenstand haben, sich jedoch einem Detail widmen: *A je lodh?* heißt »Bist du müde?«.

A je mërzit? bedeutet »Hast du Sorge, bist du traurig?«

Die folgenden beiden Grußvarianten laufen in etwa auf »Wie ist es dir ergangen?« hinaus: *Si ga luar? Si ke kaluar?*

Të puth dorën! ist veraltet und wird lediglich von sehr gut erzogenen älteren Herrschaften benutzt, die zugleich ihr Gegenüber als Göttin ansprechen (siehe Grund Nr. 24). Ebenso wie die Hände küsst man auf die Augen, oder droht selbiges an, folgendermaßen: *Të puth sytë!*

Zoti të bekoftë! entspricht etwa dem deutschen »Gott zum Gruße«, ist aber im Albanischen veraltet und wird lediglich von Kirchendienern und gottesfürchtigen Älteren benutzt – ganz im Gegensatz zum allgegenwärtigen süddeutschen »Grüß Gott!«.

Mirë? oder *Mirëje?* bedeutet schlicht »Gut?« bzw. »Gut-du?«

Ç'kemi? entspricht unserem »Hi, Moin, Moinsen, Servus, Was geht?«

In Amerika und wahrscheinlich auch in den anderen Dörfern der Laberia kommt noch die Variante *Ku je?* hinzu, die wörtlich übersetzt »Wo bist du?« bedeutet, in Wahrheit aber »Wo warst du?« bzw. »Wo hast du dich rumgetrieben?« meint, aber ebenfalls wie »Wie geht es dir?« verwendet wird und mit »Gut« beantwortet werden kann. Wie gesagt, die pfeilschnell erfolgende Antwort ist immer die gleiche, nämlich *Mirë*, sodass sich dieses Wort auch selbst als Gruß eignet:

– *Mirë?*

– *Mirë! Mirë?*

– *Mirë.*

Im Prinzip könnte man im Dorf, wo sowieso jeder alles über alle anderen weiß, es auch ganz anders handhaben …

– *Ti mirë! Unë si jam?*

… und erst feststellen, dass es dem anderen gut geht, bevor man diesen nach dem eigenen Ergehen fragt. Nur einmal in all den Jahren ist es mir passiert, dass jemand, und auch nur, nachdem ich insistiert und noch mal nachgefragt hatte, ob wirklich alles gut sei, geantwortet hat:

– Nur wenig gut.

Dies war der alte Panajot gewesen, dem die Sonne zugesetzt hatte, und der sich, im Sonntagstaat von der Kirche kommend, auf halbem Weg zu seinem Haus ausruhte.

22. Grund

Weil es ein paar Verwirrungen gibt bezüglich Schreibung und Aussprache, welche unter anderem dem »genus loci« geschuldet sind

Wir sollten an dieser Stelle die Gelegenheit nutzen, ein paar kleinere Verwirrungen aufzulösen, die Reisende in Albanien häufig befallen. Das sind zunächst die Varianten in der Schreibung von Ortsnamen: Warum zum Teufel heißt es überall *Gjirokastra* und auf dem Straßenschild steht dann *Gjirokastër*? Dasselbe mit *Shkodra* und *Shkodër*, *Tirana* und *Tiranë*. Ja, was denn nu? Das Albanische sieht bestimmte und unbestimmte Formen nicht nur für Substantive, sondern auch für Namen vor: *Das* Haus ist *shtëpia*, *ein* Haus ist *shtëpi*. Mit *Shkodra*, *Gjirokastra* oder *Tirana* wird die bestimmte Form bezeichnet, die z. B. dann Verwendung findet, wenn man »aus Gjirokastra« stammt: *nga Gjirokastra*.

Von jeder Tätigkeit und Richtung isoliert und auf Schildern angeschrieben, braucht es jedoch die unbestimmte Form, weshalb dort jeweils *Gjirokastër* zu lesen steht. Ich verstoße also gewissermaßen gegen die Regeln der albanischen Grammatik, wenn ich in diesem Buch aus ästhetischen Gründen durch die Bank die (eingängigeren) bestimmten Formen von Ortsnamen gebrauche. Eine Ausnahme mache ich bei den weiblichen Städten – ja, Orte haben einen Genus, sozusagen einen »genus loci« –, statt *Berati* und *Durrësi* schreibe ich albanisch korrekt, weil unbestimmt, von Durrës und Berat. (Das heißt, über Berat schreibe ich eigentlich gar nicht, über Durrës nur am Rande.) Aus genau dem gleichen Grund wird übrigens aus Liz in Albanien schon mal »the Liz«, weil die Liz ja nicht irgendeine ist. Und wenn Albaner auf Englisch nach Berlin gehen wollen, dann logischerweise »to the Berlin«, Sie verstehen?

Mehrfach sind mir Landsmänner und -männinnen untergekommen, die sich ob des »Ë« verwirrt zeigten, obwohl sie aus dem Land des »Ä«, des »Ü« und des »Ö« stammen. Dieses eine von lediglich zwei albanischen Sonderzeichen zeigt an, dass der Vokal dunkler gesprochen wird, dumpfer klingt als ein normales »E« und ein wenig in die Richtung unseren »Ö« wandert. Allerdings wird ein »Ë« am Wortende in den meisten Fällen nicht mitgesprochen: *Mirë* wird mit hellem, leicht verlängertem »I« und einem dental angerollten »R« ausgesprochen, das »Ë« fällt unter den Tisch. Das andere Sonderzeichen ist das in vielen Sprachen gebräuchlich »Ç«, welches für »Tsch« steht.

Die heutige Schreibweise der albanischen Sprache ist noch jung und wurde erst 1908 anlässlich des Kongresses von Monastir (heute Bitola in Mazedonien) beschlossen: Dass fortan Albanisch in lateinischer Schrift geschrieben und streng phonetisch transliteriert werde! Zuvor wurde je nach konfessioneller Zugehörigkeit und Adressat entweder in griechischer, lateinischer oder arabischer Schrift formuliert. Hier liegt auch der Grund dafür, warum für viele Albaner Rechtschreibung nur ein Vorschlag ist und sie auch in den Fremdsprachen in einem Möglichkeitsraum operieren.

Dazu kommt noch, dass viele Ortsnamen eine lange Geschichte und zahlreiche Sprachfassungen hinter sich haben, sodass auch dieser Umstand eine Quelle für unterschiedliche Schreibweisen darstellt. Shkodra hieß z. B. in venezianischer Zeit *Scutari*, bei den Osmanen İşkodra und in römischer Zeit Scodra. Aus Dyrrachium bzw. Epídamnos wurde erst Durazzo, dann die heute zweitgrößte albanische Stadt Durrësi.

Und wo wir schon dabei sind, es gibt noch eine weitere Verständigungsschwierigkeit, welche die Zahlen und insbesondere das Bezahlen betrifft. Nein, niemand will Sie übers Ohr hauen, auch wenn auf einmal 3000 (*tre mil*) verlangt werden statt der erwartbaren 300. Dies liegt daran, dass der Lek vor langer, langer Zeit einmal abgewertet und eine Null gestrichen wurde, 1964, um genau zu sein. Dennoch rechnet man in Albanien häufig noch in alten Lek (*Lekë të vjetra*), was sich jedoch in der Praxis schnell aufklärt. Allerdings scheint sich das mit der Null auch auf andere Felder ausgeweitet zu haben, sodass auch Einwohnerzahlen und Distanzen manchmal gewissen Ungenauigkeiten unterworfen sind und im Zweifel abgewertet werden sollten. Dann muss man allerdings seit Neuestem noch die Mehrwertsteuer draufschlagen.

23. Grund

Weil die Mehrwertsteuer eine relativ neue Sache ist und äußerst undurchschaubar, wenn nicht sogar Diebstahl

Wie lange er denn von Fier an die Riviera bräuchte, frage ich eines Tages Elton, und der sagt:

– Drei Stunden. Vier mit Mehrwertsteuer.

Der Witz sitzt deswegen, weil man sich in Albanien noch nicht wirklich an die Existenz bzw. Durchsetzung der Mehrwertsteuer gewöhnt hat, sodass dieses Konzept für viele undurchsichtig bleibt und nicht jedem klar ist, dass es sich um eine durchlaufende Steuer handelt. Zumal die sogenannte TVSH mit 20% ziemlich hoch ausfällt und selbst Unternehmern scheint, dass der Staat mal wieder über Gebühr zulangt, denn das macht der gerne. Dieser Eindruck ist deswegen auch nicht ganz falsch, weil es z.B. dem frisch mit einer elektronischen Abrechnungsmaschine ausgestatteten Café nicht ohne Weiteres möglich ist, seinen Kunden einen um ein Fünftel höheren Preis zuzumuten.

Zum anderen bekommt ein kleiner Gemüsehandel nun wirklich nicht von jedem seiner Zulieferer eine vernünftige Rechnung, es herrscht vielerorts das, was ich »kleiner Kreislauf« nenne: der Warenverkehr und Tausch ohne Geldmittel auf kurzen Wegen, innerdörfliche Wirtschaft. Eine hervorragende Sache, insbesondere angesichts des Zustands unserer Welt – wenn da der Staat nicht wäre, der überall mitmischen will, auch bei den 20 Zucchini, die Bauer Sowieso im Laden von Demunddem abliefert und dafür Waschmittel mitnehmen darf.

Aber zurück zum Thema: Ein Freund von mir aus Tirana, der als Guide arbeitet, reagierte sogar leicht panisch, weil er angesichts steigender Erträge urplötzlich Mehrwertsteuer abführen sollte.

– Das ist Diebstahl!, entfuhr es ihm.

Ich habe über mehrere Wochen erfolglos versucht, das Konzept der durchlaufenden Steuer zu erläutern, und dass er doch diese fortan seinen Rechnungen an die Agenturen draufschlagen möge, leider ohne Erfolg:

– Unmöglich!

Seither versucht er sich im Steuerlimbo, um möglichst unterhalb der Bemessungsgrenze zu bleiben. Alles andere sieht er nicht ein.

24. Grund

Weil man sich gegenseitig als Gott anspricht

Bemerken wir vorab, dass diese Ansprache im Alltag äußerst selten geworden ist; wer aber seinem Nachbarn, seinem Gast oder dem Bürgermeister höchsten Respekt zollen will, der spricht diesen mit »Gott« an. Kein Scherz: Unserem »Herrn« und der »Dame« entspricht das albanische *Zoti* bzw. *Zonjë,* und das bedeutet »Gott« bzw. »Göttin«.

So ist auch der Witz zu verstehen, dass der ehemalige Premierminister Fatos Nano nach seinem Ableben im Himmel ankommt und sich dem Allerhöchsten folgendermaßen vorstellt:

– Zoti Fatos Nano, sehr erfreut! Und welcher Gott sind Sie?

Auch ich stehe jeden zweiten oder dritten Tag vor Theodoras Haus und rufe sie als Göttin an:

– *Zonjë Theodora! Ku jeni?*

25. Grund

Weil so manch einer eine Frage mittels Kopfschütteln bejaht

Die albanischen Bunker z. B. sehe ich gar nicht mehr, ich nehme sie hin, sie gehören zur Landschaft und haben für mich schon lange nicht mehr den Reiz des Exotischen. An vieles gewöhnt man sich mit der Zeit, beispielsweise nehme ich auch die ganzen Stromkabel, die von Haus zu Haus gespannt sind und quer über die Straßen verlaufen, gar nicht mehr wahr. Ebenso ist das Flickwerk der Fassaden in Tirana mir zum Alltag geworden. Ich sehe Dinge nicht mehr, die ich anfangs gebannt betrachtet habe und mich bemüßigt fühlte, zahlreiche Fotos zu schießen.

An was ich mich hingegen nie gewöhnen konnte, was mich immer noch in sekundenlange Verwirrung stößt, ist das Kopfwiegen der Albaner, mit dem sie eine Frage bejahen: Der Kopf wird kurz zur Seite und leicht nach unten gezogen, was sich wie ein knapp gehaltenes Kopfschütteln ausnimmt und von meinem Gehirn nach wie vor als solches verrechnet wird. Nicht jeder Albaner macht dies so, und auch nicht überall ist es üblich. Deswegen kommt das bejahende Kopfwiegen immer etwas überraschend.

Urime hat den kleinen Kiosk nahe der Schule in Amerika und verkauft neben Alltagsbedarf im Frühling auch Setzlinge. Schon mit den Zahlen bringt er mich ganz durcheinander, weil er bestimmte Ziffern ganz anders ausspricht, als ich es gewohnt bin. Ich mag vielleicht ein bisschen Albanisch sprechen, aber mit Dialekten und lokalen Varianten kenne ich mich nun gar nicht aus. Außerdem nuschelt Urime, aber er freut sich über jedes neue Wort, das auf Albanisch meine Lippen verlässt. Er kichert dann, weil es überhaupt nicht in sein Weltbild passt, dass ein Ausländer, noch dazu ein Deutscher, zum Beispiel auf Albanisch »Frohe Ostern« wünscht:

– *Gëzuar Pashket!*

Ob es denn in den nächsten Tagen wieder Melonensetzlinge gäben würde, will ich noch wissen. Urime bejaht dies:

– *Po po, ka!*

Und schüttelt dabei den Kopf.

26. Grund

Weil die Zukunft englisch spricht

Zonjë Theodora spricht kein einziges Wort Englisch, von ihren Enkelkindern weiß sie wenig, weil diese Albanisch nie gelernt haben, nicht in Cleveland, Ohio. Auch im Oberdorf wird kaum englisch gesprochen, aber die Kinder, selbst die ganz jungen, lernen es. Odisse, der Direktor der örtlichen Grundschule, fährt seinen Nachwuchs zweimal die Woche nach Saranda, damit dieser an einem Privatkurs teilnimmt. Die Zukunft spricht englisch in Amerika, und sie wird nicht lange auf sich warten lassen. Schon heute probieren sich die frechsten Bengel aus und rufen dir hinterher:

– *Hello Mister! How do you do?*

Du aber reagierst nicht und sie wechseln daher die Sprache:

– *Come stai? Bene?*

Dass Italienisch in Albanien weit verbreitet ist, hat nichts mit den Auswanderern zu tun und noch viel weniger mit der italienischen Präsenz während der 30er- und 40er-Jahre. Für die Sprachfertigkeit sorgten vielmehr die italienischen Sender RAI UNO und DUE, die seit dem Anfang der 90er-Jahre überall entlang der Küste und bis weit ins Inland empfangen werden konnten. Griechisch wiederum ist im Süden weitverbreitet, es wird dort dörferweise fast ausschließlich gesprochen. Deshalb versuchen es die Bengel in jedweder ihnen bekannten Sprache:

– *Kalimera! Te kanis? Kala?*

Ich halte die Albaner insgesamt für außerordentlich sprachbegabt und habe meine Gründe dafür: Einmal konnte ich mich im Bus mit einem jungen Albaner auf Spanisch unterhalten, der sich diese Sprache allein durch das Verfolgen einer Telenovela angeeignet hatte. Im Auftrag des Goethe-Instituts durfte ich vor nunmehr zehn Jahren einen Kurs »Kreatives Schreiben in der Fremdsprache« an der Universität Tirana durchführen, ich war damals auf alles Mögliche vorbereitet, nicht jedoch auf ein gutes Dutzend Zweit- und Drittsemester, die meine Muttersprache nahezu perfekt beherrschten und überdies ein enormes poetisches Talent hatten, sich in dieser schriftlich zu bewegen. Mit Fug und Recht kann ich also behaupten, dass nun, da Albanien angefangen hat, Englisch zu lernen, es – abgesehen von wenigen entlegenen Landstrichen – nur eine Frage der Zeit ist, bis man mit Englisch auch in Albanien gut durchkommt.

27. Grund

Weil Sie, bis es so weit ist, Fußball sprechen werden

Noch ist dies jedoch nicht der Fall. Nehmen wir deshalb an, sie sprechen kein Wort Albanisch, was ja auch ziemlich wahrscheinlich ist. Nehmen wir weiterhin an, Sie sind weder des Italienischen mächtig, noch sprechen sie griechisch. Damit fehlen Ihnen die bislang wichtigsten Verkehrssprachen für den Aufenthalt in Albanien – zumindest um mit den Älteren ins Gespräch zu kommen. Aber wissen Sie was? Das wird diese nicht im Mindesten stören. Man wird sich anders zu helfen wissen und sich einer internationalen Sprache bedienen, der des Fußballs! Es ist in Albanien selten so, dass vor dem Fremden zurückgeschreckt oder angesichts mangelnder Sprachkenntnisse scheu reagiert wird. Auch ohne gemeinsame Sprache werden die Albaner auf einen zugehen, sich mit einem austauschen und Gemeinsamkeiten ausmachen wollen – und seien es gemeinsame Bekannte innerhalb des internationalen Fußballgeschäfts. In Albanien verhält es sich im Allgemeinen genau anders herum als in Deutschland, es wird nicht nach den Unterschieden, nach dem Trennenden gesucht, sondern nach Schnittpunkten, Gemeinsamkeiten und Verbindungen. Bereiten Sie sich also schon mal auf einen Gesprächsverlauf wie den folgenden vor:

– Barcelona!

- …

– Real Madrid! Ronaldo!

- …

– Bayern Mun-chen!

- …

– Beckenbauer! Breitner!

Es wird wenig bringen, wenn Sie sich jetzt von Bayern München distanzieren und ihre Vorliebe für, sagen wir, Hannover 96 betonen wollen. Bayern München hat einfach die besseren Karten:

– Oliver Kahn!

- …

– Schwainstaigerr! Muller!

- …

Beschämt werden Sie feststellen, dass Sie mit keinem einzigen Namen eines albanischen Spielers kontern können, ja noch nicht mal einen Verein nennen. Das macht aber nichts, denn die Vorliebe der Albaner für den internationalen Fußball hat auch mit dem mangelnden Niveau des einheimischen zu tun. Der albanische Fußball findet hauptsächlich im Kosovo statt, von wo aus er wiederum in die Schweiz emigriert ist. Schauen Sie sich doch mal an, wer so alles für die Schweiz aufläuft: Wenn die Schweiz gegen Albanien spielt, gewinnen in jedem Fall Albaner!

Der Bruder von Alfons heißt übrigens Mateus. Lange Zeit bin ich stillschweigend davon ausgegangen, die Namensgebung sei auf den Envangelisten Matthäus zurückzuführen. Ist sie aber nicht, sie ist vielmehr einem gewissen Lothar Matthäus geschuldet. Mateus wird überdies »Tussi« gerufen, was mich aufgrund von dessen breitschultrigem Auftretens doch sehr amüsiert. Überhaupt sind Namen etwas ganz und gar Flexibles bzw. Flexierbares. Für Kujtim und dessen Familie in Gjirokastra werde ich bis in alle Ewigkeit »Jürgen« sein, die kleine Alexia, Ellis Tochter, nennt mich »Jörg« und spricht das jedes Mal völlig korrekt aus, für Elli selbst hingegen bin ich »Jorgo«. Gjergj wird von den Übernachtungsgästen »George« genannt, weil er als solcher auf *airbnb* firmiert. Liz heißt eigentlich »Lisa«, was sich jedoch nicht durchgesetzt hat, weil sie auf Facebook ein wenig Camouflage betreibt und sowohl Vor- als auch Nachnamen zurechtgestutzt hat. Elli und Liz haben zwar den gleichen Vornamen, der jedoch auf unterschiedlichen Wegen so zurechtgekürzt wurde, dass er wirklich zur Person passt. Aus Emilija wiederum wurde in Windeseile »Emily«. Alfons heißt eigentlich nur in diesem Buch so, sonst wird er »Sfonsi« gerufen oder auch »Sfons« … Man muss mit einem Namen etwas anstellen können, dies ist Voraussetzung dafür,

Alt-Amerika: die Gasse in Richtung Olivenhaine und Meer, stets begleitet von einem Wasserkanal. *(vgl. 1. Grund)*

Hinter Amerika steht das Ceraunische Gebirge. Die höchste Erhebung ist der Mali i Çikës mit 2040 Metern. Den Llogara-Pass können Sie ganz links im Bild gut erkennen.

Oben: An der Hafenstadt Saranda scheiden sich die Geister: Die einen lieben das Flair, die anderen hassen die Neubauten. Ehrlich gesagt: Beide haben Recht! *(vgl. u.a. 44. Grund)*
Unten: Auf den ersten Blick ein recht ursprünglicher Küstenabschnitt in Südalbanien. Den Bunker sehen auch Sie nur auf den zweiten, oder? *(vgl. 12. Grund)*

Diese ältere Dame ist meine Vermieterin Theodora. Sie spricht kein Wort Englisch, hat aber einen amerikanischen Pass! *(vgl. 106. Grund)*

Kakerleca deti auszunehmen und zu schälen ist zeitraubend, weswegen Lado etwas angepisst ist. Was aber nicht viel hilft, denn die Schicht ist lang, und die Arbeit endet erst mit der Saison. *(vgl. 39. Grund)*

Oben: Wenn Sie wissen wollen, warum bei uns am Strand »Shumë mirë gomari!« seit Kurzem so etwas wie »Eselsgut« bedeutet und was das mit dem Foto zu tun hat, lesen Sie den Schluss von Grund Nr. 29 und Grund Nr. 30! **Unten links:** Orthodoxe Kapelle an der Küste. ***(vgl. 2. und 8. Grund)*** **Unten rechts:** Ein Auswanderer-Schmetterling! ***(vgl. 81. Grund)***

Ich weiß, das sieht aus, als müsste man zu einem Aussichtspunkt hochsteigen. Ist aber nicht der Fall: Man muss von der Nationalstraße aus hinunter! So ist das an der *Bregu i detit*, die Aussicht ist einfach nicht zu vermeiden – die Welt ist rund!

Gjirokastra
Deine Dächer aus Schuppen, die Knochen steinern.
Deine Stufen und Stiegen, steile Wüsten im Sommer.
Winters all der Stein – kalt wie das Grab.
Silberstadt, wie lange war ich fort?

SHITET
SHITET

Oben, unten und rechts oben: Ansichten der verschiedenen Viertel von Gjirokastra.

Unten: Es war früh morgens, vor Tolios Café, als sie begannen, die alten Steinplatten herauszureißen. Tolio hatte sich fünf Minuten erbeten: für einen allerletzten Kaffee! *(vgl. 74. Grund)*

Oben: Relief am Nationalmuseum in Tirana.
Unten: Der Bunker Enver Hodschas liegt an den Hängen des Dajtis und kann besichtigt werden.

Oben: Hier darf jeder mal ran: Kein Bürgermeister, der nicht versucht hat, den zentralen Skanderbegplatz in Tirana umzugestalten. Hier der aktuelle Stand. **Unten:** Und das ist er: Skanderbeg, bzw. Gjergj Kastrioti, so wie man ihn sich vorstellt, hier auf einem Relief in Kruja. *(vgl. 18. Grund)*

Es gibt nichts, was Gjergj nicht selbst macht, auch den Wein: mit den Schalen vergoren, daher die dunkle Farbe. Und das ist der einfache Hauswein!

dass der Name anerkannt wird bzw. vom Sockel gestürzt und eingemeindet – den Motorradfahrern Manfred und Herrmann wurden ihre Namen schlicht und einfach nicht geglaubt, sie wurden ihnen nie abgenommen, und beide blieben bis zuletzt ohne gültige Bezeichnung.

Ein weiterer, auf wenige Jahrgänge beschränkter Vorname in Albanien soll auf »Briegel« lauten (ich persönlich kenne niemanden diesen Namens, kann mir solcherlei aber nur zu gut vorstellen). Klingelt da bei Ihnen etwas? Hans-Peter Briegel? Nun, das war der Mann ohne Schienbeinschoner, der fast ein Jahrzehnt für Kaiserslautern aufgelaufen ist und später ins Trainerfach wechselte: Zwischen 2002 und 2006 hat Briegel die albanische Nationalmannschaft trainiert und mit dieser sowohl gegen den amtierenden Europameister (nämlich 2:1 gegen Otto Rehhagels Griechenland, in der WM-Qualifikation!) als auch gegen Russland gewonnen! Hans-Peter Briegel ist in Albanien ein Held und »Briegel« ein super Vorname für Nachwuchshelden! Es kam auch schon vor, dass nach einem »Jürgen« gerufen wurde und ich mich automatisch angesprochen fühlte und nach dem Rufer umdrehte. Dann war aber doch Jürgen Klinsmann gemeint und nicht ich. Klinsmann selbst habe ich persönlich kennengelernt, denn der stand in einer kleinen Straße jenseits der Myslym Shyri in Tirana und hat mir geholfen, einen Trupp Touristen, dessen Reiseführer ich war, in die richtige Richtung zu leiten, bzw. um die Ecke zu bringen. Jedenfalls haben wir uns kurz unterhalten, und zum Abschied habe ich ihn noch nach seinem Namen gefragt:

– Klinsmann!

war sein Vorname. Und ich übertreibe nicht, wenn ich behaupte, mir ganz genau in diesem Moment meiner Liebe zu diesem verrückten Land sehr sicher gewesen zu sein.

28. Grund

Weil die sprachlichen Auffahrunfälle meist eine produktive Komponente haben oder zumindest tiefer blicken lassen

Die Älteren – und das sind all jene, die ihre Jugend noch im Kommunismus verbracht haben – haben sich Englisch auf der Straße angeeignet und selten ein Lehrbuch aufgeschlagen. Logisch, dass deren Englisch rudimentär bleiben muss und das Verständnis vom gegenseitigen guten Willen abhängt. Aber der ist in einem Land wie Albanien ja stets gegeben.

Ich will mich daher auch gar nicht lustig machen, ich, der ich acht Jahre Englischunterricht genossen habe (bzw. das, was man dafür hielt, damals in den 90ern in Franken), ich protokolliere hier nur einige Miss- bzw. Unverständnisse, die sich innerhalb weniger Stunden zugetragen haben, und hoffe, Sie sehen den Witz dieser Situationen. Sämtliche dieser Verständigungsunfälle sind übrigens Liz anzulasten, von der Gjergj sagt, sie sei *»too much complication«* und *»she not know the English«*. Gjergj hat nämlich den letzten Winter in Oxford verbracht, allerdings auf dem Bau und zusammen mit anderen Albanern. Dennoch attestieren wir ihm gerne, reinstes Oxford-Englisch zu sprechen. Im Folgenden dreht sich natürlich fast alles ums Essen, denn da gilt es präzise zu sein, bei anderen Themen kommt es nicht so drauf an.

Ort: Plazhi, Gjergjs Taverne

Zeit: Vorsaison, trotzdem knalleheiß

Handelnde Personen: Gjergj, Liz aus Berlin und ich, aber ich handle (vorsätzlich) so wenig wie möglich

1.

Liz: Who is cleaning the toilets?

Gjergj: Tomorrow!

2.

Liz: Is there any breakfast?

Gjergj: For what?

Liz: For eating.

3.

Liz: I am going to swim!

Gjergj: You want the shrimps?

Liz: No! I am going to swim now!!

Gjergj: You want the shrimps now??

4.

Gjergj: You want goat! How goat you want?

Liz: For two people.

Gjergj: Jörg say nothing. You say for the Jörg.

Liz: Two portions.

Gjergj: Look it! How is two portion, one kilo?

Liz: How do you make the goat?

Gjergj: On the grill.

Liz: No, I mean, what comes with it?

Gjergj: Come with?

The Jörg: *Patates? Domates? Xaxiqi? Sallatë?*

Gjergj: No! Meat is only the meat. Big plate of meat!

Liz (stark entschlossen): 800 grams!

Gjergj: For the both?

Liz: Yes, of course!

Gjergj: Look it! I not know what eat the Jörg, maybe one kilo?

The Jörg: *Jo, jo, jo!*

Liz (probt Durchsetzung): Okay, listen Gjergj, 800 grams for the both! And: Can we have tomatos and potatoes from the grill also? No salad!

Gjergj: Ah, now I understand! You want the potatoes from the grill!

Liz: YESSS! And the tomatos!

Gjerghi: Okay, one kilo of the goat!

(20 Minuten später kommen Kartoffelscheiben vom Grill, das Kilo an Ziegenfleisch sowie ein großer griechischer Salat, alle glücklich.)

Nun sind Verständnisprobleme nicht automatisch mangelnder Sprachfertigkeit geschuldet. Auch das Gegenteil kann der Fall sein: Man sitzt einem studierten Albaner gegenüber, hat aber inzwischen große Teile seines eigenen Vokabulars aufgegeben, weil man damit bislang nicht sehr weit kam – *too much complication!* Auch an fantasievolle oder irritierende Aussagen hat man sich gewöhnt und schätzt deswegen die Lage manchmal ein wenig falsch ein:

1.

– It's in my genes.

– In your jeans?

– In all Albanians genes.

2.

– I live in Fier.

– In fear?

– Yes.

Auch im täglichen Umgang mit jenen Albanern, die ausschließlich albanisch sprechen, kommt es trotz des Einsatzes von Mimik und Gestik natürlich zu fortgesetzten Missverständnissen, die unter anderem daraus resultieren, dass unsereins auf Teufel komm raus Sinn herzustellen versucht: Wir verrechnen Informationen einfach zu etwas halbwegs Brauchbarem, das aber häufig mehr dem entspricht, was wir denken wollen, als dem, was tatsächlich gesagt wurde. Da war zum Beispiel diese Französin, die ganz begeistert auf den Strand rannte, als Tëmë, der Hirte, wie fast jeden Tag mit seinem Maultier und dem Eselchen vorbeizog. Tëmë kommt regelmäßig an den Strand, um dort hohes Gras abzuernten und an seine Ziegen zu verfüttern. Man sah, wie die beiden ein kurzes Gespräch führten und der Esel gestreichelt wurde. Später zeigte sich die Französin davon überzeugt, »Shummir« kennengelernt zu haben, denn so habe sich Tëmë vorgestellt und sich leicht auf die Brust geklopft, nachdem zunächst sie ihren Namen genannt habe. Der Esel hieße übrigens »Gomari«. Nun, ich will niemanden enttäuschen, aber weder Tëmës Esel noch die anderen Esel des Dorfes haben einen Namen, sie brauchen keinen. Die Esel heißen allesamt »Esel«, auf Albanisch *Gomari*. Und *Shume mirë* bedeutet »Sehr gut« bzw. in diesem Kontext »Ist schon recht«.

29. Grund

Weil man aufhört, ein Tourist zu sein, indem man beginnt, den Alltag zu teilen, indem man bleibt

»Shummir« wird sich nur als Tëmë entpuppen, wenn man genügend Zeit mitbringt. Hat man diese nicht, fährt man mit einem Sack voller Eindrücke und zahllosen Missverständnissen weiter, um woanders mit Kuhaugen in die Welt zu blicken. Einzig dem Alltag ist es möglich, einem diese Naivität zu nehmen: Tausend Dinge erfährt man nur, indem man vor Ort ist und bleibt. Darunter sind so irrelevante Kleinigkeiten wie z. B. dass es das Gas oben bei der Tankstelle gibt. Dort steht unter einem Wellblechdach ein Druckkessel, dem Flüssiggas für die Kartuschen entnommen wird: Sie müssen also mit der leeren Kartusche erst einmal hinauflaufen zur Tankstelle. Der einbeinige Tankwart wird herbeieilen – eine Fluppe im Mund, denn er hat immer eine Fluppe im Mund, soweit ich das beobachten konnte –, die Kartusche aufdrehen und Gas zapfen. Das Bein habe er vor sechs Jahren verloren, sagt er mir auf meine (zugegebenermaßen unverschämte) Nachfrage, denn ich begreife nicht recht die Geschwindigkeit, ja Eleganz, mit der er sich zu bewegen weiß. Wegen einer »Fräse« sagt er, und ich glaube, er meint eine Motorsäge, denn er deutet hinunter zu den Olivenhainen. Als wir uns ein wenig besser kennen, frage ich ihn nach seinem Auto, denn ich habe ihn im Dorf gesehen, wie er mit dem alten Mercedes gen Saranda düste. Es ist ein ganz normaler Mercedes, kein Automatikschlitten. Mit dem fährt er durch das Bergland und telefoniert ganz gewiss zwischendrin, denn sobald ein Auto bewegt wird, muss notwendig telefoniert werden, um die Termine klarzumachen. Aber ich schweife ab, und für diese fellinihaften Szenen, in die man in Albanien immer wieder stolpert, bräuchte es eine Kamera und bewegte Bilder, die Nacherzählung eignet sich dafür nur bedingt. Hätte man aber eine Kamera und würde bewegte Bilder einfangen wollen, würden sich wiederum die Mehrzahl dieser Szenen gar nicht ergeben – egal, jedenfalls lernt man viel, sobald man beginnt, Alltag und Arbeit zu teilen. Das ist auch der Punkt, an dem man aufhört, ein Tourist zu sein.

30. Grund

Weil Maultiere und Maulesel nicht dasselbe sind und Sie auch den Rest der Geschichte nicht kennen, sodass sie hier erzählt werden muss

Ich bin inzwischen so einige Sommer auf dieser Welt, aber was ich jetzt notiere, weiß ich erst seit wenigen Wochen. Weil ich mich nie darum gekümmert habe, ja noch nicht einmal Fragen gehabt hatte. Ich hatte Maultiere einfach hingenommen, so wie die Französin den »Shummir«: Nicht nur im Bergland der Laberia und in Amerika gehören Esel und Maultier zum Alltag, auch in Peshkopi, oder der Zagoria ist dem nach wie vor so. Erstens sind viele Strecken mit dem Auto gar nicht machbar, zweitens kosten diese Tiere nichts. Sie werden mitsamt dieser hölzernen Sattelkonstruktion, die man hier selbst herzustellen weiß, am Straßenrand abgestellt und tun sich dort gütlich.

Mit Mauleseln werden Gaskartuschen die Hänge hoch und runter transportiert, Heu geerntet oder die Olivenausbeute ins Dorf verschafft. Der Maulesel ist der König der Kurzstrecke, nicht das Auto. Freuen Sie sich also auf entsprechende Fotomotive, aber bevor Sie unschuldige Maultiere in fortdauernde Pixel verwandeln, machen Sie sich bitte klar, dass Fortdauer gar nicht deren Geschäft ist. Maulesel und Maultiere sterben aus – jedes einzelne Tier für sich und ganz alleine. Dazu gleich mehr, vorerst müssen wir klären, was das überhaupt ist, ein Maulesel, und worin der Unterschied zum Maultier besteht. Beide sind sogenannte Hybride, also Kreuzungen verschiedener Rassen. Unter einer »Rasse« wiederum versteht man eine eigene Art, die sich durch Erbgut und Chromosomenzahl von der anderen abgrenzt. Deswegen hat Alexander von Humboldt schon im 18. Jahrhundert darauf hingewiesen, dass es so etwas wie verschiedene Rassen innerhalb der Menschheit gar nicht gibt, biologisch gesehen, denn unabhängig von Herkunft und Hautfarbe können wir alle miteinander Nachwuchs zeugen, wie es uns beliebt – ganz im Gegensatz zu Maultier und Maulesel.

Der »Muli« (von lat. *equus mulus*) ist ein Kreuzungsprodukt aus entweder Eselhengst und Pferdestute (Maultier), oder aber Pferdehengst und Eselstute (Maulesel), wobei Erstere einfacher zu züchten sind. Die Stute ist dabei die Doofe, denn sie trägt den Bastard aus, welcher selber unfruchtbar bleibt und keinen Nachwuchs bekommen kann. Krass, oder? Ich meine, Maultiere sind uns schon aus der Antike bekannt, und noch heute leistet sich die Bundeswehr eine »Tragtierkompanie« (Standort Bad Reichenhall); es waren an die 1000 Maultiere, mit denen die pakistanische Armee im Anschluss an die Erdbeben im Kaschmirtal die Versorgung entlegener Gegenden sichergestellt hat. Das Maultier war also schon immer da und hat die Lasten der Menschheit über Jahrtausende in unwegsame Gegenden getragen, Kreuz- und Kriegszüge begleitet, das Bauernleben vereinfacht und Gaskartuschen zu den Häusern Alt-Amerikas hinuntergebracht.

Man züchtet Maultiere seit Tausenden von Jahren aufgrund ihrer hervorragenden Eigenschaften: Mulis sind hochintelligente, trittsichere Wesen, die im Gegensatz zu Pferden keine Fluchttiere sind, nicht scheuen. Sie sind zäher als Esel, ähnlich willensstark, erkennen aber den Menschen als Leittier an, folgen also. Da die Chromosomenzahl von Pferd und Esel ungleich ist, gehen lediglich vereinzelt fruchtbare Stuten aus dieser Paarung hervor. Sämtliche Hengste bleiben unfruchtbar. Und spätestens jetzt wird einem auch klar, warum Maultiere so genügsam sind: Die stehen in der Welt herum und sind mit Aussterben beschäftigt. Jedes einzelne Maultier ist das letzte seiner Art. Da macht man nicht mehr so viele Pläne.

31. Grund

Weil man bei so breit aufgestellten Familien schon mal den Überblick verlieren kann bzw. diesen gar nicht braucht

Als Gjergjs Cousin aus Paris eintrifft, bin ich dann doch etwas verwirrt, weil sich den zahlreichen bisher erwähnten Cousins noch ein weiterer hinzugesellt, und frage:

– *Gjergj, how many cousins do you have?*

Gjergj überlegt kurz, sein Blick schweift über die Bucht, dann sagt er:

– *I don't know.*

Mag Gjergj auch den Überblick verloren haben, ich kann mit einem Näherungswert dienen: Die Geburtenrate lag vor einigen Jahrzehnten bei um die sechs. Sämtliche Geschwister waren damals natürlich früh unter der Haube und zeugten ihrerseits zahlreichen Nachwuchs, von dem wir annehmen, dass er zur Hälfte männlich ist. Gjergj mag also fünf Geschwister haben, die jeweils drei männliche Nachkommen zeugten. Das ergibt etwa 15 Cousins ersten Grades. Dazu kommen dann die Cousins zweiten Grades, also die Kinder der eigentlichen Cousins *und* der Cousinen, aber da – und bei der Frage, was ein Großcousin ist – hört mein Verständnis auf. Überschlagsmäßig rechne ich drei Kinder pro Cousin/Cousine, die Hälfte männlich, macht 1,5 x 30 ist gleich 45 plus die 15 Cousins ersten Grades, macht *en total* ca. 60 Cousins.

32. Grund

Weil die Welt gerecht sein kann, wenn sie Bock hat, und alle sich benehmen, wie es sich gehört

Gjergjs Pariser Cousin Benny spricht übrigens perfektes Französisch und arbeitet in der gehobenen Gastronomie, daher sein auffällig gepflegtes Gesicht, das weiße Hemd und die tägliche Rasur. Als sich ein junges deutsches Pärchen zur Unzeit (nachmittags um 15 Uhr) in der Taverne niederließ und der Kellner gerade ein Schläfchen hielt, sprang Benny ein, um formvollendet die Bestellung aufzunehmen. Sichtlich verwirrt zog er anschließend mich zu Rate, wie mit dieser umzugehen sei. Die beiden Deutschen hatten nach Tellern gefragt, und ob man ihnen die eine mitgebrachte Tomate und die eine Paprika schneiden könne, sowie die eine Kartoffel kochen. Konnte man nicht, beschloss ich.

Ganz anders als im oben genannten Beispiel (ich meine, würden die in Hannover, Paderborn oder Berlin-Lichtenberg Ähnliches wagen?) Ganz anders verhielt es sich mit Emilija. Die war halt nicht unverschämt. Die hatte versucht, am Strand zu campieren, dann aber gemerkt, dass auch das Mittelmeer insbesondere unter dem Einfluss einsetzenden Windes einen Tidenhub zeitigt, der ihrem Zelt gefährlich nahe kam. In aller Eile und in der einsetzenden Dunkelheit hatte sie eingepackt, war die paar Hundert Meter an den Felsen vorbei zur Taverne gelaufen, um dort einen späten Kaffee zu trinken. Eine Lösung würde sich schon finden, so dachte sie, und war damit ganz auf albanischer Linie.

Gjergj sprach sie an:

– Du hast aber viel Gepäck!

– Ja. Das ist wahr.

– Und wo willst du damit hin? Jetzt, um diese Uhrzeit?

– Ganz ehrlich, ich weiß es noch nicht.

– Du hast ein Zelt, ja? Bau es hier auf, überhaupt kein Problem.

Ich hatte, obwohl ich unten am Strand war, Emilija an diesem ersten Abend gar nicht wahrgenommen, sondern erst am Folgetag kennengelernt. Hier nur so viel: Gjergj und dem ganzen *staff* war völlig klar, mit wem sie es zu tun hatten. Diese litauische Hitchhikerin war mit einem so begrenzten Budget unterwegs, dass ich dieses hier gar nicht beziffern mag, weil es unglaubwürdig wirken würde; sie hatte nach Amerika und sogar hinunter zum *Plazhi* gefunden, hatte uns gefunden und war nun hier. Morgens, wenn sie Kaffee bestellen würde, würde Aldo sie nur kurz ansehen und sagen:

– Du zahlst hier nicht.

Abends würde Gjergj ihr Gemüsesuppe hinstellen und Brot, ohne dass Emilija jemals nach etwas gefragt hätte, ich würde eine doppelte Portion *patates* mit *salsë kosi* ordern und mit ihr teilen, den Wein sowieso. So läuft das hier, die Welt kann sehr gerecht sein.

III

Von ihrer Hände Arbeit

33. Grund

Weil es in Albanien weder Lebensmittelunverträglichkeiten noch Veganismus gibt – braucht dort keiner

Eine kleine Umfrage meinerseits in Tirana hat ergeben, dass von 20 Personen im Alter von 25 bis Mitte 40 keine einzige eine Lebensmittelunverträglichkeit hat. Knapp der Hälfte aller Befragten musste ich überdies erklären, worum es sich dabei handelt. Innerhalb derselben Referenzgruppe, die keinesfalls repräsentativ ist, sondern aus meinem Bekanntenkreis rekrutiert wurde, gab sich genau eine Person als Vegetarierin zu erkennen. Aber nicht mal das gilt, denn was gemeint war, ist: »vorübergehend auf Diät, der Linie wegen«. Würde ich jedoch dieselbe Frage in meinem Berliner Freundeskreis stellen, mindestens 50% wären entweder vegetarisch oder vegan unterwegs oder hätten zumindest eine Laktoseunverträglichkeit.

Vegetarier haben in Albanien allgemein schlechte Karten, noch nicht einmal in Tirana ist Vegetarismus geschweige denn Veganismus angekommen, eine entsprechende Szene gibt es schlicht und einfach nicht. Ich habe schon erlebt, dass einem Vegetarier Huhn angeboten wurde (Huhn gilt nicht unbedingt als fleischartig, denn es lebt im Garten inmitten von Ost und Gemüse und wird ebenso wie dieses gepflückt), und vor Jahren habe ich unter »Vegetarian Dishes« den Posten »Spaghetti bolognese« entdeckt.

Nennen Sie mich einen Flexitarier: Ich vermeide inzwischen Fleisch, wo es geht, passe mich aber den Umständen an. Das bedeutet in der Praxis, dass ich an einem Familientisch das nehme, was kommt, im Restaurant aber die Fleischgerichte mittlerweile meist sein lasse und im Supermarkt sowieso. Wer sich einmal mit Massentierhaltung auseinandergesetzt hat, tut dies nicht nur um der Tiere willen, sondern auch wegen der eigenen Gesundheit, vom Seelenheil ganz zu schweigen. In Albanien kann hingegen von Massentierhaltung keine Rede sein, und dort mutiere ich zum Fleischesser, esse, was da kommt, und stelle keine Fragen. Ich erinnere mich jedoch an den Punkt, wo damit Schluss war bzw. wo ich an meine persönliche Grenze geriet: Ich saß mit Alfons und Mateus, das ist jetzt wirklich Jahre her, in Naraç vor einem Schweinekopf. Die beiden löffelten genüsslich vom Hirn, würde stark machen, sagten sie. Tut mir leid, sagte ich, denn da hörte es für mich auf: Das esse ich nicht!

Gut, sagten die beiden, dann halt nicht, dein Problem.

Legendär ist übrigens die Geschichte, als Alfons zu seiner Berliner Zeit einen fetten Erpel gefangen hat. Am Wannsee, mit den Händen. Seine deutsche Freundin wollte den allerdings nicht essen, rupfen und ausnehmen musste er das Federvieh bei mir – aus Vorsichtsgründen nicht im Hinterhof, sondern im Badezimmer: Macht man nicht in Berlin, in Berlin geht man chinesisch essen, wenn es Ente sein soll, nicht an den Wannsee!

34. Grund

Weil Subsistenzwirtschaft völlig normal ist

Ich muss jetzt ein wenig ausholen, um Sie ins Boot zu holen: Es war die Industrialisierung, welche die Menschen von ihrem Grund und Boden in die Fabriken und damit in die Städte gezwungen hat, in denen sie dann für ihren Lohn das Lebensnotwendige einkaufen konnten, was sie zuvor selbst produziert hatten. Als man begann, zusätzlich allerhand Tand, Lebensunnotwendiges und vor allem Freizeit und Pauschalreisen zu verteilen, weil das die Arbeiter bei Laune hielt, begann sich dieses Modell einiger Beliebtheit zu erfreuen. In Albanien begann diese Entwicklung jedoch erst mit dem Kommunismus und daher gute 100 Jahre später als im westlichen Europa. Zudem wurde während der kommunistischen Jahrzehnte im Tausch gegen die Arbeitskraft nur ein geringer Anteil dessen erstattet, was selbst erwirtschaftet hätte werden können.

Dies und die mangelnden Möglichkeiten, sich mit Lohnarbeit in den 90ern über Wasser zu halten, sind die Gründe, warum die Albaner kollektiv zur Subsistenzwirtschaft zurückgekehrt sind. Die Erinnerung an die Lebensweise vor Kollektivierung und Kommunismus war noch zu lebendig, die Traditionen und das Wissen immer noch präsent, als dass dieses aufgrund der neuen Zeiten aufgegeben werden konnte. Zudem bedeutete »Demokratie« im Albanien der 90er-Jahre zunächst die Rückkehr zum Privateigentum, zum Beispiel in Form einer Milchkuh, durch die Bewirtschaftung des eigenen Gartens oder den Gang aufs Feld.

In den letzten Jahren des Sozialismus herrschte ein unfassbarer Mangel an sämtlichen Gütern des täglichen Bedarfs, darunter eben auch Milch, sodass die Selbstversorgung den Albanern nicht nur der logische nächste Schritt, sondern ein zwingender war. Die Ökonomie beginnt in Albanien im Haushalt und mit dem, was man selber ziehen und züchten kann.

Dies gilt heute noch und selbst für diejenigen, die es zu relativem Reichtum gebracht haben. Alfons ist mittlerweile ein gefragter Architekt, besitzt ein Haus in Tirana, aber bewirtschaftet zu Hause in Naraç unter anderem einen halben Hektar Olivenbäume. Für diese Gleichzeitigkeit der Lebensweisen, für die Verbindung zwischen Altem und Neuem, mag uns ein Bild aus Durrës als Symbol dienen: Dort stand vor einem komplett neu erbauten Hotel, das vom Gehweg durch einen gepflegten und regelmäßig gewässerten Grünstreifen abgetrennt war, angeleint eine Kuh, die das Grün kurz hielt.

Aus ganz ähnlichen Gründen hat man in Albanien am Esel und am Maultier (vgl. Grund Nr. 30) festgehalten: Diese laufen ohne Geld, sie bedienen sich stattdessen am Straßenrand oder wo immer man sie abstellt. Noch heute gehören Paarhufer zum albanischen Alltag und erfüllen als Lasttiere wichtige Aufgaben. Für viele, zumal ältere Menschen in den abgelegenen Dörfern, die kaum Auskommen haben und, wenn überhaupt, nur über eine geringe Pension verfügen, ist der Maulesel unverzichtbar: Er ist und bleibt das Verkehrsmittel zur nächstgrößeren Stadt oder auf den Markt. Der Preis, den eine Fahrt mit dem *Furgon* kostet, mag unsereinem zwar gering erscheinen, aber wenn man kein Geld hat, dann ist jeder Preis zu hoch. So kommt es, dass einem Albanien die Bilder liefert, die man einst von Griechenland erwarten hat.

Der albanischen Küche ist ihr Ursprung im Berg- und Hirtenleben stets anzumerken, ähnlich der griechischen. Das Meer wird in Albanien weitgehend ignoriert. Entsprechend sind der Hauptenergielieferant das Vieh und das Geflügel, ob in Form von Fleisch, Eiern oder Milchprodukten. Angesichts des hausgemachten Käses und des Joghurts ist eine Laktoseunverträglichkeit in Albanien kaum denkbar und rangiert jenseits der albanischen Vorstellungskraft, die ansonsten weit gespannt ist. Dazu gesellen sich die Produkte des *kopsht*, des Gemüsegartens, der allüberall immer noch selbst bewirtschaftet wird und ungemein ertragreich ist: Die Natur ist ein Paradies, wenn man mit ihr zusammenarbeitet und nicht gegen sie! Industrielle Produktion ist immer gegen die Natur gerichtet, weil diese sich nicht maximieren lässt, jedenfalls nicht über einen gewissen Punkt hinaus. Die häusliche Produktion hingegen – und hier liegt der Ursprung des Wortes »Ökonomie«: von altgriechisch *oikos*, das Haus, und *nomos*, das Gesetz – ist von vornherein am Bedarf ausgerichtet und nicht an Gewinnmaximierung.

35. Grund

Weil sich der Nagel des kleinen Fingers zu sozialer Distinktion auswachsen kann

Kein Albaner wird Ihnen das erklären, niemand es zugeben. Aber wer aus Tirana kommt, die bäuerlichen Lebensweise hinter sich gelassen hat, der zeigt dies nicht nur durch ein standesgemäßes Auto (schwarz, SUV) sondern auch durch ein kleines, scheinbar unbedeutendes körperliches Merkmal: Er lässt sich den kleinen Fingernagel lang wachsen! Welche Entschuldigungen habe ich dafür schon gehört: Dies sei praktisch, um in den Ohren zu pulen etwa! Ernsthaft! Ein anderer legte dar, mit dem Nagel ließe sich der edle griechische Tabak besser portionieren. Ein Dritter behauptete gar, eine Nagelbettentzündung sei schuld am übermäßigen Wachstum. Nun, der lang gewachsene Nagel am kleinen Finger dient dazu, aller Welt und vor allem Verwandten vom Dorf zu demonstrieren, dass man nicht körperlich arbeiten muss. Dass man sich an einem Schreibtisch zurücklehnt, seine Befugnisse genießt, in den neuen Supermärkten einkauft und der Nagel weder Gefahr läuft zu brechen, noch Dreck anzusammeln.

Niemand, der auch nur ein paar Stunden in der Woche den Eltern auf dem Feld zur Hand gehen muss, kann sich einen solchen Spleen gestatten. Der Nagel ersetzt der heutigen Nomenklatura, was im Sozialimus die *biografi* war, die Akte: Er ist ein Ausweis von Makellosigkeit, er soll Unantastbarkeit signalisieren, Gemeinschaft mit der Macht.

Jetzt verstehen Sie auch, warum es der Landbevölkerung so sonderbar anmutet, wenn ein Ausländer, noch dazu ein Deutscher, auf die Idee kommt, in Albanien einen Gemüsegarten zu bewirtschaften: Der hat das doch gar nicht nötig! Der könnte doch tagein, tagaus im Café sitzen und von dort aus seinen Geschäften nachgehen! Warum tut der sich das an? Was hat er denn davon?

Nun: Auberginen, Tomaten, Mangold, zahlreiche Kräuter, ganz abgesehen von dem Orangen- und dem Zitronenbaum … zumindest Sie verstehen mich doch?

36. Grund

Weil Supermärkte etwas für die Reichen sind und das teurere Café notwendig das bessere

Es verhält sich in Albanien genau andersherum als in Deutschland bzw. den sogenannten westlichen Ländern: Die günstigste Ware bekommt man auf dem Bauernmarkt, dann folgt der kleine lokale »Market«, und mit Abstand am teuersten ist der Supermarkt. Deswegen gehen diejenigen, die es sich leisten können, dort einkaufen, um zu zeigen, dass sie es sich leisten können. Dass ein Großteil der Ware und sogar das Gemüse teuer importiert werden, wen schert es! Selbst für das lokale Bier veranschlagt der Supermarkt jenseits aller Logik zehn oder 20 Lek mehr als das kleine Geschäft nebenan. Der Grund dafür liegt in der Kalkulation, der Supermarkt fährt seine Mindestrendite, der kleine Laden verdient lächerlich wenig an einem Artikel. Imer, der einen solchen in einer Nebenstraße der Myslym Shyri bewirtschaftet, hat mir das mal folgendermaßen erläutert: Sein Klientel, das sei die unmittelbare Nachbarschaft, das seien diejenigen, die kaum oder wenig Geld zur Verfügung hätten. Deshalb könne er nicht die Preise aufgrund irgendeiner Kalkulation anheben, sondern müsse der Günstigste bleiben, sonst wäre seine Kundschaft weg, würde überlaufen zu einem günstigeren Laden. Morgens um sieben oder halb acht rollt Imer sein Ladengatter hoch (davon bin ich zu meiner Tiranaer Zeit immer aufgewacht), abends gegen zehn oder elf fällt es wieder herunter. Zwischendrin macht Imer zwei oder drei Stunden Mittagspause, weil ganz Albanien am frühen Nachmittag nichts macht, geschweige denn einkauft. Imer bewirtschaftet den Laden zusammen mit seinem jüngeren Bruder, wenn der eine mal Pause macht oder für ein paar Tage nach Burrel fährt, wo die Brüder ursprünglich herkommen, dann ist der andere mit dem Laden alleine. Sie dürfen sich jetzt aber nicht einen Laden vorstellen mit Regalen, zwischen denen die Kunden umherstreunen und dann den Einkaufskorb an der Registrierkasse entleeren. Vielmehr ist Imers Laden eine Art Warenausgabe, zu der man ein paar Stufen hochsteigt, um dann am Tresen seine Bestellung aufzugeben. Imer oder sein Bruder durchforsten sodann die Lagerregale im dunklen Inneren. Das Wundersame ist, dass Imer absolut alles da hat, nur eben nicht unbedingt in der im Kapitalismus üblichen Auswahl: Wenn du eine Zahnbürste willst, legt er dir drei Exemplare vor, von denen du eine auswählst.

Läden wie Imers sind zahlreich und schon seit den 90ern im Stadtgebiet von Tirana weit verbreitet, auf dem Land sind sie neben den Straßenmärkten immer noch die einzige Versorgungsquelle. Supermärkte im westlichen Stil hingegen sind ein relativ neues Phänomen und machen sich erst seit zwei, drei Jahren von Tirana aus breit.

Dem Kaffeetrinken liegt die gleiche, ich möchte meinen orientalische Logik zugrunde (vgl. Grund Nr. 46): Zwischen 50 und 100 Lek zahlen Sie in Albanien für den *caffè*, also für einen Espresso. Der Preis hängt weder von der Kaffeequalität ab, noch von der verwendeten Marke, sondern einzig vom Status des jeweiligen Etablissements, der wiederum mit dem Kaffeepreis zusammenhängt. Diejenigen Cafés, die etwas auf sich halten und – wie etwa im Tiranaer Blloku – einen Garten mit allerlei Loungemöbeln bewirtschaften, müssen den Kaffeepreis qua Status hoch ansetzen. Im Altherren-Café, sagen wir auf der Myslim Shyrri, kostet der Kaffee die Hälfte, die Kundschaft ist jedoch auch halb so distinguiert wie jene im Blloku. So sortiert man in Albanien Angebot und Nachfrage. Immer wenn meine Freunde in Tirana (Alfons und Imer ausgenommen, die haben das nicht nötig) sich zum Kaffeetrinken treffen wollen, dann muss es im Blloku sein. Jedes Mal weigere ich mich, jedes Mal gibt es Streit.

37. Grund

Weil der Raki (fast) immer hausgemacht ist und sich zahllose Witze um Hochprotzentiges drehen

Raki, also hausgemachter Schnaps, gilt in Albanien als Allheilmittel: Er wirkt gegen Erkältung, gegen Kopfschmerzen, gegen Kater, mit ihm lassen sich Wunden desinfizieren und Mücken verscheuchen. Letzteres übrigens dadurch, dass man sich großzügig mit Raki einreibt. Man riecht wie der Säufer, der man ist, und die Mücken bleiben fern, ungelogen! Außerdem bietet dies die beste Entschuldigung:

– Warst du etwa saufen?!?

– Nein, das ist nur wegen der Mücken!

Selbst eine Yogalehrerin aus Shkodra, die nach Jahren der Emigration und der Ausbildung im Ausland in ihre Heimat zurückgekehrt ist, verteidigt die im Norden des Landes verbreitete Gewohnheit, morgens ein Glas Raki zu trinken, folgendermaßen: sei ja hausgemacht, alles bio, enthielte die Essenz der jeweiligen Frucht, würde gegen Bakterien wirken, hätte sie selbst schon als Kleinkind bekommen bei Grippe usw. Meinen Einwand, Alkohol sei ein Zellgift und Raki ein hochprozentiges Getränk, lässt sie nicht gelten.

Es gibt Gegenden, in denen der Besuch von Ausländern als Ehre gilt und die Einladung an den häuslichen Tisch von selbst erfolgt. Dort wiederum ist es die Pflicht der Gäste, den hausgemachten Raki nicht nur zu loben, sondern auch zu trinken. Ich habe einmal im Scherz behauptet, es würde keine zwei Stunden dauern, bis der Reisende im Anschluss an den Grenzübertritt an einem Plastiktisch zu sitzen kommt und ihm aus einer Plastikflasche Selbstgebrannter eingeschenkt wird, bevor er wieder seiner Wege gehen darf. Der Scherz hat sich hinfort regelmäßig bewahrheitet.

Das Brennen von Traubenschnaps (seltener auch Pflaume, albanisch *Kumbull*) gehört zum Führen eines Haushalts dazu, ein Haus ohne eigenen Schnaps ist keines, und die üppigen Reben im Vorgarten dienen hauptsächlich zum Brennen des Jahresvorrats: Der Raki ist die Essenz der albanischen Gastfreundschaft und des Familienstolzes schlechthin. Wer von jemandes Raki trinkt, der ist spätestens dadurch zum Freund geworden. Deswegen muss Raki getrunken und kann nicht abgelehnt werden: Nehmen Sie absolut jede Einladung zum Raki an, zieren können Sie sich frühestens nach dem ersten Glas, lassen Sie jedoch Ihren Gastgeber das zweite getrost befüllen und nippen Sie fortan nur noch. Damit haben Sie ihren Gastpflichten Genüge getan. Betrachten Sie das Rakitrinken einfach als albanische Initiation, es handelt sich um eine Art Taufe, und der dergestalt Getaufte darf später, so er wiederkommt, sobald er wiederkommt, dem Raki auch entsagen – aber erst dann, nicht beim ersten Besuch!

Wer Raki kaufen muss, der hat entweder keine Familie oder keine Freunde oder aber beides nicht – oder er ist ein *Tiron* und stammt aus alteingesessener Tiranaer Familie, der so etwas wie Selbstbrennen abhold ist und die stattdessen Cognac serviert (die albanische Standardmarke heißt *Skanderbeu* und ist gar nich mal so schlecht). Selbst in Tiranaer Mietwohnungen habe ich jedoch schon Kanister gesehen, in denen der Traubentrester vergärte und die von Hunderten Obstfliegen umschwärmt waren. Es ist deswegen auch nicht vermessen zu behaupten, dass die albanischen Bemühungen um eine Annäherung an die EU spätestens dann einen schweren Dämpfer bekommen, wenn die Albaner gewahr werden, dass den sogenannten Europäern ihr Treiben als »Schwarzbrennerei« gilt. Ich wage sogar zu behaupten, dass dies der Anlass für einen landesweiten Aufstand sein könnte, der sodann zu einer Ausnahmeregelung führt. Clever wäre es, im Vorfeld schon die UNESCO ins Boot zu holen und die Brennerei zum kulturellen Erbe zu erklären. Damit wäre allen gedient, und man könnte gleich dazu die Witze über Raki als immaterielles Kulturgut mit aufnehmen:

1. *Jemand kommt in die Stadt, kauft im neuen Supermarkt ein und sieht dort den seltenen Pflaumenraki.*

– Den gönn ich mir, sagt er sich und erwirbt die Flasche.

Draußen denkt er darüber nach, dass das mit der Glasflasche etwas unglücklich ist: Der lange Weg nach Hause! Die steinigen Abschnitte! Er könnte fallen! Die Flasche könnte zerbrechen! Alles wäre dahin … Also, so ist sein Beschluss, muss der Raki an Ort und Stelle ausgetrunken werden. Am nächsten Tag schätzt er sich glücklich und seine Entscheidung von ausnehmender Schläue, denn tatsächlich ist er auf dem Weg gestürzt, mehrfach sogar, ganze zwölf Male.

2. *Jemand in der Bar bestellt zwei Raki, denn er hat seinem Freund versprochen, für diesen mitzutrinken. Der Freund ist in Amerika, und dort gibt es keine Trauben im Garten. Er trinkt den einen Raki in einem Zug aus, lässt den anderen stehen und will zahlen. Der Ober wundert sich, was mit dem zweiten Raki sei? Etwas nicht in Ordnung?*

– Oh, doch, doch, alles na rregu. Das erste Glas sei das des Freundes gewesen, das zweite aber sein eigenes, und er würde nicht mehr trinken. Nur aus Höflichkeit und zum Anstoßen habe er es mitbestellt.

3. *Die beiden Bauern diskutieren bei Raki, ob sie mit dem Rakitrinken aufhören sollen und nach Hause gehen. Sie sind sich einig, dass sie sollten. Sie sind sich uneinig, ob sie das auch tun.*

– Hör zu, sagt der eine, nimmt die Rakiflasche vom Tisch und verbirgt sie hinter seinem Rücken.

– Du rätst jetzt, mit welcher Hand ich die Flasche halte; wenn es die richtige ist, trinken wir weiter!

Der andere zögert erst und sagt dann:

– Ist es die linke?

– Jetzt konzentrier dich doch mal!

Es gibt noch einen lokalen Witz zum Thema Raki, der meinen Nachbarn Kosta zum Gegenstand hat und den ich Ihnen nicht vorenthalten will. Kosta ist Schriftsteller, schreibt, wie es scheint, lustige Geschichten und ernste Poeme und grüßt mich gerne mit gestrecktem rechten Arm.

Kosta war auf dem Weg nach Hause in das untere Dorf, also in jenem Teil, dessen Wasserversorgung über ein System an Kanälen erfolgt, als sich plötzlich eine Stimme zu Wort meldete.

– Du da! Ich bin eine Fee! Du hast drei Wünsche frei.

Kosta fackelte nicht lange:

– So mach, dass durch die Kanäle Amerikas Raki fließe!

– Getan! Zweiter?

– Mach, dass die Flüsse und Bäche, ja das ganze Meer voller Raki sei.

– Alles klar. Letzter Wunsch?

– Gib mir ein Glas Raki, und dann mach, dass du verschwindest!

38. Grund

Weil »Trinken« sehr relativ ist

Es ist früher Abend, kurz nach 19 Uhr. Ich komme gerade aus dem Dorf, laufe unten am Strand ein. Gjergj sieht erholt aus, besser als in den letzten Tagen (das Tauchen in Kombination mit all den anderen Tätigkeiten setzt ihm manchmal zu). Ich erwähne das. Gjergj sagt:

– I not drink today. Only two beer, one Raki.

Bier stellt in Albanien nicht unbedingt ein alkoholisches Getränk dar und eignet sich deshalb auch nur bedingt zum Anstoßen. Die albanischen Biere, das *Elbar*, das *Tirana* und das *Korça*, haben allesamt knapp über vier Prozent Alkohol und geringe Stammwürze. Das steckt man bei warmen Temperaturen und einer Luftfeuchtigkeit von 60 % einfach mal so weg, das läuft so durch. Insofern stimmt Gjergjs obige Rechnung voll und ganz, sie bedeutet übersetzt, dass er zwischendrin zwei Bier gegen den Durst getrunken hat und als es ans Trinken ging lediglich den einen Pflichtraki zu sich genommen, ansonsten aber nicht weiter mitgemacht hat. Es ist sonnenklar: Gjergj hat heute nicht getrunken. Noch nicht, denn der Abend ist ja noch jung.

39. Grund

Weil Arbeit nicht in Zeiteinheiten gemessen wird – das heißt, schon, irgendwie ...

Natürlich gibt es in Albanien Lohnarbeit, die sich an abzuleistenden Stunden ausrichtet, wobei man schnell bei zwölf am Tag liegen kann (kein Problem, der Tag hat ja 36 davon, vgl. Grund Nr. 52). Diese Form der Arbeit macht jedoch den kleineren Teil der Arbeitsverhältnisse aus, wie Ihnen jeder Kellner bestätigen wird. Der arbeitet nämlich für eine Tagespauschale, und die ist unabhängig davon, wie lange der Tag dauert.

Bei Gjergj schaffen im August sage und schreibe acht Personen. Am Anfang der Saison war es nur einer, Aldo nämlich, der zweite Mann sozusagen und der Manager des Ganzen. Dann kamen Lado und Ola dazu, der 17-jährige Lado für den Service, die 19-jährige Ola als Küchenhilfe und Spülerin. Anfangs besorgte Gjergj das Kochen noch selbst, im Juli aber war mit Arius ein ausgebildeter Koch aus Tirana am Start (was jetzt nicht heißt, dass die Pasta dadurch besser wurde). Ihm gesellte sich Leo hinzu, der als Kellner zu 90% damit beschäftigt war, cool zu sein, die anderen 10% handhabten maximal zwei Bestellungen. Dorian half in der Küche mit und war hauptsächlich am Kartoffelnfrittieren. Die zwei letzten, die noch im August dazustießen, habe ich namentlich nicht mehr kennengelernt, dafür war zu viel los: Der eine lief die Sonnenliegen ab, und der andere stand mit am Grill. Alle hatten ihre Aufgaben und waren von morgens bis abends mehr oder weniger im Einsatz, alle schliefen, arbeiteten, lebten unten am Strand und waren im Mannschaftszelt untergebracht. Schichten oder Stundenpläne gab es nicht, Freizeit auch nicht – sieht man von den Nachmittagsstunden ab, zu denen sämtliche Gäste am Strand waren und niemand etwas zu tun hatte, zu denen der *staff* irgendwo herumsaß und *YouTube* schaute oder ein Schläfchen machte. Freie Tage gab es ebenso wenig, frei würde man ab Mitte September bekommen. Die Zeiteinheit, mit der Arbeit bemessen wird, ist also nicht die Stunde, sondern der Tag bzw. die Saison: Sämtliche Arbeitskräfte bekamen eine Tagespauschale von etwa 1000 Lek, Kost und Logis waren inbegriffen.

Der Einsatz von zusätzlichem Personal beschleunigte jedoch die Prozesse nicht, diese dauerten so lange wie zuvor: Zunächst warteten die Gäste darauf, beachtet zu werden, dann auf die Karte, danach auf die Bestellung, die sich jedoch verzögerte, weil erst jetzt erläutert wurde, was von der Karte vorrätig war und was nicht, dann auf die Getränke, dann auf das Essen und schließlich auf die Rechnung. Die Aufmerksamkeit des einen Kellners wurde von dem anderen in Anspruch genommen, zu zweit beugte man sich über eine Rechnung. Auch gab es keine Tische, für die jeweils eine Servicekraft zuständig gewesen wäre. Jeder tigerte dorthin, wo es ihm beliebte. Mehr Personal bedeutete längere Befehlsketten und größeren Kommunikationsbedarf. Ich behaupte: Zwei albanische Kellner schaffen in einer Stunde das, was einer in einer halben schafft.

40. Grund

Weil die Touristenguides vergleichsweise gut bezahlt sind, aber nicht unbedingt zu Recht

Kommt ein Mann zum Arzt. Sagt der Arzt, er möge sich ausziehen, der Untersuchung wegen.

– Ganz?

– Ganz!

Der Mann tut wie ihm geheißen, kreuzt aber die Hände vor dem Geschlecht. Der Arzt:

– Also wissen Sie, Sie sind hier in einer Klinik, nichts, was wir noch nicht gesehen hätten!

– Aber man soll doch nicht mit leeren Händen vor den Arzt treten!

Wer in Albanien das Unglück eines geringen Lohns hat und wie Lehrer, Professoren, Polizisten sowie niedere Staatsbedienstete mit etwa 300 € pro Monat abgespeist wird, der muss zudem Krankenversicherung zahlen, die mit knapp 100 € zu Buche schlägt. Im Krankheitsfall oder anlässlich eines Behördengangs steht er dann Menschen gegenüber, die ebenso knapp haushalten müssen wie er selbst und daher gewohnt sind, Kapital aus dem Unglück anderer zu schlagen und zumindest den einen oder anderen Prozess zu beschleunigen. Zum Vergleich: Ein Touristenguide verdient etwa 80€ am Tag, also wenn er gebucht wird, und Speis und Trank sind on top, dazu kommt noch das Trinkgeld. Touristenguides sind zwar prekär beschäftigt, aber zu vergleichsweise luxuriösen Konditionen: Die Guides sind die Großverdiener unter den normalsterblich Angestellten des neuen Albaniens. Vielleicht glauben sie deshalb manchmal, sie seien die Könige der Welt. Hat mir doch einmal einer erzählt, das da drüben wäre Italien. Sage ich, nein, das ist Korfu! Sagt er, könne nicht sein, Korfu sei nur eine kleine Insel.

Große Bereiche des öffentlichen Lebens werden also von Menschen bewerkstelligt, an deren Einkommen sich im letzten Jahrzehnt kaum etwas geändert hat. Auf der einen Seite bricht Albanien in das Konsumzeitalter auf, entwickelt neue und weitergehende Bedürfnisse. Auf der anderen Seite sind Lebensmittel auf dem Markt oder Fahrten mit dem *Furgon* so günstig wie eh und je – was darauf hinausläuft, dass eine breite Schicht der Bevölkerung nicht von den neuen Zeiten profitiert.

Es scheint, die Jugend studierte zur einen Hälfte Wirtschaft und zur anderen Jura – kaum einer, der sich der Künste befleißigt oder Lehrer werden will. Die Perspektiven werden vielmehr in den Büros der internationalen Organisationen gesehen, in der Wirtschaft oder gleich im Ausland. Es ist so, wie es in Griechenland vor 20, 30 Jahren gewesen sein muss: Überall, wo Schweiß fließt, wird zu wenig verdient. Die Leute zieht es unter die Klimaanlagen, Ziegenbauer wird nur, wer muss.

41. Grund

Weil Erion als Steinwerfer arbeitet

Manchmal kommt Erion hinunter an den Strand, Erion ist einer meiner Nachbarn, der in einem der letzten Häuser am Hang lebt, das nicht in allerbestem Zustand ist. Zweimal bereits haben wir uns auf dem Pfad durch die Olivenhaine getroffen, der Amerika mit der Bucht verbindet, und jedes Mal ein Schwätzchen gehalten. Ich hatte gedacht, Erion sei der Dorftrommler, weil er mit einer selbst gebauten Trommel am Meer aufgetaucht war, um die Touristen zu unterhalten – es gibt nämlich Dorftrommler, die in unregelmäßigen Abständen die Hauptstraße entlangziehen, von den Kindern umschwärmt werden und mit ihren galoppierenden, an- und abschwellenden Rhythmen so etwas wie Abwechslung darstellen.

Erion war ein bisschen entrüstet, dass ich ihn für einen Trommler hielt, wohl weil diese Aufgabe ausschließlich den Roma zukommt. Er würde lediglich in seiner Freizeit trommeln, nur dann, wenn er Lust darauf habe und die Zeit. Beruflich würde er Steine werfen:

– *I throw stones.*

Ich möge ihn doch besuchen kommen, möglichst die Kamera mitnehmen. Arbeiten würde er hinter den Klippen, hinter dem großen Felsen, ein paar Hundert Meter von Gjergjs Taverna entfernt.

– *I throw stones for three years now.*

Wenn die See ruhig sei, dann würde er dort arbeiten, nicht aber morgen, da hätte er anderes zu tun, und behauptete, er und Gjergj seien für »Security« am Strand zuständig – wie in *Baywatch*, die Serie würde ich doch kennen?

Ich besuchte daraufhin wenige Tage später Erion am Ort des Geschehens und nahm die Kamera mit: Erion, den Steinewerfer, der seit Jahr und Tag damit beschäftigt war, Steinquader im Meer zu versenken, mit alter Technik zu befestigen, um so Schritt für Schritt eine Mole zu bauen – an abgeschiedener, unzugänglicher Stelle und zu unbekanntem Zweck. Die Steinquader schlug er selbst, mit dem Boot fuhr er an die vorgesehene Stelle, wo er unter Wasser die Quader zu dem fügte, was in ein paar Jahren der Kai werden sollte.

Es sind diese leicht surrealen Momente, die dir klarmachen, dass Albanien nie gänzlich eingenommen werden kann von Lohnarbeit, Touristen oder der Politik aus Tirana.

42. Grund

Weil die Polizei es manchmal versucht, aber nicht immer mit Erfolg

Einmal zu Beginn der Saison muss die Piste hinunter zum Strand ausgebessert werden, sodass Gjergjs Taverne auch erreichbar ist. Die Piste ist auf sämtlichen Karten (denn sämtliche Karten stammen aus Tirana) gelb markiert, gilt also als befestigte Straße, was absolut nicht der Fall ist. Der Winter und der Frühjahrsregen haben die Fahrbahn aufgerissen und ausgewaschen. Deshalb lässt Gjergj einmal im Jahr einen Lastwagen kommen, der Erde ausbringt, die sodann mit einer Planierraupe festgefahren wird.

Die Arbeiter waren schon um halb fünf Uhr vor Ort, denn bis elf muss die Arbeit getan sein, dann wird es zu heiß. Um neun aber bekam Gjergj einen Anruf, die Bezirkspolizei sei eingetroffen und würde den Lastwagen blockieren. Gjergj fluchte und setzte sich hinter das Steuer, um hinaufzufahren und nach dem Rechten zu sehen.

Es ist ein offenes Geheimnis, dass der albanische Staat seine Bediensteten nicht so bezahlt, dass diese davon vernünftig leben könnten. Jedwede Gelegenheit, den Standardlohn von rund 300 Euro im Monat aufzubessern, muss also wahrgenommen werden, denn das reicht hinten und vorne nicht.

Oben angekommen, fragte er die Polizisten, was los sei. Diese fragten ihn, ob er die erforderliche Genehmigung habe. Die Straße sei Gemeindeeigentum! Wäre er ein guter Junge, würde er jetzt brav zahlen, berichtet mir Gjergj später und grinst: Aber er sei nun mal keiner.

– *Look it!* Seit Jahren bin ich es, der die Straße ausbessert! Noch nie wollte jemand eine Genehmigung sehen!

Gjergj fackelt nicht lange, er ruft unter den Augen der Polizisten auf der *Bashkia* durch, also in der Gemeindebehörde, um den verblüfften Beamten lautstark zu fragen, ob er eine Genehmigung bräuchte, wenn er mit seinem Geld und seiner Zeit jene Schlaglöcher fülle, die offensichtlich der Gemeinde gehörten …

– Nein natürlich nicht, wenn Gjergj Lust hätte, könne er den ganzen Weg auch gleich asphaltieren …

Gjergj wandte sich wieder an die Polizisten:

– Sonst noch Probleme?

– …

– Gut, dann gehe ich jetzt wieder. Ich hab nämlich Arbeit! Ihr doch sicherlich auch! *'pafshim*!

Man kennt Gjergj auf der *Bashkia*, Amerika ist ein Dorf, und jeder kennt jeden. Wer in irgendeiner Form Geschäfte tätigt, der bekommt es früher oder später mit den Beamten zu tun, die nach Beteiligungsmöglichkeiten suchen. Gjergj wurde vor Jahren mal eine offizielle Rechnung ausgestellt, für die Müllabfuhr und die Straßenbeleuchtung. Er ging auf die *Bashkia*:

– Welche Müllabfuhr zum Teufel? … Wir fahren den verdammten Müll jeden dritten Tag selber nach oben!

Gjergj knallte die Rechnung auf den Tisch:

– Könnt ihr behalten! … Straßenbeleuchtung zahle ich gerne, falls ihr mal welche installieren solltet!

Einigen Kollegen von Gjergj, die am Strand von Borsh eine Bar betreiben, ging es ähnlich, nur hatten die die Rechnung missverstanden und gedacht:

– Wunderbar, abonnieren wir doch für die paar Lek die Müllabfuhr und sparen uns die Arbeit!

Nur hat niemand jemals dort Mülltonnen abgestellt oder Müll abgeholt, also haben sie ihn schließlich hoch gebracht – und vier ganze Säcke voll in der *Bashkia* ausgeleert.

43. Grund

Weil die Marke »Deutschcolor« ungefähr so deutsch ist wie hausgemachter Raki

Man kommt gar nicht durch Albanien, ohne auf die Marke »Deutschcolor« aufmerksam zu werden. Es scheint, das Unternehmen habe fast die gesamte verfügbare Werbefläche des Landes angemietet, um in Gelb und Schwarz mit deutscher Qualität zu werben – welche in Durrës hergestellt wird. Das Unternehmen ist nicht nur mit einem erstaunlich großen Marketingbudget ausgestattet, sondern auch mit dem nötigen Handgeld, um kleine Läden per Provision am Verkauf von Deutschcolor-Farben zu beteiligen. Selbst die E-Mail-Adresse des findigen Unternehmens glänzt mit einer ».de«- Endung: info@deutschcolor.de! Obwohl auf der Website auch eine deutsche Niederlassung vermerkt ist (sollten Sie aus Oranienburg stammen oder dort zu tun haben, bitte mal die Chausseestraße Nr. 18, Apartment oder Briefkasten »5a« aufsuchen, Fotos machen, mir schicken!), steht hinter der gesamten Unternehmung doch die rein albanische Delta Group mit Sitz in Tirana.

Alles, was irgendwie »westlich« anmutet, genießt in Albanien einen guten Ruf – wenn es aus Deutschland stammt, umso besser! Nicht nur einmal haben mir Nachbarn im Dorf irgendein in China gefertigtes Gartengerät gezeigt und steif und fest behauptet, dieses sei deutsch und damit von hoher Qualität! Kein Wunder also, dass sich bestimmte Firmen den Anstrich geben, deutsch zu sein. Ich sah mich gezwungen, Aufklärungsarbeit zu leisten:

– Gjergj! Deutschcolor ist gar nicht deutsch!

Gjergj war ein wenig verdutzt, als ich ihm diesen Befund mitteilte, und frug mehrfach nach, *»Nuk është gjerman?«*, zog dann aber schnell die Konsequenzen: Als wir auf Einkaufstour durch Saranda fuhren, hielt er an, wann immer ein Laden mit »Deutschcolor«-Banner geschmückt war, und rief durch die offene Tür:

– DEUTSCHCOLOR NUK ËSHTË GJERMAN!

Bald hatten wir das Timing raus, dieses Vorgehen weiter auszubauen und gemeinsam zu bewerkstelligen. Stellen Sie sich das ruhig wie im Comic vor: Ein schmutziger Mitsubishi-Pick-up gurkt durch die engen Straßen Sarandas, auf der Ladefläche stapeln sich Tomatenkisten, Getränkekartons und was man sonst so braucht, um eine Taverne am Laufen zu halten. Dieser Pick-up hält exakt neben dem Fahrerfenster eines wartenden »Deutschcolor«-Lieferwagens, und die Besatzung des Pick-ups beugt sich nach vorne, spricht den Fahrer an:

– Hey du da!,

um diesem sodann Bescheid zu stoßen:

– DEUTSCHCOLOR NUK ËSHTË GJERMAN!

44. Grund

Weil die Touristen ein saisonales Phänomen sind, nicht aber die Fische

Die Küste Südalbaniens beginnt mit zunehmender Beliebtheit denjenigen Küstenstrichen Nordgriechenlands zu gleichen, die der Tourismus bereits eingenommen hat (vgl. Grund Nr. 78). Während einer begrenzten Periode des Jahres lässt sich daher mit Gästen wesentlich mehr Geld verdienen als mit körperlicher Arbeit. Ab Ende Juni kehren sich deshalb die Verhältnisse um: Man wendet sich vom Meer ab und der Landseite zu, um dort die Netze auszuwerfen. Als wir in Saranda einfahren, stehen fünf Familienväter am Kreisel und halten den Autos Schwarz-Weiß-Ausdrucke entgegen: *Dhoma Plazhi* oder

Room for Rent steht darauf zu lesen. Sie erspähen die Mietwagen, um die Touristen aus dem Verkehr zu ziehen, bevor es zu spät ist und diese sich schon weiter hinuntergestürzt haben zu den Strandbars und Hotels, den teureren Apartments.

Mit jeder Woche scheint Saranda voller und bunter zu werden, die Strandgäste, sie kommen. Sie fallen sofort ins Auge, weil sie langsamer laufen, häufiger anhalten, etwa um in eine Auslage zu schauen, ein Badetuch zu prüfen oder die Auswahl an Eis zu begutachten. Saranda hat sich der Nachfrage angepasst, mit Erschrecken habe ich festgestellt, dass der honorige Geldwechsler, der einst nichts weiter machte, als an seinem Schnurrbart zu zwirbeln, in seinem kahlen, kleinen Büro zu sitzen und Geld zu wechseln, inzwischen aufgerüstet hat und Strandbedarf aller Art verkauft.

Erst habe ich das Büro gar nicht mehr gefunden, weil der Eingang hinter einer Wolke aus bunten Plastikteilen verschwunden war: Luftmatratzen, Schwimmringe, ein ganzer Haufen günstiger Flipflops, Fußbälle in Albanienrot mit Doppeladler, Magnetsticker, Decken und Handtücher, Puppen in Tracht und sogar eine Schwimminsel mit Einhorn-Galionsfigur …

Wer wie Gjergj und ich nicht zum Vergnügen in Saranda ist, sondern zu tun hat, der bewegt sich seitwärts, die Straßen entlang, die erste, die zweite, die dritte, vierte und fünfte Straße am Hang hin und wieder her. Wer Tourist ist in Saranda, der bewegt sich quer dazu, der begibt sich auf dem direkten Weg hinunter und nutzt die breiten Steintreppen Sarandas, um hinunter zum Hafen, zum Restaurant Limani und zum sichelförmigen Strand zu kommen: Buntgewandete Gestalten tropfen hangabwärts, um sich unten zu sammeln und als Massenbewegung vom Meeressaum gestoppt zu werden. Sie laufen an Schildern vorbei, die eigens für sie geschaffen wurden, der Barbier annonciert einen »Man cut« für 500 Lek, die Restaurants verweisen auf »traditional eat« oder die üppige Auswahl an Fisch und Meeresfrüchten. Fisch steht überall auf der Karte, und meist stammt er aus albanischen Gewässern: *Merluk*, *Barbun*, *Koce* oder *Oktopod*.

Gjergj kauft in Saranda zu, er kauft bei den kleinen Händlern, und er kauft frisch. Was er selbst aus dem Wasser holt, deckt nicht ansatzweise den Bedarf der Taverne und wird als teurer Wildfisch verkauft. Ob die Fische aus Saranda weniger wild seien als die aus der Bucht, will ich wissen. Gjergj grinst:

– *Look it! What we eat yesterday?*

– *Stonefish!*

– *You see stonefish on the market? You cannot buy the stonefish, you have to shoot …*

Der Steinfisch hat seinen Namen nämlich von der Angewohnheit, sich unter Felsen zu verbergen, wo kein Netz hinkommt. Es braucht Gjergj und die Harpune, um ihn dort aufzuspüren.

Mit der Harpune auf Tauchgang zu gehen und Fische zu jagen gilt als Sport, und daher braucht es dafür keine Lizenz. Anders sieht es mit Sauerstoff und nachts aus. Für die Nutzung von Sauerstoff braucht es die Genehmigung, weil der Tauchgang solchermaßen ausgestattet ein Vielfaches vom Freediving zusammenträgt, das Gjergj betreibt.

Nachts zu fischen (auch mit der Harpune) ist illegal, denn im Kegel einer Lampe sind die Fische wehrlos. Mit den Händen könne man sie greifen, so Gjergj: Pflücken wie die Muscheln von Butrint. Ansonsten aber ist das ganze Jahr lang Saison: Im Gegensatz zu Griechenland gibt es in Albanien keine Schonzeiten – auch während der Brutzeit von Juni bis Oktober wird Tintenfisch gefischt. (Sollten Sie auf die Idee kommen, während des Sommerurlaubs in der griechischen Taverne Kalamari und Oktopus zu bestellen, dann sind diese aus den Gewässern des Senegals weggefischt worden und mitnichten »frisch«, wie der Ober freundlich lachend behauptet, weil die Gäste es hören wollen. Das ist ein politisch-ökonomischer Skandal, jedoch kein kulinarischer. Sie haben vielleicht schon gehört, dass Tintenfische mürbe geschlagen werden, um das zähe Fleisch weich zu machen und Eiweißkettenbildung zu verhindern. Lässt sich durch Einfrieren ersetzen!)

Er sei der Erste, der dem Meer Respekt zolle, sagt Gjergj. Solange aber die Trawler die Küste entlangfahren und manchmal sogar ihre Netze über das Flachwasser ziehen, so lange würde auch er dem Meer während des Sommers entnehmen, was er könnte. Es sei doch sinnlos, nach Saranda zu fahren und dort von den Trawlern zu kaufen, was vor einem im Meer liege.

Inzwischen werden die Tintenfische weniger oder ziehen sich in tieferes Gewässer zurück. Man erzählt mir von einer Fangmethode, die darin besteht, die Oktopushöhlen mit Chlor sozusagen auszuräuchern. Dadurch aber werden diese unbewohnbar. Die Fische sind schon deswegen kein saisonales Phänomen, weil sie bald nicht mehr da sein werden. Nicht in der Ionischen See und nicht vor dem Senegal.

45. Grund

Weil Albanien ganz Europa mit Marihuana versorgt

Dies ist jetzt schon Jahre her und war ganz im Norden passiert, an der Grenze zur Mirdita, noch vor dem Frühlingsanbruch. Alfons hatte euch vorgestellt, weil er wusste, dass du in Albanien bleiben würdest, wenn sich eine Gelegenheit ergäbe. Den jungen Mann kanntest du bereits von vorherigen Aufenthalten, und du warst ihm bekannt. Sein Angebot war einfach: Du würdest für ein paar Monate hinaufziehen in das Bergland, mit ihm zusammen pflanzen und sodann das Düngen und Wässern übernehmen.

Alles andere würde er machen. Nichts vormachen solle ich mir, sagte er, harte Arbeit sei das, täglich und in der prallen Sonne. Der Ort sei gut ausgewählt und niemand dort unterwegs. Entdeckt zu werden: ganz und gar unmöglich. An den Wochenenden würde er kommen und nach dem Rechten sehen, unter der Woche bliebe ich alleine. Mit der Einsamkeit würde ich ja zurechtkommen, ich, der ich die Bücher liebte und das Schreiben. Ich habe mir das wirklich überlegt, damals, Marihuanabauer zu werden. Es scheiterte jedoch daran, dass ich einen Vorschuss verlangte, dass ich laufende Kosten geltend machte, die ich decken müsse, um auf Monate hinaus Berlin zu verlassen.

Mich erst im Herbst zu bezahlen, nach der Ernte und ganz gleich wie großzügig, dies sei nicht machbar. Sie werden sich jetzt fragen, warum er ausgerechnet mich, einen Ausländer, einstellen wollte. Genau deswegen: Ich kenne niemanden, niemand kennt mich, ich werde noch nicht einmal vermisst, wenn ich monatelang in den Bergen bin, keiner wird nach mir fragen. Zudem gelte ich aufgrund meines Passes als von Haus aus diszipliniert, zuverlässig und arbeitsam. Ich würde keinen Koller bekommen nach ein paar Wochen und weinend zu Hause sitzen, um alles zu beichten. Außerdem, und das spielte gewiss eine Rolle, rauche ich kein Marihuana, es bekommt mir nicht. Und eine der wichtigsten Dealerregeln lautet: *Never get high on your own supply.*

Es muss dies in der absoluten Hochzeit gewesen sein, als ganz Albanien auf diese Pflanze setzte, die nun mal Geld brachte. Selbst Alfons' Großvater habe ein paar Pflanzen im Garten stehen gehabt, heißt es. Die Folge waren ein landesweites Überangebot und fallende Preise, weil gleichzeitig die Schmugglerboote nicht an Kapazitäten hinzugewannen. Da halfen auch die neuen Überlandrouten durch Montenegro nicht, wo man, wenn man die richtigen Leute kannte, nur anrufen musste, um zu erfragen, wer an den Grenzübergängen grad so Dienst hatte. Später, als wir die Vorräte besichtigten, bekam ich heraus, dass mein potenzieller Arbeitgeber auf diesen festsaß, nicht verkauft hatte und auf steigende Preise hoffte. Das Geld, das ihm blieb, wurde gebraucht, um Setzlinge für die neue Saison zu kaufen – 5 € das Stück, ein Wahnsinn: Setzlinge, die erst mal reingeschmuggelt werden müssen!

Ich persönlich glaube, es verhält sich so, dass Marihuana im Gegensatz zu Alkoholika, Nikotin und Netflixserien die falsche

Lobby hat, die falschen Leute verdienen daran. Deswegen und nur deswegen bleibt das Zeug verboten, so kompliziert zu beschaffen, zu verkaufen und anzubauen. Wie beantwortete die Drogenbeauftragte der deutschen Bundesregierung, diese Kompetenzbestie, die Interviewfrage, warum Marihuanakonsum nicht entkriminalisiert würde, so wie beispielsweise Portugal das seit Jahren erfolgreich vormache:

– Weil es illegal ist.

Mit dem Beispiel Portugal konnte sie übrigens nichts anfangen, wusste sie nichts drüber, die Drogenbeauftragte. Nun, die Frage, was legal ist und was nicht, was gesetzt ist und was locker, ist in Albanien eine Frage der Perspektive. Für die Bauern Albaniens ist Hanf eine Nutzpflanze wie alle anderen auch, mit dem riesigen Vorteil, dass sich deren Anbau lohnt. Regelmäßig wurden daher die EU-Instanzen in Tirana vorstellig und verlangten unter Hinweis auf die laufenden Beitrittsverhandlungen (Vorverhandlungen, um genau zu sein), dass die Regierung von Edi Rama endlich durchgreifen möge. Nun gibt es wenige Kilometer von Gjirokastra entfernt ein ehemals armes Dorf, welches das Pech hatte, sich in seiner Gesamtheit und nicht unbedingt heimlich dem Marihuana-Anbau zu verschreiben und gutes Geld zu machen: Lazarat. Pech deswegen, weil Edi Rama sich genau dieses Dorf aussuchte, um es stellvertretend für Tausende andere auszuheben. Rama schickte Panzer und Spezialeinheiten den Hang hinauf, um das wehrhaft gelegene Dorf medienwirksam einzunehmen. Seitdem gilt das Thema als erledigt, und die EU zeigt sich zufrieden, zumal zwischendrin immer mal wieder irgendwo ein paar Stauden gerodet werden. Meist liegen dem Nachbarschaftsstreitigkeiten oder Neid zugrunde, sodass der eine den anderen verpfeift und daraufhin drei Polizisten schwitzend durch die Hügel streifen. Es ist auch nicht die Politik, die den Anbau eindämmt, sondern es sind die neuen, stabileren Verdienstmöglichkeiten: Lazarat macht mittlerweile in Agrotourismus.

Früher oder später wird Ihnen das auch passieren, dass jemand Sie umständlich vor einem Gang in dieses oder jenes Bergland warnt.

Vorsichtig müssten Sie sein dort oben, sich an den Pfad halten und nicht nach rechts oder links abbiegen. Es mag sogar passieren, dass sie dort oben einen leicht süßlichen Geruch vernehmen, gefährlich ist daran aber gar nichts, und die Pflanzen werden Sie im Normalfall sowieso nicht zu Gesicht bekommen. Und sollten Sie wirklich auf den jeweiligen Bauern treffen, falls dieser mit einem Sack auf dem Rücken gerade in Richtung Dorf absteigt, dann wird er Sie höchstens zu einem Glas Raki nötigen und seine Pflanzen als »komplett bio« anpreisen! Er wird in den Sack greifen und Ihnen zum Abschied eine üppige Dolde als Gastgeschenk überreichen, weil Sie gerade eine Zigarette geteilt haben. Genauso ist es mir ergangen, und da ich kein Gras rauche, fiel mir die Dolde, die ich in ein Seitenfach meines Rucksacks gesteckt hatte, Wochen später, als ich grade an der Sicherheitskontrolle des Flughafens Rinas anstand, siedend heiß wieder ein.

46. Grund

Weil es um die Fassade geht und nur die Fassade

Wie im Falle von Lazarat geht es in der albanischen Politik allzu oft um Symbolik, und es ist kein Zufall, dass Edi Rama als Präsident seinen eigenen Fernsehsender gegründet hat: Edi Rama TV, besser als *Facebook* und *Twitter* zusammen, zumal es in Albanien Bilder braucht, um zu überzeugen. Als Rama noch Bürgermeister von Tirana war, gab es in seinem Stab ein junges Team an Architekten und Stadtplanern. Rama griff zwar selten auf deren Expertise zurück und vertraute lieber den ausländischen Firmen, sah sich aber gerne in der Rolle des Förderers junger albanischer Talente. Deshalb war es ihm auch ein Anliegen, dass sein Team an einer internationalen Ausschreibung teilnahm. Zufällig kenne ich Elton, der damals zu den Teamleitern gehörte.

– Wir machen da mit, Elton!

– Wir haben kaum Zeit.

– Egal, bastelt irgendwas zusammen.

Sie verstehen? Das Team sollte für eine fingierte Ausschreibung ein Fake-Projekt einreichen: Die Ausschreibung war ein abgekartetes Spiel, schon lange stand fest, von wem man wollte, dass er sie gewinnt. Das Team von Edi Rama sollte allein deswegen teilnehmen, weil es sich gut machen würde. Es kam also gar nicht darauf an, von welcher Qualität die eingereichten Pläne sein würden. Es ging ausschließlich darum, dass Edi Rama sich als Förderer und Fürsprecher des albanischen Nachwuchses inszenieren konnte, es ging wie so häufig ausschließlich um die Fassade.

– Was aber, wenn wir gewinnen?, wollte Elton wissen.

– Dann nimmst du deinen Hut!

– Ich kann meinen Hut auch nehmen, ohne zu gewinnen …

Elton kündigte noch am selben Tag.

Bei den jüngsten Kommunalwahlen, an denen die Opposition einfach mal nicht teilnahm (die kein Gran besser ist und sich ebenso vollumfänglich korrupt verhalten hatte, als sie noch an der Regierung war, und es sofort wieder würde, wenn sie nur könnte), holte die Kandidatin der Regierungspartei in einer Kleinstadt 100% der Stimmen: Die offizielle Auszählungstabelle vermerkt 5.007 abgegebene Stimmen – bei 4.334 registrierten Wählern.

Den Schein zu fördern und die Inszenierung vorzuziehen, ist nun kein Vorrecht der albanischen Politik oder des Geschäftslebens. Äußerlichkeiten sind der gesamten albanischen Gesellschaft ungemein wichtig, und das Prinzip der Repräsentation betrifft alle Lebensbereiche: Geld braucht man deshalb, damit man zeigen kann, dass man Geld hat. Wer über ungenügend Geldmittel verfügt, der setzt das wenige ein, das er hat, um vorzutäuschen, er habe ausreichend. Dafür dient ein T-Shirt, auf dem groß genug der Schriftzug einer bekannten Marke aufgedruckt ist – groß muss dieser sein, aber nicht unbedingt echt. Dazu dienen auch den Herren der Schöpfung Umhängetaschen, in deren Kunstleder ein massives PRADA oder GUCCI eingeprägt wurde. Lado und Leo, den beiden Kellnern in Gjergjs Taverne, ist es völlig unverständlich, wie jemand (also ich) mit einem sechs Jahre alten iPhone herumrennen kann und dieses noch dazu offen auf dem Tisch platziere, sodass alle es sehen können. Solcherlei mag man nun als Statusdenken abtun, dies aber würde zu kurz greifen und verkennen, dass im Zeigen, im Statusdarstellen und in der Symbolik orientalische Züge stecken. Das osmanische Erbe Albaniens wird zu kapitalistischen Zeiten vor allem durch Konsum angetreten: Die Dinge dienen der Repräsentation, ihnen kann man ablesen, wer und was jemand ist oder sein möchte. Wer wie ich in löchrigen Merino-T-Shirts herumrennt, die zwar schweineteuer sind, aber nach kurzer Zeit fadenscheinig werden und ohne Markenschriftzug auskommen, der katapultiert sich in die einzige Gesellschaftsschicht Albaniens, die nicht am allgemeinen Rennen teilnimmt, denen die Fassade einerlei ist: Der sitzt mit den Hirten und Bauern an einem Tisch.

47. Grund

Weil wir weder eine Ahnung haben, welcher Wochentag es ist, noch das Datum kennen

Gjergj hatte mir angeboten, mein kleines Zelt unten an der Taverne aufzustellen, und so hatte ich nunmehr zwei Orte zur Verfügung: das Haus und den Strand. So kam es vor, dass ich tage- oder wochenweise hinunterzog, vom Stromnetz profitierte und zwischen den Schreibphasen schwimmen ging.

Ort: Taverne am Strand

Zeit: Anfang Juli

Handelnde Personen: der Fischer und der Deutsche

Folgender Dialog:

– Jorgo: what day today?

– *I don't know.*
– *You don't know?*
– *I don't know.*
– *But you are the German!*

Die Zeit ist kein Pfeil. Nicht in Albanien. Und unser Leben hat andere Rhythmen als das Leben in den Städten. Das Tomatenwässern, das Zum-Fischen-Rausfahren sowie die Einkaufsfahrten strukturieren die einzelnen Tage, die Wochen und die Abfolgen. Wir leben *au fil des jours pour unique voyage*, wie es einst Jacques Brel geschrieben hat, am Faden der Tage hangeln wir uns entlang. Deswegen brechen wir wieder erst auf, als die Vorräte schon zur Neige gegangen sind, und stehen in Saranda vor den verschlossenen Türen der Glaserei, wo ich Scheiben für die alten Fenster kaufen wollte. Es ist nämlich Sonntag. Markt und Supermarkt haben auf, nicht aber die kleinen Familienbetriebe.

IV

Die Zeit ist kein Pfeil

48. Grund

Weil Multitasking normal ist

Männer sind nicht multitaskingfähig? Sollte dem so sein, dann sind die albanischen Männer eine rühmliche Ausnahme, denn diese leben erst auf, wenn sie mindestens zwei oder drei Dinge gleichzeitig tun. Ich kann mich entsinnen, dass wir früher nie auf geradem Weg zum Ziel kamen, sondern dass immer eine Abweichung eingebaut werden musste: ein Botengang, ein Kurzbesuch, eine Inspektion einer Gegebenheit. Diese Abschweifungen ergaben sich jeweils spontan, waren also nicht das Produkt vorangegangener Überlegungen, sondern müssen aus Eingebungen heraus entstanden sein. Ich persönlich habe den Verdacht, dass Zielgerichtetheit unter Monotonie fällt und diese wiederum etwas zeitigen könnte, was unter allen Umständen vermieden werden muss: Langeweile. Was dann her muss, das ist die Unterbrechung, die Unterbrechung der eigentlichen Tätigkeit durch eine andere. Anders gesagt: die gerade Linie, in Albanien gibt es sie nicht. Albanien kreist, wandert ab und schert aus: Die Zeit ist kein Pfeil, die Zeit ist eine Kreisbewegung, die Zeit besteht aus Zyklen.

Heute sind die tatsächlichen Umwege nicht mehr nötig, heute kann man sich auf direktem Weg von A nach B begeben, denn heute verfügt man über die perfekte Allzweckwaffe für Zerstreuung, für immerwährende Beschäftigung und ornamentale Tagesgestaltung: das Mobilfunkgerät. Denken Sie jetzt aber nicht, ich würde vom Daddeln sprechen, vom Zocken und vom leeren Zeitvertreib. Nein, ich rede von Interaktion und Organisation und damit von jenem Duo, das in Albanien verlässlich für Vollbeschäftigung sorgt – für Zeitvertreib bleibt da gar keine Zeit; die Zeit ist zu voll, um vertrieben zu werden.

49. Grund

Weil einzig dem Mobilfunkgerät die Macht innewohnt, die Alltagsherausforderungen zu bewältigen

Schaffen Sie sich eine albanische SIM-Card an! Sofort nach Grenzübertritt! Sie werden diese brauchen. Zum einen sind die Roamingkosten erstaunlich hoch: Ihr Mobilfunkanbieter wird Sie freundlich in Albanien begrüßen, sobald Sie nach der Landung das Handy wieder einschalten, dann aber mit Minuten- und MB-Preisen herausrücken, die alles andere als freundlich sind – so mancher hat sich durch ein im Hintergrund laufendes Update finanziell ruiniert. Zum anderen ist das Mobilfunkgerät das Kommunikationsmittel in Albanien schlechthin. Machen Sie sich die Mühe, eine SIM-Card zu erstehen, bevor Sie an einer geschlossenen Herberge stehen und die dort angebrachte Nummer nicht wählen können, auf dass jemand herbeilaufe und Sie einlasse! Gehen Sie nicht das Risiko ein, keine Kontaktdaten austauschen, keine Informationen einholen zu können. Verlassen Sie sich nicht auf E-Mail und WLAN, beide funktionieren, aber nicht immer dann, wenn man sie braucht (Stichwort Stromausfall). Außerdem werden Anrufe stets beantwortet, bei E-Mails kann das etwas dauern.

Albanien hat die Zeit der Festnetztelefonie übersprungen und ist ohne Umwege in den Mobilfunk eingestiegen. Das Medium und dessen Möglichkeiten bestimmen Verwendung und Kommunikationsform: Ich erinnere mich noch daran, wie das Mobilfunkgerät im Deutschland Anfang des Jahrtausends unsere Gewohnheiten korrumpiert hat. Auf einmal war es möglich, jede und jeden jederzeit zu kontaktieren, zu instruieren und gegebenenfalls zu dirigieren:

– Komme 5 Minuten später!

Feste Verabredungen verloren an Geltung, unter dem Vorwand von Spontanität und Offenheit wurden Verbindlichkeit und mittelfristige Planung begraben. Hinfort wollte und konnte keiner mehr sagen, was er an einem bestimmten Wochentag machen würde, denn dies würde sich erst ergeben. Auch Ruhe- und Rückzugsphasen wurden obsolet, denn man konnte ja immer und überall hinzugerufen werden, informiert werden über das, was abging. Es war die Zeit der Textnachrichten, die Zeit von Nokia und SonyEricsson. Erst ein paar Jahre später kamen mit den Smartphones die Apps und Messengerfunktionen noch hinzu.

Es ist der »Status«, das »Update« und die »Aktualisierung« geworden, die unsere Kommunikation und unseren Medienkonsum bestimmen: Wir leben in einer Erwartungshaltung, wir harren der Dinge, die da kommen, anstatt uns auf einmal Festgelegtes zu verlassen. Dies und die technischen Möglichkeiten des Mobilfunks passen perfekt zum albanischen Multitasking, zum Jonglieren mit der Wirklichkeit und der allgemeinen Flexibilität, der allgemeinen Fähigkeit, alles Planen fortlaufend an die tatsächlichen Umstände anzupassen. Mittels Mobilfunk ist es möglich, Änderungen des Tagesplans wirkungsvoll zu kommunizieren, eingehende Updates anderer in diesen einzubauen, Abweichungen und Änderungen so spontan wie organisch herzustellen, um dergestalt den albanischen 36-Stunden-Tag wirksam zu füllen.

50. Grund

Weil in Albanien die mündliche Tradierung vorherrscht und Informationen nur dann einen Wert haben, wenn sie verbürgt sind – also von jemandem mit Telefonnummer stammen ...

Die Geschichte der Albaner ist erstaunlich zeugnisarm. Bis zum ausgehenden Mittelalter und jenem Zeitpunkt, zu dem Skanderbeg über Kuja den schwarzen Doppeladler wehen lässt, gibt es keinerlei Schrifttum der Albaner über sich selber. Als in Westeuropa der Buchdruck sowohl Wissenschaft als auch Reformation und die Selbstvergewisserung ganzer Gesellschaften (bzw. deren Eliten) ermöglicht, geht die albanische Stammesgesellschaft im Osmanischen Reich auf – welches übrigens dem Buchdruck und der damit einhergehenden Verbreitung von Information lange Zeit entschieden entgegentritt und so Modernisierung durch Bildung verhindert. Wo andernorts Volksmärchen gesammelt, niedergeschrieben und kanonisiert werden, da bleibt Albanien eine mündlich tradierte Gesellschaft, in der die Älteren nicht nur über Gesetze, sondern auch über Erzählungen und Wahrheiten wachen. Die Kunst der Verifikation ist heute noch nicht weit verbreitet. Zum albanischen Inventar gehören eine ganze Reihe von Mythen, Halbwahrheiten und Märchen, die als Erzählungen geglaubt, als Faktenwissen aber infrage gestellt werden müssen. Albaniens Gesellschaft ist heute noch mündlich verfasst, es zählen das Hörensagen oder aber die Bilder von Edi-Rama-TV, noch besser die Geschichte von jemandem, der jemanden kennt. Noch nicht einmal die Gesetze der Berge, des sogenannten Kanuns, sind schriftlich verfasst (es gibt gerade einmal zwei schriftliche Niederlegungen), sie sind im Wortsinne ein Kanon, der vom Ältestenrat überliefert, interpretiert und angewendet wird.

So weit die Theorie, was das in der Praxis heißt, das können Sie den folgenden Beispielen entnehmen: Das Mobiltelefon ist das Taschenmesser der Albaner, es ist das Werkzeug, mit dem durch den Alltag navigiert wird, das es erlaubt, auf jedwede Anforderungen spontan zu reagieren. Wir sitzen bei Gjergj, Gjergj schließt gerade seine Registrierung bei *airbnb* ab und ist dafür ungewöhnlich gut vorbereitet, denn er hat seine gesamten Bankdaten zur Hand, ausgedruckt und in einer Klarsichtfolie. Beim Ausfüllen der Onlineformulare gibt es nur ein klitzekleines Problem, *airbnb* will nämlich unbedingt Gjergjs Adresse wissen und insistiert, diese müsse aus Straße und Hausnummer bestehen. Beides aber hat Gjergj nicht, Gjergjs volle Adresse lautet: Plazhi Amerikes, Himara, Gjergj Cetri. Mehr braucht es nicht. Gut: Wir erfinden uns einen Straßennamen und eine Hausnummer für das einzige Haus. Das Problem aber geht weiter insofern, als dass *airbnb* zudem eine Postleitzahl will. Die weiß Gjergj nicht, er ruft deswegen Elli an, Elli hat den Kiosk oben im Dorf gegenüber der Post. Die muss das wissen! Elli aber weiß die Postleitzahl auch nicht, Elli sagt, sie würde zurückrufen, weil sie, die sie ja näher an der Quelle sitzt, sich darum kümmert, indem sie jemanden anderen anruft. Keine zwei Minuten später kommen Elli und ich zum gleichen Ergebnis. Gut, das Internet und ich, wir waren auch nur ein paar Sekunden schneller.

Ähnliches blüht Ihnen, sollten Sie unterwegs Hilfe oder Orientierung benötigen und jemanden ansprechen, der Ihrer Fremdsprachen nicht mächtig ist. Wozu gibt es das Telefon? In Tirana, in München oder in Cleveland, Ohio, wird jemand die Arbeit stehen lassen oder das Gespräch unterbrechen und ans Telefon gehen, das sodann Ihnen gereicht wird, damit Sie Ihren Belang hineinsprechen mögen und ihn übersetzt bekommen. Ihnen wird geholfen werden, Sie müssen sich nur melden! Sie müssen nur fragen. Nur gegenüber jenen Touristen, die schnellen Schrittes in die falsche Richtung gehen, zurückkehren, auf ihren Smartphones rumscrollen, um die Technik zu befragen, anstatt das zu machen, was Menschen machen, gegenüber diesen ist man machtlos, die lässt man gewähren!

Ein Beispiel: Wir sitzen über mehrere Tische verteilt vormittags bei Elli an der Hauptstraße. Ein cooles Backpackerpärchen wird vom Furgon ausgespuckt und läuft drauflos, Handy in der Hand, wohin auch immer. Mindestens fünf Augenpaare folgen, warten auf einen Blick, einen Gruß, ein Anzeichen des grundsätzlichen Respekts. Nichts davon, rein gar nichts. 200 Meter später reagiert das Smartphone, die Richtung ist falsch, kein Weg hinunter zum Strand! Sie drehen um und hasten wieder an uns vorbei, sich auf ihre Karten und Apps verlassend, anstatt ein Wort, nur ein Wort, an uns zu richten.

Einer von uns hätte auf sein Auto gedeutet und angeboten, sie hinunterzufahren, aufgrund der Mittagshitze, in der Laufen nun mal nicht angebracht ist. Er hätte klargemacht, dass das kein Taxi wäre und kein Taxipreis, aber dass man ihm gerne das *Gaz*, also das Benzin erstatten könne. Leicht übertrieben hätte er beim Benzinpreis, aber alle wären glücklich. Und wenn der Ausländer irgendetwas will, was man nicht versteht, nicht bieten kann oder nicht zur Verfügung hat, dann zückt man sein Telefon und telefoniert Hilfe herbei.

Man muss allerdings schon wissen, wen man fragt. Irgendjemanden anrufen und fragen, das geht auch nicht. Vom fernen Berlin aus hatte Liz zwei Namen in die Runde geworfen:

– Grama-Bucht, Sankt-Andreas-Bucht, kennst du?

Klar kannte ich die: Es handelte sich um zwei schwer zugängliche Buchten am Karaburun, die während des Sommers gerne von Ausflugsschiffen angefahren werden. Es sind jene zwei, die man im Internet findet, nicht jedoch die anderen kleinen Buchten der wasserlosen Halbinsel, von der Bärenbucht einmal abgesehen (die Landkarten sind mal wieder notorisch unzuverlässig). Gut, Liz wollte also zum Karaburun – aber wenn, dann doch möglichst nicht dorthin, wo die Boote anlanden, sondern weiter!

– Sag mal, Arvi, wie heißen denn die anderen kleinen Buchten auf dem Karaburun?

– Andere Buchten?

– Ja, da sind doch eine ganze Reihe kleinerer Buchten, hinter der Grama!

– Ach die! Na, da wohnt doch keiner: Die haben keinen Namen. Die sind namenlos, weil keiner da ist, der ihnen Namen gibt.

Ich schickte daraufhin eine Nachricht an einen Kumpel aus Vlora mit derselben Frage. Die Antwort kam prompt, ganz ohne anzurufen:

– Gjri i Gramës, Gjiri Shën Andreut, Gjiri i Ariut, Gjiri i Llovizit, Gjiri i Dafinës, Plazhi i Nexhajve, Gjiri Skaloma.

51. Grund

Weil keiner plant

Es heißt häufig, dass die Albaner nicht planen könnten. Das weise ich entschieden zurück, das ist komplett unwahr! Natürlich können Albaner planen, sie tun es nur nicht. Weil es ohnehin anders kommt. Weil niemand in die Zukunft sehen kann, geschweige denn, diese lenken. Was für eine Hybris von der Wirklichkeit zu erwarten, dass diese nach Plan verläuft! Das tut sie nicht, nie und nimmer! Die Wirklichkeit ist in Albanien so dicht gewebt, dass sich garantiert jeder Plan hoffnungslos darin verstricken würde und eines qualvollen Todes stürbe, zappelnd und zitternd wie eine Fliege im Spinnennetz, sich letztmalig aufbäumend und dann dem Schicksal ergebend.

Niemand rechnet damit, dass die Realität sich dem Plan beugt, alle gehen davon aus, dass etwas dazwischenkommt. Deshalb gibt es auch keinen fixen Plan, sondern lediglich eine Idee, die flexibel bleiben muss, wird diese doch anhand der Wirklichkeit überprüft, also pragmatisch in selbige überführt und ihr angepasst. Auch Ihre Pläne werden sich in Albanien verändern, indem diese sich an die Realität anschmiegen und mit ihr gemein werden.

52. Grund

Weil ein einziger Tag mühelos auf 36 Stunden ausgedehnt werden kann

Dass die meisten Pläne bei Kontakt mit der albanischen Wirklichkeit zerschellen, habe ich schmerzhaft erfahren müssen, als ich einmal die Leitung einer Reisegruppe übernommen hatte. Das Unvorhergesehene lauerte an jeder Straßenecke, die Verzögerungen hatten System. Dass wir innerhalb einer Woche eigentlich immer mit Verspätung unterwegs waren und unser Tagespensum nie geschafft haben, lag an zwei ineinandergreifenden Gründen: Einerseits war das Pensum seitens der albanischen Organisation von Anfang an zu hoch gesteckt worden (zwei Burgbesichtigungen an einem Tag, das ist eine zu viel!), andererseits nie einkalkuliert worden, dass jeder Ortswechsel unweigerlich zahlreiche organisatorische Probleme und damit einen ausufernden Kommunikationsbedarf nach sich ziehen würde. Die organisatorischen Probleme rühren daher, dass vorab Festgelegtes immer nur vorläufige Gültigkeit hat, beispielsweise der bestellte Busfahrer sich nicht automatisch an die ausgemachte Zeit hält, sondern auf Verifikation wartet und dann auf erneute Bestätigung, sodass er schließlich mit halbstündiger Verspätung am verabredeten Punkt zur Stelle ist. Er will gewissermaßen am Tag vorher und eine Stunde vor dem Termin wissen, ob der Termin denn nun wirklich einzuhalten sei. Denn wie alle Albaner rechnet auch der Busfahrer damit, dass etwas dazwischenkommen könnte, ohne zu ahnen, dass er selbst es sein könnte, dessen Verspätung einem dazwischenkommt. Gewissermaßen agiert er also in vorauseilendem Gehorsam einer Wirklichkeit gegenüber, die sich regelmäßig als nur begrenzt kalkulierbar erweist.

Weil der Busfahrer also verspätet ist (keiner Schuld bewusst, denn man hätte ihm 30 Minuten vor der Zeit noch mal sagen müssen, dass er wirklich pünktlich da zu sein hat), verlagern sich die nachfolgenden Termine, und der deutschsprachige Guide in Butrint muss instruiert werden, eine halbe bis dreiviertel Stunde später zur Verfügung zu stehen. Das wiederum ist überhaupt kein Problem, denn erstens hatte sich dessen vorhergehende Gruppe ihrerseits verspätet, und zweitens ist jetzt gewissermaßen alles in bester albanischer Ordnung, weil man sich punktgenau über aktuelle Terminplanungen verständigt und dies durch mehrere Telefonate bekräftigt. Der Guide ist also zur Stelle, und Butrint entpuppt sich als dessen Herzensangelegenheit, sodass kein Stein unkommentiert bleibt und die geschichtlichen Fakten meterhoch gestapelt werden, sogar der Familienstand des italienischen Ausgrabungsleiters Luigi Sowieso von Achtzehnhundertschlagmichtot bleibt nicht unerwähnt. Ich weiß ja nicht, wie es Ihnen geht, ich persönlich werde erst unruhig, sobald man mich mit Zahlen und Namen bombardiert, die ich mir erstens nicht merken kann und für die mein Gehirn zweitens keine Verwendung hat, weil es an Andockstellen fehlt, dann überanstrengt und schließlich wütend: Ich wünsche mir Ruhe! Beispielsweise zum Verarbeiten. Die aber gibt es nicht. Stattdessen werden die Tage zum Bersten gefüllt, sodass jeder einzelne gefühlte 36 Stunden dauert.

Es war genau an jenem Tag, da mir urplötzlich der Grund für all das Spektakel, die dauernde Beschallung, das unausgesetzte Kommunizieren, das permanente Reorganisieren aufging: Es muss sich um eine albanische Grundangst handeln, es ist der *Horror vacui*, die Angst vor der Stille, der Bewegungslosigkeit, dem Schweigen. Es ist die Angst vor einem normalmenschlichen 24-Stunden-Tag.

53. Grund

Weil Albanien ein Land für Frühaufsteher ist

Es gibt aber noch einen weiteren Grund, warum sich die Tage in Albanien dehnen und weiten, sodass man meint, sie dauerten 36 Stunden. Dieser trifft wohlgemerkt für Tirana nicht unbedingt zu, wohl aber für Peshkopi und Gjirokastra und viele kleinere Städte.

Als tendenzieller Langschläfer, dessen erste Termine frühestens um neun stattfinden, habe ich Jahre gebraucht, um folgende Rhythmik einzusehen und mich an sie zu halten:

1. Man verlässt das Haus gesättigt und relativ früh, d.h. gegen acht.

2. Dann trifft man seine Freunde und Kumpels im Café seiner Wahl. Dort tauscht man Neuigkeiten aus.

3. Sodann beginnen der Tag und die Arbeit.

4. Zwischen eins und drei (oder vier) ist Pause, man zieht sich in sein Haus zurück. Im Süden, weil heißer, ist diese Regel strenger, im Norden durchlässiger.

5. Von drei (oder vier) an beginnt die zweite Hälfte des Tages, die zweite Arbeitsperiode.

6. Diese mündet im *xhiro*: Je nach Ort findet der abendliche Gang auf unterschiedlichen Strecken und zu unterschiedlichen Zeiten statt. Im Dorf trifft man sich in der Bar, in der Stadt geht man den Boulevard mindestens einmal auf und ab – wo der Boulevard genau ist, das bestimmt die jeweilige Stadt, das ist von alters her überliefert. Vorher oder anschließend (je nach Familientradition) wird gegessen. Wer Gäste hat, der geht nicht zum *xhiro*, der unterhält sich zu Hause und tauscht anderntags die Neuigkeiten aus, der setzt eine Runde aus.

Mit dem frühen Start in den Morgen hat man sich einen nicht unerheblichen Vorsprung erarbeitet, seine Freunde bereits gesehen und weitere Verabredungen getroffen. Diesen Vorsprung braucht man auch, wenn man zwischenzeitlich etwas erledigen will, bis nachmittags um eins ist dafür Zeit. Dann beginnt in Gjirokastra und andernorts die Mittagspause, die jedoch gar keine ist, sondern mit gemeinsamem Essen und weiteren Gesprächen gefüllt werden muss. Zwar ziehen sich die meisten zum Essen in das Heim zurück, das heißt jedoch nicht, dass dort kein Platz mehr wäre, etwa für mich. Ab etwa drei ist einem der Rückzug erlaubt, manchmal wird der Gastgeber einem diesen zudem nahelegen, etwa mit den Worten:

– Weißt du, du bist frei jetzt, darfst gehen, wenn du möchtest. (Zuvor warst du nämlich nicht ganz frei, du musstest probieren, loben, trinken und Erinnerungsfotos machen.) Die Chance, anschließend noch ein paar Stunden lang seinen Sachen nachzugehen, muss man nutzen, denn spätestens zum *xhiro* sieht man sich wieder. Dann wird bestimmt auch ein wichtiges Fußballspiel übertragen, das man sich bis zehn Uhr oder halb elf gemeinsam ansieht, bis jeder mit dem Schlusspfiff aufbricht und nach Hause geht. Morgens beginnt der Zylus von Neuem mit dem Kaffee am Bazar.

54. Grund

Weil es keine Probleme gibt, nur Lösungen

Sie merken es bereits: Für Langeweile bleibt in Albanien keine Zeit. Ebenso wenig wie für Probleme übrigens, die hat man einfach nicht. Und falls man doch mal welche hat, gibt man sie nicht zu: Probleme sind Schwierigkeiten in der Zukunft, vorweggenommene Verwicklungen. Konzentration auf einen Sachverhalt unterfordert die Albaner, und zudem müssten dann, ganz im deutschen Sinne, Probleme und Schwierigkeiten ergründet sowie Lösungen gesucht werden, noch bevor man letztere überhaupt braucht. Lieber umrundet man daher den Sachverhalt, umkreist und belagert ihn, kommt auf ihn zurück, als dass man zu tief in ihn eindränge und womöglich, auch ein sehr deutsches Wort, ihn »ausdiskutiert« hätte. Dann wäre man ja fertig! Das kann aber doch nicht sein.

Und warum sollte man Schwierigkeiten vorwegnehmen, ja sich ausdenken? Und warum sollte man etwas diskutieren, was es gar nicht gibt? Was nur eventuell entsteht? Also: Warum sollte man sich Schwierigkeiten *machen*? Nein, Probleme nimmt man genau dann wahr, wenn man sie hat, wenn man unmittelbar vor ihnen steht. Und dann richtet man sein Augenmerk auch nicht auf die Anatomie des Problems, sondern voll und ganz auf dessen Lösung. Mit dem Problem hält man sich nicht auf. Es gibt gar kein Problem, nur Lösungen, und das wird ständig betont: Es ist symptomatisch, dass es immer genau dann *»S'ka problem«* heißt, wenn es gerade problematisch wird. Diese albanische Formulierung für »Es gibt kein Problem« bedeutet in Wahrheit »Wir suchen eine Lösung«. Es ist dem Grundoptimismus der Albaner geschuldet, dass stets davon ausgegangen wird, dass es diese Lösung auch gibt und dass es eine Frage von Minuten ist, bis sie sich einstellt. Geschieht dies nicht von alleine, hilft man mit dem Mobiltelefon nach und telefoniert sie herbei.

Ich erwähnte ja bereits, dass ich einmal eine Reiseleitung übernommen hatte. Nun, am Tag vor der Ankunft der Reisegruppe war der Bus weg: Der Fahrer, der mitsamt einem passenden Untersatz vor Monaten angeheuert war, hatte 24 Stunden vor Abfahrt verlautbaren lassen, er stünde zwar zur Verfügung, jedoch sei der Bus anderweitig eingesetzt worden – gewiss um irgendwo ein Problem zu lösen, das nehme ich jedenfalls an. Dies war um 10 Uhr vormittags und hatte die unmittelbare Entlassung des Fahrers zur Folge, obwohl dieser angeboten hatte, unsere Passagiere mit einem Kleinbus und einem hinterherfahrenden Pkw durch das Land zu befördern. Er hatte sich wohl eingebildet, aufgrund der Kürze der Zeit müsse man darauf eingehen, dieweil sich der richtige Bus, der vernünftige Bus, andernorts verlustierte und ganz bestimmt dort Geld abwarf. Nicht mit mir, Junge, nicht mit mir! »Entlassung« ist natürlich technisch falsch, denn weder handelte es sich um ein Angestelltenverhältnis, noch gab es Verträge.

Dem Deal zugrunde lag lediglich die typische Absprache, die unter veränderten Umständen und wenn man sich Vorteile davon verspricht auch mal missachtet wird. Nun, es gibt in Tirana eine Art »Fahrzeugstrich«, an dem sich Fahrer und Fahrzeuge feilbieten, die gerade nicht im Einsatz sind. Zwei Stunden später war ein goldfarbener Mercedes-20-Sitzer mit makelloser Frontscheibe und Spoilern samt Fahrer für die kommende Woche angeheuert. War ein bisschen teurer aufgrund der Dringlichkeit, aber allemal besser als Konvoi zu fahren. Problem gelöst.

55. Grund

Weil, wenn es doch einmal ein Problem gibt, garantiert keiner dafür verantwortlich ist, sich jedoch gerne dafür verantwortlich erklärt und nach einer Lösung fandet

Im oben genannten Fall hatte natürlich keiner Schuld, »Fehler sind Waisenkinder« heißt es auf Albanisch: Es gab keinen Verantwortlichen für das mehrstündige Drama der erneuten Bussuche: Nicht der ursprünglich vorgesehene Busfahrer, denn das zusammen mit diesem angeheuerte Fahrzeug war aufgrund höherer Gewalt abhandengekommen, die auch keiner hinterfragte (es ist sinnlos, Fakten infrage zu stellen).

Zudem bot er uns ja eine Lösung an, und wer eine Lösung aus dem Ärmel schütteln kann, der ist fein raus, denn der kann ja gar nicht gleichzeitig das Problem sein. Das Problem wanderte daher gewissermaßen weiter und lag nun bei demjenigen, der die vorgeschlagene Lösung ablehnte, also bei mir. Ich wiederum sah mich jenseits jeder Verantwortlichkeit, denn ich hatte frühzeitig (nämlich Monate zuvor) darauf gepocht, dass wir uns eines vernünftigen Fahrzeugs versichern, denn nur mit einem vernünftigen Fahrzeug würden wir Strecken wie die nach Thethi überhaupt bewältigen können.

Die albanische Reiseleitung traf natürlich auch keine Schuld, hatte diese doch meinem Drängen entsprochen und für einen fahrbaren Untersatz gesorgt. Im Gegenteil, für die erfolgreiche Wiederbeschaffungs-Aktion, also für die Lösung eines Problems, das ihm nicht anzulasten war, erwartete die albanische Reiseleitung Lob und Dank. Ich hingegen sah das Vorhandensein eines Vehikels angesichts der keine 24 Stunden später eintreffenden Touristen aus dem Süddeutschen als selbstverständlich an und betrachtete dies als seinem Verantwortungsbereich zugehörig.

Wer Albanien nicht kennt, dem kann in einer solchen Situation der Verdacht kommen, das ganze Drama könne ein abgekartetes Spiel sein und einzig zu dem Zweck inszeniert, ein paar Hundert Euro mehr zu verlangen. Ist es aber nicht, wäre viel zu aufwendig, müsste man Monate vorher planen. Mein Tipp für Verwicklungen und Probleme: Abwarten! Aussitzen! Die Lösung wird kommen, nicht immer auf direktem Wege und nicht immer aus der Ecke, aus der man sie erwartet, aber sie wird kommen! Und häufig entpuppt sich die spontane Lösung als wundersame Fügung, das werden Sie schon noch selbst sehen. Kujtim jedenfalls, unser neuer Fahrer, entpuppte sich als einer der besten, behutsamsten, die das Land zu bieten hat!

56. Grund

Weil das gegebene Wort gilt ...

Wenn keiner verantwortlich ist, dann gibt es auch niemanden, der im Zweifelsfall für Schäden aufkommt. In Westeuropa unterzeichnet man für genau diesen Fall Verträge, verbindlich und einklagbar.

Vor fast zehn Jahren in Tirana hatten wir für die Wohnung nahe der Myslym Shyri keinen Mietvertrag. Das ist normal, Mietverträge sind eher die Ausnahme und kommen vielleicht bei den großen Unternehmen vor, aber die vermieten ja normalerweise nicht, sondern verkaufen, noch bevor gebaut ist. Unüblich und bestenfalls ein Zeichen von Misstrauen wären Verträge zwischen Privatpersonen. Manche gehen so weit, zu sagen, mit Verträgen, Papieren und schriftlichen Übereinkünften sei ihr Albanertum in Gefahr: Wie kann das denn sein, dass Papier das Wort ersetzen soll? Wo kommt man denn da hin, wenn man sich auf das Wort nicht mehr verlassen kann und es einfangen muss, auf Papier festhalten? Dann sei doch das gesamte Vertrauenssystem in Gefahr, das Aufeinander-Verlassen. Dies seien Zeiten, in denen die Schrift das Wort hintertreibt.

Ich hingegen bin der Meinung, dass das gegebene Wort im Zweifelsfall über eine erstaunliche Flexibilität verfügt und sich veränderten Umständen anpassen bzw. reinterpretiert werden kann. So etwas sieht das Zeichenwerk von Verträgen nicht vor, Verträge fixieren Umstände, sind also jeglichem Pragmatismus im Weg. Kein Wunder, dass dem skeptisch gegenübergestanden wird.

Glauben Sie, ich habe irgendeinen Vertrag für mein Haus in Amerika? Mit Zonjë Theodora? Ich bitte Sie, natürlich nicht! Ich bin zu meinem Haus gekommen wie zu Olivenöl: Beides hatte ich nicht, und so wurde es mir eben gestellt. Wobei das im Falle des Hauses durchaus schrittweise vor sich ging. Ich wohnte noch im Oberdorf, in einem schicken, gefliesten Apartment, als es auf einmal hieß, Theodora sei aus dem Athener Winterquartier zurückgekehrt, ich könne die Schlüssel zum alten Haus abholen. Wie schon im Jahr zuvor machte sich die alte Dame einmal zusammen mit mir auf den Weg hinunter, um alles zu besehen und zu besprechen – zumindest insoweit wir dazu in der Lage waren. Ich muss gestehen, dass mir angesichts des Hauses das Herz in die Hose rutschte. Nicht aber in Anbetracht des reich bepflanzten Gartens: Einer der Orangenbäume trug noch, der andere blühte, der Wein schoss, den Aprikosenbaum und die beiden Walnüsse würde ich erst viel später entdecken, die Dattelpalme erst identifizieren, als diese zu blühen begann. Zonjë Theodora schnitt den wilden Fenchel und bückte sich alle zwei, drei Schritte, um irgendein Unkraut aus den Fugen zu reißen.

Der Garten war ein Dschungel, ein überbordender, es schoss und spross. Ich wiederum sagte ihr, dass es keine Toilette und kein Bad gäbe, das sei kein Problem. Nein, nein, einbauen müsse man nichts: Komposttoilette und Solardusche, fertig! Aber die maroden Fenster würden mir Sorgen machen, und ich wäre noch nicht sicher, ob das Haus überhaupt bezogen werden könne. Zonjë Theodora erklärte mich daraufhin wörtlich zum Kommandanten des Gartens, dessen solle ich mich annehmen und dort tun und lassen, wie es mir beliebe. Für den Garten wolle sie kein Geld, für das Haus aber samt der Möbel, so ich mich entschließen würde, dort den Sommer zu verbringen, hingegen schon.

Es kam anders. Als ich Wochen später, kurz bevor ich auf ein paar Tage nach Deutschland fuhr, den Garten in Schuss gebracht hatte und mich anschickte, erstmals im Haus zu nächtigen, beschloss ich, dass jetzt der Zeitpunkt gekommen war, Zonjë Theodora eine vernünftige Summe Geld vorbeizubringen. Wir saßen in ihrem Wohnzimmer, ich hatte die Scheine in der Hand, Theodora lehnte vehement ab: Ich solle das Geld doch lieber für die Fenster verwenden! Im Anschluss an meine Rückkehr versuchte ich es noch einmal, mit dem gleichen Ergebnis. Geld war kein Thema mehr, stattdessen stattete Theodora mich mit Bettwäsche aus, und ich begann, ihr Dinge des täglichen Bedarfs aus dem Oberdorf vorbeizubringen. Wir waren genau in jene Sphäre eingetreten, die in Albanien dem Geldhandel vorausgeht: die der Freundschaft, des gegenseitigen Respekts und Wohlwollens. Wobei Respekt in Albanien etwas anderes ist als in Deutschland und mitnichten auf Distanziertheit und höflichen Abstand hinausläuft. Nein: Respekt bedeutet Interesse und Teilnahme an den Belangen des anderen. Und für dieses Geben und Nehmen braucht es nicht unbedingt einen Vertrag und auch nicht unbedingt Geld …

Im Norden wird immer vergessen, dass ein Vertrag auch entbindet. Wir glauben, der Vertrag sei Verpflichtung. Die Wahrheit ist aber auch, dass der Vertrag es ermöglicht, die Gemeinschaft und die Gegenseitigkeit zu verlassen, solange man im Recht bleibt. Ich habe kein Recht, in Amerika zu sein, ich bin hier lediglich gelitten und vom Wohlwollen anderer abhängig. Mit anderen Worten: Ich bin mitten im Leben.

57. Grund

… oder auch nicht!

Nicht jedes Wort und beileibe nicht jede Abmachung oder Absichtserklärung aber gilt. Wundern Sie sich daher nicht, wenn Sie mehrfach und wiederholt nach Ihren Plänen befragt werden. Das mag Sie anfangs irritieren, hatten Sie doch bereits verlautbart, was Sie anderntags vorhaben, ist aber gang und gäbe: Der andere Tag ist ein anderer, und aus albanischer Perspektive muss jetzt zumindest neu abgesprochen werden, bzw. nachverhandelt werden, was wirklich Sache ist. Kann sich ja zwischenzeitlich etwas geändert oder etwas anderes ergeben haben, weiß man ja nicht. Deswegen wird Sie niemand auf Ihr Geschwätz von gestern festnageln, Sie bleiben völlig frei. Mittlerweile stelle ich dieses Verhalten auch bei mir selbst fest, ich gehe morgens überhaupt nicht davon aus, dass umgesetzt wird, was am Abend zuvor besprochen war. Ich warte auf erneute Besprechung, auf Bestätigung und dann auf den Zwischenfall, der das alles in eine andere, gottgefälligere Bahn lenkt: Der Mensch denkt, Gott lenkt. Oder wie es Gjergj einmal formuliert hat:

– *Look it! What you say for the night is for the night. It is for the Raki, not for the tomorrow.*

Damit ein Wort auch ein Wort ist, das gilt, muss es a) wiederholt, b) variiert, c) inszeniert werden. Um bei obigem Beispiel zu bleiben: Wenige Wochen nach meinem definitiven Einzug in das alte Haus, nachdem die Fenster schon gestrichen waren, die wurmstichigen Möbel entfernt und die Böden lasiert, erklärt mich Zonjë Theodora zusätzlich zum Kommandanten des Hauses. Ich solle tun und lassen, was mir beliebe. Zehn Jahre solle ich bleiben, ach was, 20! Und die Schlüssel, die Schlüssel zum Haus, die wären ganz alleine meine, die dürfe nur ich nutzen.

Ich bin also Hausbesitzer geworden, Eigentümer bin ich nicht und auch nicht Mieter. Und dennoch streiche ich das Tor, und ich nehme die blaue Farbe, um die Konturen der Möwe nachzumalen, die sich am Eingang zum Hauses befindet wie an so vielen anderen Eingängen auch: die weiße Möwe auf blauem Grund.

58. Grund

Weil Nicht-Kommunikation unerklärlich ist oder auf ein Problem hindeutet

Bei Gjergj hat sich ein mittelaltes deutsches Pärchen eingefunden. Die beiden haben sich offensichtlich nicht allzu viel zu sagen, und wenn, dann tun sie das sehr verhalten. Die Körper sind leicht nach vorne gebeugt, sie bilden einen Kreis, in den nicht eingedrungen werden soll. Gjergj betrachtet die Szenerie einige Minuten, um schließlich zu mir zu sagen:

– *What the fucking doing? Have problem?*

Noch verwirrender als Schweigsamkeit ist den Albanern die Manie, getrennt zu bezahlen und alles auseinanderdividieren zu wollen. Das wird nicht verstanden, ist doch der Abend ein gemeinsamer gewesen, wurde die Zeit doch geteilt. Wenn aber zu guter Letzt jeder Einzelne seinen genauen Anteil herausgerechnet haben möchte, dann löst sich die gemeinsame Zeit doch wieder in individuelles Stückwerk auf. Das kann doch keiner wollen!

59. Grund

Weil drei Tage Vorwarnung zwei zu viele sind

Inzwischen haben Sie ja die allgemeine Verfahrensweise begriffen, dann wird es Sie jetzt auch nicht überraschen, dass es müßig ist, drei Tage im Voraus Bescheid zu geben, sobald man jemand besuchen will. Eine solch frühzeitige Ansage wird unter Umständen noch nicht einmal geglaubt, und falls doch, gerne wieder vergessen. Nur der Tod, die Hochzeit und eine Geburt kündigen sich vorzeitig an! Zeit ist zyklisch, und nur die ganz großen Einschnitte sind auch welche.

Für uns Deutsche hingegen ist die Zeit ein Pfeil, der geradlinig in die nähere Zukunft gerichtet ist und den man nach Belieben und mit Zäsuren markieren kann, der also individuell unterteilt wird in einzelne Segmente: »Bin dann da und dort, mache dieses und jenes, und zu diesem Zeitpunkt da und dort.« Unser Zeitverständnis ist gerichtet, weil wir es an den Plänen ausrichten und ganz verzweifelt sind, wenn es mal nicht so läuft, wie wir uns das vorgestellt haben. Dann versuchen wir durch Umarrangieren möglichst zum Plan zurückzukehren, wieder im Soll zu sein.

Das albanische Zeitverständnis hingegen ist wie gesagt zum einen zyklisch, zum anderen fatalistisch und zum Dritten pragmatisch. Zyklisch bedeutet, dass die Zeit rund läuft, wiederkehrt und nichts verloren ist, was noch nicht in die Tat umgesetzt wurde; es wird seinen gemäßen Platz schon noch finden und das gesetzte Ziel beim nächsten Durchlauf erreicht werden. Fatalistisch bedeutet, das passiert, was passiert, und pragmatisch meint, dass man mit dem, was passiert, schon zurechtkommt, dass man es einwebt in den Verlauf, in das Ornament des einzelnen Tages.

60. Grund

Weil mit der Wiederholung die Routine einsetzt und damit eine Form von Glück

Die Straße nach Saranda schneidet an den Küstenbergen entlang und scheint im morgendlichen Licht wie eine Silbervene. So früh ist niemand sonst unterwegs, und Gjergj beschleunigt, was das Zeug hält, der Fahrtwind spielt euch im Haar, und von der Hitze merkt ihr noch nichts. Im Radio singt Pantelidis von der Liebe, und ihr passiert die Stelle, an der ihr vor wenigen Tagen Emilija abgesetzt habt – aber das wissen Sie schon, wenn sie Vorwörter lesen! Sie lesen doch Vorwörter? Emilija hatte verlautbaren lassen, sie würde in einer Woche wiederkommen, ihr hattet »Ja, ja« gesagt und kein Wort geglaubt. Die meisten eurer Gäste verlassen den Strand ungern, und die meisten behaupten, sie kämen bald wieder.

Sichelförmig breitet sich Saranda vor euch aus, als ihr über den *Qaf' gjashte* fahrt, all der Beton scheint im Licht – all der Beton wäre Wüste, umarmte er nicht das Meer. Hell und brutal leuchtet die Sonne die Ecken aus, erhitzt Metall und Asphalt. Europa ist dort, wo die Leute sich ausziehen, wenn es heiß wird, Afrika beginnt da, wo man lange Gewänder anlegt. Wir schießen in die *Rruga e pestë*, schießen hinüber zum anderen Ende der Stadt, stürzen hinunter und machen das, was wir immer machen, wir machen erst mal *pushime* (das Wort für »Urlaub« und »Pause« ist das gleiche). Wir steuern die gleiche *Byrekeria* an wie beim letzten Mal, nicht nur weil die *Byreks* hervorragend sind, sondern auch, weil der *dhallë* dort hausgemacht ist (eine Art *Ayran*). Was das Geheimnis der *Dhallë*-Herstellung sei, will Gjergj von der Verkäuferin wissen.

– *Look it*, sagt sie … nein, sagt sie natürlich nicht, bilde ich mir nur ein, als ich der Unterhaltung auf Albanisch folge:

– Schau doch! Ein Geheimnis gibt es nicht, Folgendes musst du tun …

Und sie beginnt bei der Milch, setzt im Geiste Joghurt an und verrührt diesen mit Wasser und Salz, fertig ist der *Dhallë*.

Dann arbeiten wir den Einkauf ab: Es gibt die Muschelfrau, und ob es in der Taverne Muscheln gibt, hängt von ihr ab. Die Miesmuscheln kommen aus Butrint, sie werden dort »gepflückt und geschält« und in Plastikflaschen mit Meerwasser gefüllt. Das gute Kilo kostet 600 Lek. Es gibt den Gemüsehandel, der ein paar Straßen weiter oben liegt und eigentlich eine Halle ist mit Kistenstapeln und zwei alten Waagen. Es gibt den Getränke- und Gastronomiehandel mit Laderampe in der *Rruga e pestë*, es gibt den Fischhändler und den großen Supermarkt für den ganzen Rest.

Ziemlich genau an der gleichen Stelle wie beim letzten Mal entfährt Gjergj ein

– FUCK IT!

Diesmal haben wir die *salsë kosi* vergessen, letztes Mal waren es die *Domates*. Also zurück, einmal im Kreis und die Tour neu beginnen.

Übrigens haben wir es bei diesem Ausflug nach Saranda wieder nicht geschafft, an die Glasscheiben zu kommen. Immerhin konnte der Glashändler, den wir besuchten, die dünnen Scheiben bestellen. Es braucht die dünnen Scheiben, die neuen passen nicht in die alten Fenster. Vielleicht wird es beim nächsten Mal was, vielleicht aber auch nicht!

61. Grund

Weil es kein Problem gibt, wenn Saranda auch eines hat

Gjergj legt das Telefon wieder weg.

– Kein Problem, Saranda ist auch betroffen, auch in Saranda gibt es keinen Strom.

Und wenn Saranda auch keinen Strom habe, dann käme dieser schnell wieder, dann kümmerten sie sich darum.

Seelenruhig hatten wir dem Leuchten und dem Blitzen über der Ionischen See zugesehen, bis die ersten Böen auf das Land trafen. Der Sturm hatte binnen weniger Minuten die Sonnenbetten weggefegt, die Tische verräumt, die Schilfdächer zerfetzt. Wenige Minuten an Starkregen und orkanhaften Winden hatten ausgereicht, die Taverne in ein Chaos zu verwandeln. Die Hängematte hat sich im Wind aufgebläht und den Ast des Olivenbaums abgerissen, unter dem mein Zelt steht – immer noch steht, denn der Ast ist darüber hinweggeflogen. Alle Zelte hatten standgehalten, niemandem war etwas passiert, zum Glück.

Noch nachts gehen wir an den Strand, um das Boot einzuholen und hochzutragen, denn Gjergj weiß, dass morgen die Wellen wie Atlantikbrecher kommen werden.

Morgens sind Farben von frühlingshafter Klarheit, das Meer ist aufgeregt und leuchtet in sattem Blau, die Wellen rollen rhythmisch und vorhersehbar gegen den Strand. Die ersten Tagesgäste haben Spaß an den Brechern, und wir sitzen beim Kaffee, schauen über das Chaos hinweg auf die See.

– *Like nothing happened*, sagt Gjergi, und wenig später:

– *Just much work today.*

Es gibt immer noch kein Problem. Gjergj lächelt den Tag an, jeder andere hätte geflucht.

62. Grund

Weil ich keine wilde Ziege mehr bin

Es gibt ein albanisches Sprichwort, das besagt, wer es mit wilden Ziegen zu tun habe, der würde diesen keinen Stall bauen. Die Bedeutung sollte einigermaßen klar sein: Ich bin eine wilde Ziege. Also in Amerika bzw. für die Amerikaner! Ich bin ein Dahergelaufener, von dem man nicht wirklich weiß, was dieser will, was dieser tut, wie lange dieser wirklich bleibt. Gut, ihm scheint es ja zu gefallen, deswegen ist er noch da. Arbeit hat er auch, man sieht ihn ja häufig bei Elli oder in Arvis Café sitzen und auf den Monitor starren. Und wenn er mal ein paar Tage nicht auftaucht, dann ist er entweder bei Gjergj unten am Strand oder besucht seine Freunde in Gjirokastra.

Man nimmt nicht ganz ernst und zwar zu Recht. Ich nehme mich ja selbst nicht ganz ernst, ich probiere etwas aus, ich probiere aus, wie es ist, in Amerika zu leben, und weiß ja selbst nicht, wie das Experiment ausgeht. Kann schon sein, dass das Experiment von einem Tag auf den anderen endet, wer weiß das schon?

Einmal schien es sogar, ich hätte alles verloren. Gjergj hatte in meinem Zelt irgendwelche belgischen Blagen einquartiert, Zonjë Theodora war an der Hauptstraße erschienen, dort auf mich getroffen und hatte den Hausschlüssel eingesammelt, irgendwas von »Arbeitern« oder »Arbeit« erzählt, was ich nicht genau verstanden hatte. So saß ich dann bei Elli im Kiosk und war auf einmal heimatlos. Gjergj rief aus Saranda an, er habe jetzt die Glasscheiben, wo er die denn hinbringen solle? Zu Elli, sagte ich.

Ich ignorierte das Problem meiner vorübergehenden Unbehaustheit, ging meinem Tagwerk nach und später hinunter an den Strand, um auf einer der Sonnenliegen zu schlafen. Als ich anderntags wieder hinaufstieg, kamen mir zwei Arbeiter entgegen, die auf dem Weg zum alten Haus waren, um mir Strom zu installieren. Zonjë Theodora musste den Besuch ihrer Tochter genutzt haben, um irgendwie in Saranda Papiere zu beschaffen, das Haus anzumelden und sodann die Arbeiter zu organisieren.

Bisher hatte ich immer abgewiegelt, auf meine beiden Solarmodule verwiesen und gesagt, das bisschen Strom, das würde ich selber anbauen. Jetzt aber, wo ich zurück im Besitz des Schlüssels war, auf einmal Strom hatte und noch dazu den Stapel Glasscheiben besaß, da kam es mir vor, als sei ich angekommen: Ich fühlte mich frei, unabhängig von den Steckdosen anderer, mein eigener Herr und Herr meines Tagesablaufs. Ohne mein Zutun hatten sich innerhalb von 24 Stunden ganz entscheidende Dinge getan: Ich war keine wilde Ziege mehr.

63. Grund

Weil das Haus genau eine Steckdose hat und in jedem Raum eine Birne hängt

Das Haus ist von 1930 und keineswegs ein bäuerliches Haus, das sieht man an den opulenten Fenstern, der hölzernen Decke und den zwei Kaminen. Es ist ein städtisches Haus, bzw. ein städtisches Anwesen, das am Hang liegt und an die Wildnis grenzt. Erst als der Strom da war, habe ich begriffen, dass das Haus nur eine einzige Steckdose hat, im Obergeschoss in der guten Stube – vermutlich für ein Radio oder den Fernseher. Stellen Sie sich das mal vor! Das bedeutet, dass bis in die 90er-Jahre hinein ansonsten kein einziges Elektrogerät benutzt wurde, nicht in der Küche (kein Kühlschrank!), nicht im Garten und nicht im Badezimmer (es gibt gar kein Badezimmer, aber ich denke an Rasierer und dergleichen): Strom zu haben im Kommunismus, das hieß also vor allem Licht zu haben – unabhängig zu sein vom Untergang der Sonne.

Jeweils in der Mitte des Raumes hängt ein Kabel für genau eine Leuchte, eine weitere Verkabelung, es gibt sie nicht. Dies ist auf dem Land, an der südlichen Küste oder in den Bergen oftmals heute noch so: Licht und Beleuchtung werden pragmatisch betrachtet, ein Leuchtmittel reicht aus. Leselichter sind etwas für West- und Nordeuropäer, Gemütlichkeit nichts, was durch Lichteinsatz herzustellen wäre: Sobald die Sonne weg ist, also weg im Sinne von unter den Horizont getaucht, in der schönsten Stimmung des Abends, unterbricht Gjergj die blaue Stunde, indem er die nackten Glühbirnen anwirft. In jeder türkischen Kneipe in Berlin-Kreuzberg kann man Ähnliches sehen: Licht ist entweder an oder aus. Ein Zwischending gibt es nicht. Es gibt in Amerika auch keine 40- oder 60-Watt-Birnen zu kaufen, die braucht keiner!

Noch Wochen später wird sich Zonjë Theodora übrigens über ihren Streich freuen und betonen, wie sehr es ihr gefiele, dass ich jetzt Strom habe, dort unten im alten Haus. Und jedes Mal gebe ich ihr Recht und betone, wie sehr es mir gefällt, dass ich jetzt Strom habe. Strom war schon irgendwie wichtig, auch wenn das anderen klarer war als mir selbst.

64. Grund

Weil Sie mit der Hitze nicht umzugehen wissen und dies erst lernen müssen

Als Mitte Juli die Hitze einzog, wurde es still im Dorf, das Leben zog sich in die Häuser zurück. Der Einzige, der es nicht schaffte, seinen Rhythmus den Gegebenheiten anzupassen, das war der Deutsche von Amerika. Der stieg noch mittags hinauf, um einzukaufen oder über das Internet Nachrichten zu konsumieren – deutsche Nachrichten übrigens, denn alles, was in Albanien vor sich ging, selbst die anstehenden Kommunalwahlen, das musste man ihm erklären. Und selbst wenn man ihm es erklärte, dann hatte er immer noch nicht wirklich begriffen, dann stellte er komische Nachfragen. Genauso wie er das Klima nicht richtig zu begreifen schien.

Einmal hat man ihn gesehen, wie er entgegen seiner Gewohnheit spät hochkam, zur Schule und zum Sportplatz, und ganz verwirrt schien, dass dort die Alten saßen, die Kinder spielten, die Erwachsenen diskutierten, dass dort nachts um halb zehn das ganze Dorf versammelt war und Urime in seinem Market alle Hände voll zu tun hatte. Mag sein, dass ihm dann der Groschen fiel, dass er sich daraufhin anpasste und, ebenso wie das gesamte Dorf, nachmittags während der größten Hitze Ruhe hielt, den Nachtschlaf abkürzte und die Tage früh begann.

65. Grund

Weil die Wirklichkeit verlässlich eine andere ist, als wir es uns ausmalen oder wie wir sie ablichten ...

Sobald ich für mehrere Tage ins Dorf entschwunden war, meldete sich Gjergj – entweder um zu fragen, was ich so machen würde, wann ich wieder runterkäme, oder um sich mit irgendwelchen Anfragen über *airbnb* helfen zu lassen – die Leute stellen schon merkwürdige Ansprüche! Wollen im Vorfeld alles Mögliche wissen und bleiben doch nur für eine Nacht. Haben die nächste Station bereits geplant und sind dann enttäuscht. Ich glaube, das Internet und die potenzielle Möglichkeit, alles vorab in Erfahrung zu bringen, spielen uns einen Streich: Wir machen uns unfrei, weil wir im Vorfeld schon die besten Möglichkeiten erjagen wollen, anstatt dem Zufall zu gestatten, diese zu liefern. Dann können wir nicht mehr reagieren und bleiben im Korsett unserer eigenen Erwartungen stecken, anstatt uns auf die Wirklichkeit einzulassen. Vielleicht liegt hier der Wahn begründet, instagramtaugliches Fotomaterial in den Äther zu pumpen: damit wenigstens dort Erwartung und Ergebnis in Einklang gebracht werden, in der digitalen Sphäre. Dort werden sich dann andere beeindrucken lassen und es den Schöpfern der Abbilder gleichtun wollen, an dieselben Orte reisen, um dieselben Fotos zu machen und auf denselben Kanälen zu posten.

Gjergj erzählte am Telefon kurz von den beiden Finninnen, die über *airbnb* gebucht hatten, in der Mittagshitze heruntergestiegen waren, die Zelte in Augenschein genommen und für »unsicher« befunden hatten – zu viel Natur, dort in der Natur! – und wieder abgedampft waren.

– Ach, übrigens, sagte Gjergj noch, Emilija ist zurück.

V

Landauf, landab

66. Grund

Weil Albanien das Land mit der höchsten Mercedes-Dichte der Welt ist

Wer meint, Mercedes-Benz sei eine Luxusmarke, der muss Albanien dringend besuchen. Denn dort wird er schnell eines Besseren belehrt. Halb Albanien fährt Mercedes, fast jedes Überlandtaxi kommt aus dem Hause Daimler-Benz. Mercedes ist der Volkswagen Albaniens! Mit dem Prestige eines solchen Fahrzeugs ist der Erfolg von Daimler-Benz in Albanien nur unzureichend erklärt. Erstens sind es beileibe nicht die neuesten Modelle, die heute in Albanien unterwegs sind. Und zweitens geht es inzwischen eher um Faktoren wie Zuverlässigkeit, Radstand und Federung, die den Mercedes zum alltagstauglichen Fahrzeug Nr. 1 in Albanien haben werden lassen: In einem Land, das heute noch jeden frisch geteerten Kilometer Asphalt feiert, als hätte ein Albaner den Mond betreten, ist Ankommen nicht unbedingt selbstverständlich.

Gerade die alten Baureihen sind robust genug, um es mit den Pisten in das Bergland und zu den entlegenen Dörfern aufzunehmen. Dort, wo noch verwitterte Betonplatten aus kommunistischer Produktion die Dörfer verbinden, zählt Elektronik wenig und Mechanik alles. Dort stört es auch nicht, wenn die Windschutzscheibe vom Steinschlag erzählt, die halbe Lichtmaschine ausgefallen ist und die Kupplung gerade so noch mitspielt. Das Ankommen zählt. Ich saß schon in Autos, die der ADAC als solche gar nicht anerkannt hätte, weil ihnen Merkmale wie Fenster oder Sitze gefehlt hatten. Es ist nicht wie in Kuba, wo der Cadillac gehegt und gepflegt wird. Der Mercedes hat in Albanien vielmehr den Esel als Nutztier abgelöst, er wird lediglich erhalten. Er bekommt Zuwendung nur dann, wenn er sie wirklich braucht. Die Geschichte des Mercedes in Albanien beginnt jedoch viel früher und in der Tat als Statussymbol: in kommunistischer Zeit, die in Albanien keine Zeit des Mangels war, sondern eine der kompletten Abwesenheit. Man muss sich das kommunistische Albanien als ein Land gänzlich ohne private Automobile vorstellen. Der Besitz eines Autos war bis 1991 verboten. Die einzigen Pkw, die auf den Straßen Albaniens verkehrten, gehörten der Nomenklatura. Und diese zeigte mit der Wahl des Fahrzeugs ihren Status an.

Den elf Mitgliedern des Politbüros, also der Machtelite um Diktator Enver Hodscha, stand ein Limousinenfuhrpark zur Verfügung: schwarz lackierte, leicht angejahrte Nobelkarossen der besagten Stuttgarter Firma. Schon die Nächsten in der Hierarchie, die Funktionäre des Zentralkomitees, mussten mit polnischen, sowjetischen oder chinesischen Fabrikaten vorliebnehmen. Mit einem Wort: Ein Mercedes war den Albanern nicht ein Auto unter vielen, sondern das Auto schlechthin (ganz genauso, wie man das in der Stuttgarter Konzernzentrale heute noch sieht). Als dann mit den 90ern die Freiheit hereinbrach und die Albaner wiederum ausbrechen konnten, um sich außer Landes ein Auskommen zu verschaffen, wurde es zum drängendsten Wunsch, als gemachter Mann mit dem Benz im albanischen Dorf vorzufahren.

Und weil man das Praktische mit dem Nützlichen zu verbinden weiß, ergab es sich ganz von allein, dass das Fahrzeug vor Ort veräußert wurde. So füllte sich Albanien allmählich mit Mercedes-Benz aller Baureihen. Keines dieser Autos kam aus dem Inland, alle hatten Migrationshintergrund. Noch heute gibt es so etwas wie einen funktionierenden Gebrauchtwagenmarkt in Albanien nicht. Gebrauchtwagen werden nach wie vor im Ausland akquiriert und mit Vorliebe in Deutschland. Deutsche Gebrauchtwagen galten und gelten aus unerfindlichen Gründen als besser in Schuss als etwa italienische oder französische.

Daher ist es heute ein Breitensport, sich mit genügend Bargeld in den Flieger zu setzen, um ein Auto aus Deutschland heimzuführen. Vorzugsweise einen Mercedes. Notfalls tut es ein Opel, der muss dann aber mindestens schwarz lackiert sein und ein SUV. Sonst kommt er an der nächstbesten Kreuzung gegen all die Mercedes nicht an! Mein Kumpel Dionisis aus Thessaloniki hat mir übrigens, heute noch staunend, folgende Geschichte erzählt, die sich Ihnen jetzt mühelos enträtselt: Wenige Tage nach der Grenzöffnung hätten in Thessaloniki eine Reihe von Geschäftsleuten, zu denen Dionisis damals noch gehörte, beschlossen, Albanien zu erkunden, sprich eine Spritztour nach Tirana zu wagen. Keiner der Beteiligten aber wollte sein Auto dafür hergeben:

– Zu gefährlich!

– Keine Versicherung!

– Man weiß ja nie …

– Da gibt es Albaner!

Nach kurzem Beratschlagen fand man eine Lösung in Form eines günstigen Gebrauchtwagens. Mit dem fuhren sie wenige Tage später im Sommer des Jahres 1991 in das nahezu autofreie Tirana ein. Die Fußgänger auf dem Skanderbegplatz bildeten eine Gasse. Sie standen auf der Seite und begannen zu klatschen. Dionisis und Kollegen waren in einem schwarzen Mercedes gekommen – mit großer Wahrscheinlichkeit der allererste private Mercedes in Albanien überhaupt.

67. Grund

Weil Sie den Furgon gar nicht verpassen können, es ist der Furgon, der Sie verpasst

Sollte eigentlich durch die Überschrift schon klar sein, dieser Punkt: Wir sind nicht bei der Deutschen Bahn, die *Furgon*fahrer haben ein Interesse daran, Sie mitzunehmen. Fragen Sie im Hotel oder im Hostel nach, meist macht der Fahrer sogar einen Umweg, um Sie vor Ort abzuholen. Was sie hingegen sehr wohl verpassen können, das ist der letzte *Furgon*! Und es kann wiederum auch sein, dass der letzte *Furgon* zugleich der erste ist und morgens um sechs schon fährt!

Weil Sie mit dem Furgon überall hinkommen, unter Umständen aber nicht mehr weg

Klären wir zunächst, was ein *Furgon* überhaupt ist: Albanien wird hauptsächlich von Sammelbussen bewegt, den *Furgons*. Diese verbinden die großen Städte untereinander und fahren von dort aus die Kleinstädte und Dörfer an. Die Kleinbusse fahren auf private Rechnung und gehören meist dem Fahrer selbst, ÖPNV kann man das Phänomen also nicht nennen: Der Lockenkopf, der in seinem Mercedes-20-Sitzer (auf dem »Westphal-Reisen« geschrieben steht) morgens in Vlora aufbricht, gegen 10 den Pass erreicht hat und um halb zwölf hinter Borsh Pause macht, wenn alles glatt läuft, der fährt nachmittags dorthin zurück, wo er und seine Familie leben. Dies ist seine Tour, sein Tagwerk.

Die Route und die Frequenz der *Furgons* ergeben sich also aus den Wohnorten der Fahrer. Deshalb gibt es z. B. nur einen *Furgon* von Përmet nach Korça, der sehr frühmorgens aufbricht, um es überhaupt am selben Tag über die gebirgige Strecke nahe der griechischen Grenze zurück zu schaffen. Das kann man nicht wissen, das muss man erfragen!

Wenn man dies nicht rechtzeitig erfragt, verbringt man eben einen zusätzlichen Tag in Permet. Fast jedes Dorf wird vom *Furgon* angefahren, der sich aber nach den Bedürfnissen der Dörfler richtet, nicht aber nach jenen der Touristen, und beispielsweise morgens die nächstgrößere Stadt ansteuert, damit dort eingekauft, Behördengänge und Erledigungen gemacht werden können. Bereits am frühen Nachmittag wird er zurückfahren. Anschließend wird kein weiterer *Furgon* mehr fahren, das war es.

Eine Warnung an dieser Stelle: Alle Albanienneulinge, ob sie nun in Mietwagen, Militärlastern, Geländefahrzeugen oder *Furgons* unterwegs sind, machen ein und denselben Fehler, sie unterschätzen den Rauwiderstand Albaniens. Die goldene Regel lautet: Alles, was Sie zu unternehmen gedenken, wird mehr Zeit in Anspruch nehmen, als Sie glauben, sämtliche Pläne sich nicht ausgehen. Planen Sie daher gar nicht oder zumindest nicht zu detailliert – und wenn Sie unbedingt planen wollen, bauen Sie zumindest Puffertage ein, Sie werden diese brauchen! Wenn Sie gedenken, mit dem *Furgon* unterwegs zu sein, vergessen Sie jede Kalkulation auf der Basis von Strecke und Kilometeranzahl: Das Land wird sich strecken, die Straßen im Landesinneren werden schlechter sein, als Sie es für möglich gehalten hatten, und der Bus wird wesentlich häufiger anhalten, als Sie glaubten.

Mit dem *Furgon* fahren neben Backpackern und Touristen übrigens nur diejenigen, die darauf angewiesen sind. Tut sich eine Alternative auf, wird tunlichst diese genutzt, sie wird schneller sein und bequemer, angenehmer ans Ziel führen! Und sobald man es sich leisten kann, ist man schon aus Prestigegründen gezwungen, sich im Privatauto fortzubewegen.

69. Grund

Weil ganze Bevölkerungschichten vom Furgon abhängen während andere davon Abstand nehmen, wieder andere ein Abenteuer darin sehen

Blerta aus Tirana wirft mir ein bisschen vor, dass ich mich immer wieder in der Beschreibung von *Furgons* ergehen würde. Was für die Touristen ein Abenteuer sei und eine Erzählung wert, das sei für die Albaner ein notwendiges Übel und nichts Besonderes.

Zu meiner Verteidigung sei gesagt, dass ich seit Jahren fast ausschließlich im *Furgon* durch das Land reise und in der Mehrzahl der Fälle der einzige Ausländer an Bord war. Ausnahmen bestätigen die Regel, und die *bregu* im August ist eine solche, … da steht in Himara schon mal ein Fahrradfahrerpärchen am Straßenrand, das sich überschätzt und die Topografie der Küste unterschätzt hat, und erwartet, mitgenommen zu werden: Der Westphal-Lockenkopf winkt ab, keine Chance, eh schon komplett voll und wo um Gottes willen Fahrräder und die ganzen Taschen unterbringen? Es sind inzwischen die Touristen, die den sommerlichen Verkehr an der Küste zum Erlahmen bringen, die den Einheimischen die Plätze im *Furgon* wegnehmen.

Die größere Anzahl an Albanienbesuchern ist jedoch mit dem eigenen Fahrzeug unterwegs, dem Motorrad, dem Mietwagen, dem überdimensionierten Wohnmobil oder so einer wüstentauglichen Allradbestie. Denen wiederum obliegt es, aufgrund der Überholmanöver und der abrupten Stops auf die *Furgons* zu schimpfen. Dies gilt ebenso für Mendu, der seit Kurzem ein eigenes Auto hat, das zwar wesentlich teurer zu bewegen ist als ihn eine Fahrt im *Furgon* käme, der immer schon auf die *Furgons* geschimpft hat, auf deren wilde Fahrweise, den Zeitaufwand und die Frechheit der Fahrer, die einen im Nirgendwo in das Restaurant eines Cousins stoßen und 20 Minuten Pause verfügen …

– *Njezed Minute pushime!*

… nur um nach 15 Minuten Leergas zu geben und alle wieder einzusammeln, obwohl diese noch bei Kaffee oder *Byrek* sitzen.

Die gleichzeitig telefonieren und unnötige Überholvorgänge einleiten. Die ebenso scharf abbremsen, wie sie anfahren. Die so tun, als müssten ihre Fahrgäste den Flieger erreichen, um dann bei nächster Gelegenheit den Wagen auf offener Strecke anzuhalten, die Scheibe herunterzukurbeln und Informationen mit einem entgegenkommenden Fahrzeug bzw. dessen Fahrer austauschen:

– Und die Familie?

– Auch gut.

Aber das heißt nichts, den Mendu schimpft nunmehr, da sich die *Furgons* für ihn erübrigt haben, auf die Straßenverhältnisse, er schimpft auch auf diejenigen Straßen, die eigentlich gut sind, sich jedoch pittoresk an den Hängen entlangziehen und keine Kurve auslassen. Mendu würde am liebsten Brücken spannen, das Land begradigen und Berge dort abtragen, wo sie im Wege stehen. Wo sie gut zum Hiken sind, dort dürfen sie stehen bleiben, gesetzt sämtliche Wege werden markiert und zu Hikingautobahnen. Mendu will, dass die Zeit zum Pfeil wird, dass *Furgons* andere Wege nehmen als die Privatautomobile, sich auf einer anderen Zeitebene verstecken.

Für Alfons wiederum gilt, dass der soziale Aufstieg mit einem *Furgon*verzicht einhergeht. Alfons ist in Lohn und Brot, hat Familie, einen schwarzen SUV aus Deutschland und eilt mit diesem zwischen Naraç und Tirana hin und her. Ihm fehlt die Zeit für den Furgon und es würde sich schlicht nicht ziemen, der *Furgon* ist nicht mehr für ihn, der *Furgon* ist für die anderen – für jene Bevölkerungsschicht, die Alfons hinter sich gelassen hat.

70. Grund

Weil es eine Manufaktur gibt im Tiranaer Vorort Kamez, die vor der Auslieferung dekorative Steinschlagspuren auf die Windschutzscheiben der Furgons anbringt

Gibt es nicht. Könnte es aber geben. Jedenfalls gibt es keinen TÜV in Albanien: Entweder das Ding fährt, oder es fährt nicht. Wüsste auch nicht, dass es Richtlinien für Reifenprofile gibt, mag mich da aber täuschen.

71. Grund

Weil erst der Hauptplatz da war, dann die Prachtstraße dazukam und dann erst die Stadt

In der Mitte der Spinnweben an *Furgon*verbindungen sitzt genau eine Stadt, die immer, aber wirklich immer gut zu erreichen ist, weil alle dorthin wollen: Tirana, die Hauptstadt. Dort und in der Agglomeration wohnt gut ein Drittel der Albaner, und es werden weiterhin mehr. Mangels Industrialisierung gab es in Albanien keine Landflucht, und erst seit den 90er-Jahren zieht es die Menschen in die Hauptstadt, von der sie sich ein besseres Leben versprechen, dieses Versprechen aber selten erfüllt finden.

Wie so viele der großen Städte ging Tirana aus einem Marktflecken hervor. In der fruchtbaren Ebene rund um die heutige Millionenstadt siedelten zu osmanischer Zeit um 1600 etwa 20.000 Menschen in über 100 Ortschaften. Tirana stellte damals so etwas dar wie den zentralen Marktflecken der Dörfer, lag am Flusslauf und lud zum Jahrmarkt sowie zum Bazar ein. Aufgrund der durchreisenden Händler wurden daher eine Karawanserei und ein Hamam gebaut – 1617 von Sulejman Pascha Barginj, der als Stadtgründer von Tirana gilt. Der Flecken hatte aber über die nächsten Jahrhunderte nicht annähernd die Bedeutung, die der nahen Festungsstadt Kruja zukam. Diese war politisches und administratives Zentrum. Erst nach der Unabhängigkeit wurde Tirana 1920 einigermaßen überraschend zur Hauptstadt erklärt, und moderne Strukturen wurden geschaffen: Der Clanchef Ahmed Zogu, zunächst Präsident Albaniens, dann dessen König (indem er sich selber dazu ausrief!), ließ einen Palast bauen und legte den zentralen Platz an, den heutigen Skanderbeg, der lange Zeit als Hauptmarkt diente. Entlang einer mit italienischer Hilfe und Geldern gebauten Prachtstraße entstanden die Ministerien. Auf Fotos aus jener Zeit sieht man, wie der Boulevard wortwörtlich ins Nichts hineingebaut wurde, links und rechts davon keine Häuser, keine Strukturen, keine Stadt. Joseph Roth weilte 1927 in Tirana und beschrieb das Mit- und Ineinander osmanisch-dörflichen und modern-städtischen Lebens wie folgt:

Diese verschleierten Frauen, diese hundert herrenlosen Hunde, die der Wind an der Leine führt, diese Fese auf den Köpfen und die Turbane über bärtigen Gesichtern. (…) Schon gibt es eine Bank mit italienischen, langsamen Beamten, mit Kursen, aufgespießt auf Tafeln wie Schmetterlinge, mit einem Direktor, der Transaktionen hingegeben ist. Schon trägt der Wirt meines Hotels in der ledernen Pistolentasche Kleingeld, auf seinem Buffet sammeln sich die ersten Schwalben der Zivilisation, Whiskey, Wermut, Fernet Branca.

Heute platzt die Hauptstadt aus allen Nähten, neue Wohnviertel werden in Wellen aus dem Boden gestampft, um es mit dem Zuzug aufzunehmen. Die erste Welle kam schon in den 90ern, mit der zweiten wurden die Gebäude noch höher, die dritte pflanzte veritable Hochhäuser in die Stadt. Es ist, als würde Tirana überwuchert werden, während sich am Boden kaum etwas geändert hat, während an den Straßenecken Maiskolben verkauft, Maronen geröstet und Schuhe geputzt werden. Und zwischen den Stichstraßen ist Tirana immer noch ein Dorf: Dort stehen einstöckige Häuser, mit Toren und Mauern bewehrt, dort krähen die Hähne, und nachts bellen die Hunde.

72. Grund

Weil Straßennamen nicht zählen und Namen insgesamt keine große Sache sind, es sei, man will blenden

Vergessen Sie Straßennamen, fragen Sie nach Gebäuden, Institutionen oder Familien! Ich habe mir einmal, eine Ecke von der Ismail-Qemali-Straße entfernt den Spaß gemacht, nach der Ismail-Qemali-Straße zu fragen. Keiner der Umstehenden wusste eine Antwort, aber alle waren ernsthaft bemüht, mir zu helfen. Erst als ich zu erkennen gab, dass ich zum Deutschzentrum wollte, erhellten sich die Gesichter: Ja klar, das sei um die Ecke, nur ein paar Minuten zu Fuß, *s'ka problem!*

Ich will mit dieser kleinen Anekdote demonstrieren, dass Orientierung nicht überall so funktioniert, wie unsereins das gewohnt sein mag. Dies hängt mit der Absenz jeglicher Karten während des Kommunismus zusammen: Wo unsereins von Kindesbeinen an gelernt hat, sich gewissermaßen anhand der Vogelperspektive zu orientieren, ist der albanische Blick horizontal ausgerichtet und fällt auf einzelne Gebäude sowie Wahrzeichen. Zudem gelten die offiziellen Straßennamen als Einfälle der Obrigkeiten, die sich schnell wieder ändern könnten. Wenn überhaupt, dann ist es der Volksmund, der die Bezeichnungen verleiht, und der verfährt stets pragmatisch, wie man an vielerlei Beispielen sehen kann. Ich darf mir an dieser Stelle die Bemerkung erlauben, dass »Orientierung« ein Begriff aus der Kartografie ist: Das französische Verb *orienter* bedeutete, eine Karte so auszulegen, dass der Nabel der Welt, also Jerusalem und damit der Orient, jener Teil der Welt, in der die Sonne aufgeht, oben liegt. Heute ist dies der Norden, heute ist immer der Norden oben auf Karten.

Straßennamen und Hausnummern haben auch im heutigen Albanien bei Weitem nicht die Bedeutung, die bekannten Gebäuden, Institutionen oder Sehenswürdigkeiten zukommt. Hausnummern haben sich erstmals die französischen Obrigkeiten zu napoleonischer Zeit einfallen lassen, damit das Steuereintreiben leichter fiele, zwecks schnellerer Orientierung! Sollten Sie auf dem Land unterwegs sein, fragen Sie nach der Familie, nicht nach der Straße! Letzteres macht keinen Sinn. Selbst in Städten wie Saranda hat die Bevölkerung die Taufnamen der neuen Straßen am Hang nie angenommen, die *Rruga e pestë* bezeichnet wörtlich die fünfte Querstraße – vom Hafen aus gesehen. Selbst ich müsste nachschauen, wie deren eigentlicher Name lautet – ich habe keine Ahnung, obwohl ich dort wochenlang gelebt habe. Man zählt die Straßen einfach durch, was regelmäßig zu schönster Verwirrung führt, wenn die Touristen in die »zweite

Straße« geschickt werden, diese jedoch von der ersten kommend zunächst die übernächste aufsuchen, um sodann von dort zurückgeschickt zu werden.

Der Februar heißt in Albanien *shkurt*, also der Kurze, eine Möwe, *pulëbardhë*, ist ein Weißhuhn, *Saranda* ist griechisch und bedeutet schlicht »Vierzig« – abgeleitet vom Kloster der vierzig Heiligen oberhalb des Stadtkerns. Und was glauben Sie, wofür der Taufname *Mbarim* steht? Kommt vom Verb *mbarosh:* abschließen, beenden. Richtig, so werden Letztgeborene genannt – vorsätzlich, nach dem Motto: Jetzt ist aber auch mal gut! Der Name stirbt allerdings aus, bzw. geht zusammen mit der Geburtenrate zurück, die vor 40 Jahren noch bei 6 Komma noch was war und inzwischen bei 1,7 liegt.

Verheißungsvolle Bezeichnungen, also unpragmatische Namen, sind mit Vorsicht zu genießen: Das *Hotel Belvedere* ist von weiteren Gebäuden umstellt, sodass sich garantiert kein Meerblick ergibt. Ganz sicher residiert das *Hotel Tradition* im Neubau und offeriert kontinentales Frühstück. Der *Villa Charme* mangelt es genau an diesem, und in der Lounge des *Hotel Parks* stirbt eine Yuccapalme vor sich in. Das *Hotel Welcome*, nun ja … Übrigens lassen die Hoteleigentümer nicht nur bei der Namengebung Fantasie walten, sondern auch bei der Anzahl an Sternen: ob es sich um ein 2- oder 3-Sterne-Hotel handelt, hängt lediglich von der Auffassung der Besitzer ab, nicht jedoch von der Ausstattung. Es gibt in Albanien keine Instanz, welche die Vergabe von Sterne regeln oder kontrollieren würde. Deshalb sind die fünf Sterne jenes Hotels in Durrës, dessen seitliche Balkons unmittelbar an die Brandmauer des Nachbarhotels stoßen, auch der allgegenwärtigen Überbietungsstrategie geschuldet und als Ornamente zu betrachten. Das Hotel steht in vierter Reihe, vermietet *Dhoma Plazhi* (wörtlich: Strandzimmer) und nennt sich … richtig: *Seaview Five Stars*.

73. Grund

Weil es im gesamten Land keinen einzigen McDonald's gibt, wohl aber eine Fast-Food-Kette, die dem Original auffällig ähnelt

Albanien gehört zu der Handvoll an Ländern, in denen die amerikanische Fast-Food-Kette McDonald's nicht vertreten ist – neben den meisten afrikanischen Staaten sind dies aus naheliegenden Gründen unter anderem Iran, Kambodscha, Jemen, Nepal oder Nordkorea. Dass McDonald's es nicht nach Albanien geschafft hat, liegt jedoch nicht an der politischen oder wirtschaftlichen Lage: Das Investitionsklima ist gut, und insbesondere in Tirana zeigt sich sichtbar der Aufschwung. Es liegt auch nicht daran, dass Burger angesichts des Straßenverkaufs von *Qofte* und *Byrek* überflüssig wären. Der Grund ist vielmehr, dass es dort die Fast-Food-Kette gewissermaßen schon gibt.

Deren Name lautet zwar *Kolonat,* Farbgebung, Logo und Interieur sind jedoch allesamt den Amerikanern abgesehen, und wer unaufmerksam vorübergeht, könnte meinen, er habe es mit einer Filiale von McDonald's zu tun. Kolonat hat sich überall dort breitgemacht, wo sich das Geschäft lohnt, und lässt kaum Platz für Konkurrenz. Die Speisekarte hat mit der von McDonald's jedoch nur wenig gemein, im Kolonat verkauft man neben dem Flaggschiff, dem *Skanderburger*, auch *Gyros* und *Souvlaki* sowie Pastagerichte. Verwechslungsgefahr scheint trotz der Unterschiede aber zu bestehen, denn immer wieder zeigen sich Gäste auf einschlägigen Internetportalen im Anschluss an einen Besuch empört … weil sie das alles ein wenig anderes erwartet hatten!

Burger King hat es übrigens bislang auch nicht nach Albanien geschafft, KFC hingegen unterhält seit Neuestem eine Filiale in der *Rruga Ibrahim Rugova* und versucht sich gegen die schon lange etablierte Konkurrenz – das ist jetzt kein Witz – von *AFC* durchzusetzen, von *Albanian Fried Chicken*!

74. Grund

Weil der Alte Bazar von Gjirokastra nicht der alte ist, und seit Kurzem schon gar nicht

Es ist Frühling im Jahr 2019, und ich habe in die Silberstadt zurückgefunden: Das Wunder ist, dass ich mein Leben genau dort wieder aufnehme, wo ich es mit der Stadt drei Jahre zuvor verlassen hatte.

Gjirokastras Gedächtnis ist gut und lang, und man erinnert sich an mich: Man erzählt sich, ich sei mehrere Monate in der Stadt gewesen, was nicht stimmt. Aber ich habe damals ausreichend Zeit dort verbracht, um nicht nur einige ihrer Bewohner zu kennen, sondern auch ihre Rhythmen. Deshalb stehe ich früh auf, noch bevor die Oboen im Konservatorium gegenüber mit den Tonleitern beginnen. Ich weiß, kurz nach sieben wird meine Wirtin klopfen, um mir Käse, Honig, Butter und Brot samt einem Kännchen *Çaj Mali* auf einem runden Aluminiumtablett ins Zimmer zu reichen. Noch vor acht muss ich los, um hochzusteigen zum Bazar, denn morgens nimmt man gemeinsam den Kaffee ein, bevor es gegen neun ans Tagwerk geht. Das ist so, in Gjirokastra.

Morgens sitzen wir deshalb beim Kaffee, morgens kurz nach acht am *Qafa i pazarit*, als draußen die Presslufthämmer den Seitenstreifen lösen, der aus Steinplatten besteht, die mal mehr, mal weniger breit sind. Sie werden weggerissen und mit ihnen die Flächen vor Totos Café, weil von nun an gleichförmige Steinplatten verlegt werden sollen, gleich groß, gleich quadratisch. Toto verteidigt uns gegen die Arbeiter, er schindet zehn Minuten heraus, auf dass wir den Kaffee draußen noch leeren können.

Was ist die Seele einer Stadt? Sicherlich nicht die reine Struktur, sicherlich nicht die Ansicht der Fassaden, so wie sie vor 200 Jahren ausgesehen haben mögen. Die Seele einer Stadt, das ist die Art und Weise, mit der die Menschen, die in ihr wohnen, sie nutzen: Es ist das, was diese hinzufügen, wegnehmen, ergänzen. Das Leben ist die Improvisation, die Begrenztheit der Mittel, die Vielstimmigkeit: Die Stadt, das sind die Menschen und nicht in erster Line die Gebäude. Die Stadt, das ist, was ihre Bewohner aus ihr machen. An der Vielfalt erkennt man das Leben, ob in Städten oder in der Natur. Gjirokastras altem Bazar wird diese Vielfalt ausgetrieben, mit Gewalt muss man sagen.

Es ist ein Wahnsinn: Sämtliche Häuser haben dieselben Blumenkästen verordnet bekommen, die Türen und Fenster sind die gleichen, gleichzeitig eingebaut und aus dem gleichen Holz, die Geschäfte werden von einheitlichen Schildern bezeichnet, und man hat den Läden die unterschiedlichen Markisen verboten. Wo zuvor verschiedene Farben und verschiedene Größen für Veschiedenheit sorgten, befinden sich nunmehr einheitlich beige Sonnendächer, die allesamt zu kurz geraten sind, um wirksam vor der Sommersonne zu schützen. Es ist das Werk amerikanischen Geldes, die UNESCO soll involviert sein, mit der Bauausführung ist eine Firma beauftragt, die – vorsichtig formuliert – schon zuvor in Gjirokastra Mangel an Sensibilität und Kenntnis demonstriert hat. Die entsprechende Grundregel ist: Wenn das Geld aus Tirana kommt, fließt es auch dorthin zurück. Die Straßen sind sämtlich aufgerissen, an allen Ecken wird gleichzeitig gearbeitet, kein einziger der Arbeiter stammt aus Gjirokastra, alle wurden importiert.

Ein Freund von mir meint, man müsse nur den Regen abwarten, dann würde sich das neue Pflaster von selbst wieder lösen, aufbegehren würde es, sich wehren dagegen, dass man das alte der Stadt herausgerissen habe, um es nun neu und schlechter zu imitieren. Er sagt: Was soll's, das, was alle Welt den alten Bazar nennt, ist doch eh der neue, der alte sei noch weiter unten gewesen und sei von der Geschichte gänzlich verschluckt worden. Ob ich denn glauben würde, dass eine Stadt wie Gjirokastra, die so viele an Siegern kommen und gehen gesehen habe, nicht auch das amerikanische Geld überleben würde? Noch sei jeder Herr hier gestürzt worden, auch der neue würde bald wieder vergangen sein.

75. Grund

Weil ganz Albanien ein einziges Kaffehaus ist

Also: In Gjirokastra trifft man sich frühmorgens zum Kaffee, vorzugsweise am *Qafa i pazarit*, im alten Bazarviertel. Die Kaffeezeit ist streng befristet, und die meisten Besucher der Stadt verpassen diese deshalb, weil sie noch im Hotel und der Pension sind, um dort zu frühstücken. Ich empfehlen Ihnen daher, gehen Sie *vor* dem Frühstück hinauf zum Bazar, um dort einen ersten Kaffee einzunehmen. Denn es gibt niemanden, der um neun Uhr sitzen bliebe, einen zweiten Kaffee tränke und den Tag vergeudete. Nicht in Gjirokastra, wo Schnaps Schnaps ist und Arbeit Arbeit. Und wer keines hat, der sucht sich ab neun Uhr ein Tagwerk oder gibt vor, eines zu haben. Wichtig ist die Bewegung, wichtig ist der Wechsel.

Nicht überall in Albanien ist dem so, nicht überall herrschen die strengen Rhythmen der Stadt aus Stein. Andernorts sind die Übergänge fließender, und beim Kaffee wird gerne und ausgiebig verweilt. Gerade dort, wo wenig zu tun ist und kaum Arbeit, ist das Kaffeehaus die hauptsächliche Anlaufstelle. Kaffee ist günstig, und vor einem Tässchen lässt sich stundenlang sitzen. Und auch dort, wo es viel zu besprechen gibt, wo Geschäfte gemacht werden, ist das Kaffeehaus die erste Wahl. Ganz Albanien ist ein einziges Kaffeehaus, und alles findet beim Kaffee statt: In Tirana *verlässt* man für Besprechungen das Büro. Vorbesprechungen für wichtige Besprechungen, die aufgrund der Anwesenheit von Ausländern in Büros geführt werden müssen, finden ebenfalls im Café statt. Sie wollen eine Wohnung anmieten? Noch vor der Besichtigung werden Sie den Wohnungseigentümer zum Kaffee treffen. Machen Sie jetzt jedoch nicht den Fehler, mit der Tür ins Haus zu fallen und etwa nach Quadratmetern oder Badausstattung zu fragen. Das wäre unhöflich, befleißigen Sie sich stattdessen des Grundes Nr. 18, fragen Sie nach Familie und Kindern. Das Gespräch wird von alleine auf die Wohnung kommen.

Sollten Sie mit dem Auto in Albanien unterwegs sein, empfehle ich Ihnen Folgendes: Suchen Sie sich unterwegs eine Bar, irgendeine Bar, eine völlig beliebige. Steuern Sie im allerletzten Kaff den Wagen an den Straßenrand und nehmen Sie in der gottverlassensten Bar der Welt Platz. Trinken Sie dort Ihren Kaffee und lassen Sie sich Zeit. Gott und die Zufälle werden es Ihnen reichlich lohnen …

Kaffee ist übrigens ausschließlich gut, überall in Albanien, in jeder Bar. Immer steht dort eine italienische Kaffeemaschine und jemand, der diese zu bedienen weiß. Nur mit der Deutschen Vorliebe für Cappuccino, mit der hat man es in Albanien nicht so, über diese staunt man ein wenig und sucht hektisch nach dem Milchkännchen.

76. Grund

Weil die Wassertanks auf den Flachdächern aussehen wie außerirdische Parasiten

Neben den oberirdisch verlaufenden Stromkabeln (die Haus um Haus, Wohnung um Wohnung mit dem Stromverteiler verbinden und daher ein eigenes Netz bilden, das immer und überall im Weg ist, wenn es um das Fotografieren geht) fällt den Besuchern Albaniens an den ersten Tagen vor allem eines auf: die Tönnchen aus Metall oder Plastik, die auf Stelen über den Flachdächern schweben. Da zudem Rohre in das Innere der einzelnen Wohnungen führen und sich auf den Dächern von Mietshäusern ganze Schwärme dieser Tönnchen mit Spinnenbeinen niedergelassen haben, scheint es, es handelte es sich um außerirdische Parasiten, die ganz Albanien fest im Griff haben.

Die Wahrheit ist profaner: Es handelt sich um Wassertanks. Denn einen Wasservorrat anzulegen ist nötig, da vielerorts Wasser nur zu bestimmten Uhrzeiten geliefert bzw. in das System gepumpt wird. Dann muss man zu Hause sein, um seinen Bedarf zu entnehmen.

Man pumpt dann das Wasser auf die Dächer, um es später durch die Fallhöhe auch mit der aussetzenden Elektrizität aufnehmen zu können. Man hat also auch dann noch fließend Wasser, wenn sowohl die Wasser- als auch die Stromversorgung zum Erliegen kommen. Dass man sich in Albanien durch derlei Maßnahmen mit dem Mangel eingerichtet hat, ist jedoch kein Grund, die Regierung nicht genau dafür anzugreifen: dass sich gar nichts geändert hat in den letzten 20 Jahren. Dass noch immer jemand zu Hause ausharren muss, um nachmittags, wenn es sowohl Wasser gibt als auch Strom, die Tanks für den Abend zu füllen. In Gjirokastra ist dies in der Altstadt der Fall, die Neustadt hingegen hat den gesamten Tag lang sowohl Strom als auch Wasser.

Die andere Auffälligkeit sind die allüberall in den Himmel ragenden Moniereisen. Aber sprechen wir besser von Bewehrungsstahl, denn genau so verhält es sich: Die Armierungen sind im Beton auf Bewährung versenkt – mag sein, dass es zu einem zweiten Stockwerk kommt, kann aber auch sein, dass nicht. Private Bautätigkeit wurde jahrzehntelang ohne Kredite besorgt; wem das Geld ausging, dem fehlten letztlich schnell die Ziegel. Dies ist *ein* Grund für die zahlreichen Investitionsruinchen links und rechts der Strecke. Ein anderer ist die wilde Bautätigkeit: Fast geschlossen wird ohne Genehmigung gebaut, und zwar nicht dort, wo ein Flächennutzungsplan Erschließung, Kanalisation und Strom vorsieht, sondern dort, wo man Land besitzt. Zwar wird versucht, während oder nach dem Bauen für die entsprechenden Papiere zu sorgen. Dies aber kann aus dem einen oder anderen Grund schiefgehen und einem die Legalisierung verwehrt werden. Dann bleibt so ein Bau als Skelett in der Landschaft stehen oder wird staatlicherseits wieder eingerissen, ganz wie es im jeweiligen Fall angebracht erscheint (vgl. Grund Nr. 108).

77. Grund

Weil »Bregdet« weder ein Dorf ist noch eine Stadt, wie ich jahrelang dachte

Jahrelang habe ich mich gefragt, wo dieses »Bregdet« liegt. Auf keiner Karte fand ich es verzeichnet, obwohl eine große Anzahl an *Furgons* genau dort hinfuhren – jedenfalls stand es auf den Schildern hinter der Windschutzscheibe angeschrieben: »Vlora – Bregdet – Saranda«. Zwischen Vlora und Saranda aber lag mit Himara ausschließlich eine einzige größere Stadt, sonst nur die Dörfer, deren Namen ich sämtlich kannte: Palasë, Dhërmi, Vuno, Amerika und so weiter … aber kein Bregdet.

Ich muss sogar gestehen, dass dieses Unwissen sich auch dann noch nicht aufgelöst hatte, als ich schon ein bisschen Albanisch gelernt hatte und relativ regelmäßig an die Riviera fuhr, an die *Bregu i Detit*. …Moment mal: Bregu i Detit? Bregdet? BREGDET! Bregu i detit = Bregdet! … auf den Furgons steht also die Strecke angeschrieben, dass sie die Küste abfahren und nicht etwa durchs Inland! Ist ja auch logisch, sonst würde man noch aus Versehen in den falschen einsteigen und nicht in Dhërmi, sondern in Tepelena landen. Und wer will schon nach Tepelena?

78. Grund

Weil über Ksamil angeblich schon alles gesagt ist, wie man auch zugibt: »Të gjitha jua kemi thënë …«

Ksamil war schon zu den Zeiten des Kommunismus bekannt und berühmt, einerseits für die Strände, andererseits für die roten Füße, die jeder bekommen hat, der über den gestampften Boden des Dörfchens gelaufen ist. Von der roten Erde jedoch kann man heute nichts mehr sehen, denn in Ksamil herrschen Asphalt und Beton: Ksamil ist in den letzten Jahren über die Landesgrenzen hinaus bekannt geworden und wird inzwischen gezielt für Badeurlaub angesteuert.

Ich übersetze hier aus einem albanischen Reisemagazin mit mehr Anzeigen als Artikel – und mit Artikeln, die so kurios nichts- und vielsagend zugleich sind, dass wir der Redaktion einfach mal das Wort überlassen, wenn es um Ksamil geht: »Was lässt sich über Ksamil noch groß schreiben, alles ist bereits gesagt. Ksamil hat sich selbst übertroffen: Jeder will dorthin. Alle haben sich in die beeindruckenden Inseln verliebt und niemand schert sich um den Andrang im Juli und August, Hauptsache man ist dort!« Nun gut. Ich bin halt nicht jeder und auch nicht soooo leicht zu beeindrucken. Ich schere mich hingegen schon darum, wie voll die Strände sind, ob ein Betonapartment an das andere grenzt. Und die sozialen Medien mit mühsam inszenierten Fotos zu bespaßen, ist jetzt auch nicht mein Ding: Ksamil verdankt seinen Ruhm all jenen Fotos, die vom Strand und den Unterkünften weg aufgenommen wurden, über das azurblaue Meerwasser, hin zu den vier Inselchen.

Auf diesen Aufnahmen hat Ksamil in der Tat etwas Karibikartiges, wovon Instagramer extrem profitieren – ein Eindruck, der sich durch eine landseitige Fotografie angesichts des Stakkatos an groben Betonneubauten durchaus bestätigen könnte, was aber nicht ganz so chic rüberkommt. Überhaupt ist das karibische Flair auch den frühjährlichen Renovierungsarbeiten geschuldet, in deren Rahmen lastwagenweise Sand am Meeressaum ausgebracht wird, damit der Strand möglichst breit bleibt und entsprechend viele Liegen aufnehmen kann.

Besagtes albanisches Magazin empfiehlt überdies, nicht nur am Strand von Ksamil abzuhängen, sondern auch die Inselchen zu erkunden – die in einer Entfernung von 20 bis 200 Metern von dem bewirtschafteten und beschallten Badestrand in den unendlichen Weiten der azurblauen See liegen, so fern der Zivilisation, dass es dort schwer werden könnte, ein kaltes Corona zu bestellen! Also Obacht! Natur pur! Ich schließe mich dieser Empfehlung nicht unbedingt vorbehaltlos an, denn zwei der Inselchen sind ein Schutzgebiet, auch wenn das in besagtem Magazin verschwiegen wird. Zudem ist dort schon vorübergehend die eine oder andere Strandbar entstanden (um den Corona-Engpass zu beheben), die jedoch wieder weggesprengt wurde, was beides dem Schutzgebiet nicht so gutgetan hat.

Auch würde ich mir noch den Hinweis erlauben, dass der Juli und vor allem der August dem Naturgenuss eher abträglich sind. Weiterhin möchte ich darauf hinweisen, das Ksamil genau fünf Meilen von Saranda entfernt liegt. Da kommt nämlich der Name her: *ksa mil* bedeutet »fünf Meilen« (vgl. Grund Nr. 72). Geht also auch als Tagestour, nur so als Tipp. Sollten Sie allerdings Urlaub machen wollen wie in einer Miniaturausgabe von Lloret de Mar oder Marbella: Willkommen in der albanischen Karibik! Das bisschen Partyvolk können Sie ab! Und wo wir schon beim Bashing sind: Doch, doch, Shengjin im Norden ist eine Alternative – also zu Ksamil, nicht jedoch für geruhsame und naturnahe Sommerfrische. Jenes ist fast so spektakulär wie dieses, allerdings mit höheren Neubauten und minus Inselchen.

Dass Ksamil auserzählt ist, kann ich so auch nicht stehen lassen, denn zumindest die kosovarischen Investoren verdienen Erwähnung, die dort ihre Landsleute mit günstiger, fleischlastiger Küche versorgen und die Übernachtungen zu vernünftigeren Konditionen anbieten als ihre albanischen Gegenspieler. Diese haben sich so sehr an den scheinbar nicht versiegenden Strom an Besuchern gewöhnt, dass sie (für bis zu 60 € die Nacht) ihre hellhörigen Hotelchen von hinten füllen und das schlechteste, dunkelste Zimmer zuerst belegen. Mit einem Wort: Man wird dort, wo man glaubt, an den Futtertrögen zu sitzen, sehr schnell unverschämt. Und das ist sehr, sehr unalbanisch!

79. Grund

Weil Ihnen alles passieren kann, sobald Sie auswärts essen …

Wenn Sie in Albanien essen gehen, kann Ihnen alles passieren. Sie können freundlich und neugierig empfangen werden und den schmackhaftesten Tomatensalat bekommen, den Sie je gegessen haben (bei Alqi übrigens, Restaurant »Perla«, kurz vor Lukova, nachdem das Tal von Bunec durchquert ist, ganz heißer Tipp!

Alqi und Frau haben auch bei Regen offen, wenn alle anderen zumachen, weil es ja regnet, kann dann aber sein, dass Alqi gerade im *kopsht* ist, denn das Gemüse ziehen sie selber. Die *qofte* gehören ganz sicher zu den besten Albaniens! Unbedingt Grüße von mir ausrichten, also von Jorgo, ich bin viel zu selten dort!). Man drängt Sie dazu, das Ziegenfleisch zu probieren, und um den hausgemachten Raki kommen Sie nicht herum.

Sie kamen als Gast und gehen als Freund, als Gastfreund. Genauso kann es sein, dass Sie niemand an den Tisch geleitet, der Kellner Sie lange ignoriert, weil es einen wichtigeren Tisch gibt, an dem sagen wir jemand Einflussreiches aus Tirana zusammen mit dem Boss sitzt. Und um mehrere Dinge gleichzeitig zu tun, die Aufmerksamkeit gerecht und professionell zu verteilen, sämtliche Gäste im Auge zu behalten, dafür fehlt es den (meist jungen und männlichen) Servicekräften an Kapazität. Gjergj sagt, sie seien wie die Fische und hätten ein Gedächtnis von etwa drei Sekunden.

80. Grund

... insbesondere an der südlichen Küste aber Qualität und Quantität mit steigenden Touristenzahlen abfallen

Mit der Überquerung des Llogara-Passes steigen seit Neuestem die Preise, die Qualität jedoch sinkt. Dauert in Durrës die Saison von Mai bis Oktober, so kann an der Bregu i Detit lediglich im Juli und August abgeerntet werden. In Durrës kostet das Bier 50 Cent, an der südlichen Küste ist es das Dreifache. Nach Durrës kommen die Kosovaren dank der Autobahnverbindung auch mal für ein Wochenende, nach Dhërmi zieht es eher die Hautevolee Tiranas. Dort stöckeln die Mafiabräute über Pflastersteine, und Geld ist dafür da, gezeigt und ausgegeben zu werden. In Amerika macht man Witze über die Bevölkerung Dhërmis und deren unbedingten Willen, aber auch alles zu Geld zu machen und Selbstverständlichkeiten mit Preisen auszustatten. Als ein einschlägig bekannter Tavernenbetreiber bei Gjergj des frischen Wildfisches wegen zu Gast war, hat dieser jenen zunächst den Fisch aussuchen lassen, dann den Fisch gewogen, danach erst ausgenommen. Als Protest aufkam, sagte Gjerj:

– Aber in Dhërmi macht ihr es doch genauso: Erst wiegt ihr die Touristen, dann nehmt sie aus!

Das Aufladen des überdimensionalen Mobilfunkgerät des Gastes hat Gjergj mit 200 Lek auf der Rechnung vermerkt, ganz genauso wie es in Dhërmi neuerdings Brauch ist. Am Tisch jedoch, als er zusammen mit dem prominenten Gast die Rechnung durchging, hielt er inne, nachdem er die Position verlesen hatte, strich sie und entschuldigte sich für die Unhöflichkeit: Der Kellner sei schuld, dieser habe in der Saison zuvor in Dhërmi gearbeitet, gewisse Flausen seien ihm nicht auszutreiben.

Einfacher Tipp, gilt nicht nur für die Küste: Suchen Sie die familiär geführten Restaurants auf, dort wird verlässlich Qualität geboten und die Preise bleiben schon deswegen im ortsüblichen Rahmen, weil man dort einen Ruf zu verlieren hat. Und noch etwas: Weder der Kellner noch der Restaurantbesitzer werden Ihnen explizite Vorschläge machen, was Sie essen sollten. Dies ist in Albanien ebenso wie Tageskarten oder Wochenmenüs völlig unüblich, schließlich müssen Sie wissen, was Ihnen am besten schmeckt und wonach es Ihnen gerade gelüstet. Fragen Sie stattdessen einfach nach dem Leibgericht, dann gibt man auch Antwort!

81. Grund

Weil selbst Schmetterlinge ihr Glück im Ausland suchen

Die Berge trugen einen Schleier, der Mali i Çikës verschwand im Dunst. Die Hügel glühten vor Hitze, und nur noch unten am Meer gab es morgens ein paar kühlere Stunden. Der Strand hatte sich gefüllt, und in der Taverne war es während Emilijas zweitem Aufenthalt ein bisschen anstrengend geworden, nicht nur wegen der vielen Gäste, sondern auch deshalb, weil Teile der Belegschaft ihr nachgestellt hatten. Ein »Nein« markiert in Albanien oftmals den Beginn von Verhandlungen und kommt der Aufforderung gleich, sich stärker ins Zeug zu legen. Also waren wir hinaufgezogen, hatten einige Tage in Haus und im Garten verbracht, ich hatte geschrieben, Emilija gelesen. Erst anschließend, nachdem sie endgültig nach Norden weitergezogen war, war ich wieder hinuntergegangen zu meinem Zelt.

– *So the Emily go only yesterday?*, sagte Gjergj.

– *How do you know?*

Gjergj grinste und tippte auf sein Smartphone:

– *Phone works!*

Das Ionische Meer hatte sich aufgeheizt. Ich schwamm ein wenig hinaus, um in die kältere Strömung zu kommen, als mir ein Schmetterling auffiel, der zielstrebig auf das offene Meer flog. Kurz darauf ein zweiter, dann ein dritter und vierter, so viele, dass ich schnell zu zählen aufhörte. Als hätte es einen unsichtbaren Korridor gegeben, folgte im Abstand von wenigen Augenblicken jeweils ein Schmetterling dem anderen. Was war denn da los? Kollektiver Selbstmord, kollektive Verwirrung, eine Auswanderungsbewegung? Angestrengt versuchte ich auszumachen, wie weit die Schmetterlinge denn fliegen würden, wann die Kraft nachlassen würde und sie ins Meer fielen, den Fischen zum Futter!

Allein, das geschah nicht, ich konnte das Ende ihres Fluges nicht ausmachen und auch kein Taumeln sehen. Machten die sich etwa auf den Weg nach Italien? Später habe ich nachgesehen, und siehe da, es gibt in der Tat Wanderfalter: Schmetterlinge wie der Distelfalter legen im Jahr 15.000 Kilometer zurück, kein Scherz! Der überwintert in Afrika. Dies aber weiß man erst seit 2009, als die Population sprungartig anwuchs und die ungefähr elf Millionen Schmetterlinge, die auf dem Weg in die Sommerfrische den Ärmelkanal überwanden, nicht zu übersehen waren. Ähnlich verhält sich der nordamerikanische Monarchfalter sowie der Langstreckenzieher, der auch noch so heißt. Es waren also wirklich albanische Auswanderschmetterlinge auf ihrem Weg nach Bari, nach Brindisi und Puglia. Aber ganz gewiss nur, um dort Zwischenstation zu machen. So wie die drauf waren, wollen die bestimmt noch weiter. Nach Amerika!

VI

Laute des Berglands

82. Grund

Weil man wirklich aufbrechen muss, wenn man aufbrechen will, und weil man wirklich unterwegs ist, sobald man unterwegs ist – keine halben Sachen!

Hoch gestiegen bin ich zu Theodoras Haus, habe gesagt, Göttin, ich werde für ein bis zwei Wochen in den Norden entschwinden: Erst nach Shkodra gehen, dann nach Thethi, von dort nach Valbona. Keine 400 Kilometer auf der Karte, aber eine ganze Welt entfernt. Es braucht einen wohlvorbereiteten Aufbruch, um überhaupt von der Küste wegzukommen und nach Norden zu ziehen: Ganz gewagt kam es mir vor, nach mehreren Monaten dieses Land zwischen Meer und Bergen einfach so zu verlassen – aus Jux und Dollerei und ohne wirklichen, ohne handfesten Grund, wenn man davon absieht, dass ich in Shkodra mit Emilija verabredet war, um in die Berge zu gehen.

Ab 5:30 Uhr fährt der erste und einzige Bus von Saranda nach Tirana die Küste ab, hält gegen sieben oben an der Nationalstraße und sammelt all die Leute ein, die irgendwo stehen, mitwollen oder Gepäck aufgeben. Es ist, als würde der Bus in jeder Kurve halten, als käme man niemals an. Erst kommen wir durch Vuno, das sich weiß eingekleidet hat und mit einem neuen Dorfplatz angibt und ganz genau die gleichen Fensterläden verpasst bekommen hat wie das ebenfalls einheitlich gestrichene Dhërmi.

Danach der Anstieg und die Kurven zum Pass, den ich ohne Tränen in den Augen nicht schaffe, es ist zu spektakulär, und Wiederholung macht das Wunder nicht kleiner – denn es ist ein Wunder, wie sich unten die Fläche des Ionischen Meers immer weiter vergrößert, sich schließlich wölbt und man die Erdkrümmung ausmachen kann. Kleine Wolkenfetzen ziehen in Fensterhöhe vorbei, und der Bus hat noch nicht einmal die Passhöhe erreicht. Ganz oben taucht er in feucht-warmen Nebel der Kiefernwälder und des Llogara-Passes ein, verschwindet zum Orikum hinüber.

Auf dem Weg nach Thethi: Über die Almen geht es hinunter durch Waldland und dann über steile Pfade zur Karstquelle des Blauen Auges, dem *Syri i Kaltër*. Und unterwegs kein Mensch … *(vgl. 90. Grund)*

Oben: Blick von der Rozafa-Festung über Shkodra zu den nördlichen Bergen, die als ein wenig verflucht galten. *(vgl. 88. Grund)* **Unten:** Im Tal von Thethi, einst verlassen und heute Lieblingsziel der Touristen. Wie es dazu kam? Siehe 89. Grund.

Voilà: Thethi-Zentrum.

Oben: Hinter dem Pass, der Abstieg nach Valbona beginnt. **Unten:** Auf beiden Seiten der Strecke über den Pass wurden Bars eingerichtet, sodass die Wanderer sich dort laben können. Auch wenn nicht alle den »Bergpreis« einsehen. *(vgl. 94. Grund)*

Beim Abstieg zum Blauen Auge war es ein kleines Mädchen, das uns führte und zu ihrem Elternhaus brachte.

Blick in das Valbona-Tal: Auf demselben Weg wurden vor einem halben Jahrhundert ganze Ziegenherden aus Thethi hinübergebracht – in der Hoffnung, diese würden jenseits des Passes der Kollektivierung entgehen.

Hauptverkehrstrasse zwischen Shkodra und Bajram Curri, oftmals fälschlich als »Geheimtipp« gehandelt ob der fjordähnlichen Landschaften des *Liqeni i Komanit*.

Oben: Für den Fall der Fälle: Unweit des Buni-i-Thores-Pass nach Thethi ist eine Raupe stationiert.
Unten: Ich war kurz davor zu behaupten, das Tal von Thethi sei so entlegen, dass es dort keine Bunker gäbe. War Quatsch!

Oben: Im *Furgon* hinunter an die *Bregu i detit*, kurz hinter dem Llogara-Pass. *(vgl. 67. Grund ff.)*

Baçi sind zwei Thunfische ins Netz gegangen, an der Finne des einen hing noch ein Haifisch dran (siehe links unten), jetzt wird der Thunfisch portioniert.

Oben: Nicht überall (wie hier in Terbaç im Shushica-Tal) hat man dem Kommunismus, seinen Helden und den Monumenten vollständig entsagt.

Oben links: Noch ein blaues Auge, diesmal jenes zwischen Delvina und Gjirokastra. **Oben rechts:** Und nochmal ein Bunker, diesmal am Meer: Wir verteilen Bunker in den Bildstrecken einfach so, wie sie auch in Albanien verteilt sind! **Unten:** Die Insignien der Republik der Möwen. *(vgl. 111. Grund)*

Blick von der Republik der Möwen hinüber nach Korfu. So verstehen Sie am besten, warum Tirana so weit weg ist und Kerkyra so nahe!

Vor Jahren in der Mirdita: Ich sei doch Deutscher, dann müsse ich auch mal schießen! Hoch sind wir gestiegen, haben mit der Kalaschnikow auf die Steine geschossen, um die Wölfe auf Tage hinaus zu verjagen.

Solange ich mich erinnern kann, hat der Bus an genau der gleichen Stelle haltgemacht: beim Partisanendenkmal und dem traditionellen Restaurant in der Kurve, wo man Hirnsuppe bekommt und binnen Minuten serviert wird. Noch nie hat er an den anderen Restaurants gehalten, jenen mit mehr Platz, mit Bänken und Tischen unter den Kiefern.

Schon vor bald 15 Jahren saßt du hier, warst auf dem Rückweg von deinem allerersten Ausflug an die Riviera und hattest im Bus die Bekanntschaft eines alten Herrn gemacht. Dieser hatte im Restaurant ein Glas Wasser und einen Kaffee bekommen, vor sich ein Tuch entfaltet, das seinen Proviant enthielt, den er mit dir teilte. Viel hattest du gelernt damals, weil du gar nichts wusstest, nichts über diese Küste, diese Berge und nichts darüber, dass es den Alten gestattet war, im Restaurant ihr eigenes Essen auszubreiten. Noch immer gilt diese Ausnahme für diejenigen, die von weither kommen, wenig haben und den Kommunismus noch erlebten. Wer hatte dir das gesagt? Dass es in Albanien keine Regeln gäbe, sondern nur Ausnahmen? Dass die Ausnahme die Regel sei und Respekt die wichtigste Währung?

Dann führt die Straße hinab in die Bucht des Orikums, links die wasserlose Halbinsel des Karaburun, und es geht weiter nach Vlora wie durch einen Geburtskanal in eine andere Welt. Alle Übel sind wieder da, flach und profan, schnell erreichbar und größtenteils aus Beton. Die Moderne holt dich ein, sie ist gleichförmig asphaltiert, mit Tankstellen sowie Möbelhäusern gespickt und planiert wie die Ebene selbst. Und sie beschleunigt euch: Vor wenigen Jahren brauchte es von Vlora noch sieben Stunden mit dem Bus nach Tirana, heute sind es keine vier.

83. Grund

Weil jeder nach Tirana will, außer mir – ich muss gleich weiter! Obwohl: Zum Mittagessen wäre ich schon gern geblieben

Das ist mir schon klar, dass Sie nur darauf warten, dass ich noch etwas ausführlicher über das Leben in Tirana berichte. Das Problem dabei ist lediglich, mit den großen Städten habe ich es nicht so. In Tirana bin ich nur, wenn ich muss, und sitze dann meistens im Garten des *Backpackers Tirana*, unweit der Botschaftsstraße, und gehe nur aus, wenn ich Termine habe. Außerdem haben wir August, und warum sollten wir uns über Gebühr in Tirana aufhalten, wo es doch dessen Bevölkerung, so sie ein paar Tage frei bekommt, an das Meer zieht, nach Durrës: Raus aus der Wüste aus Stein, Abgasen und Lärm!

Als ich an der *Autobuzave të jugut* aussteige, also der Station des Südens, die so heißt, weil dort die Busse aus dem Süden ankommen und dorthin abfahren, habe ich schon vor, kurz in Alfons' Büro reinzuschauen, das unweit des Terminals ebenfalls an der *Rruga Durrësit* liegt – eventuell, um mit ihm zu Mittag zu essen und ein paar Stunden später nach Shkodra weiterzufahren; oder erst anderntags, je nachdem. Um nach Shkodra weiterzukommen, muss man das Terminal wechseln, die Straße einen guten Kilometer Richtung Ring und Innenstadt laufen und das nördliche Terminal ansteuern. Das wissen die wenigsten, und die meisten verlieren mit der Ankunft in Tirana erst mal jede Orientierung, da hilft auch das Smartphone nicht mehr viel. »Terminal« klingt nämlich nach etwas, was die Tiranaer Busstationen ganz genau nicht sind: kein Dach, keine großzügig bemessenen Wartezonen, kein gar nichts, außer einer staubigen Fläche, auf der dicht an dicht die Busse stehen. Keine Ansagen, keine Schilder, keine Anzeigetafeln, keine Wegweiser. Dies ist der Grund, warum ein Team des größten Privatsenders Albaniens sich just zu dem Zeitpunkt vor dem »Terminal« postiert hatte, als ich ausstieg. Dessen Anliegen: verwirrte Touristen abgreifen und O-Töne sammeln. Nun, die verwirrten Touristen fielen in die Hände der Taxifahrer, welche die Busse umlagern und offensiv Fahrgäste akquirierten. Die weniger Verwirrten, zu denen ich mich zählen darf, durchbrachen flugs den Belagerungsring und versuchten, die richtige Richtung einzuschlagen. In der wiederum das Fernsehteam stand und just mich ansprach, weil ich den Blickkontakt aufnahm:

– *Hello Sir!*

– *Përshëndetje!*

– *You are coming to Tirana?*

Na, was denn sonst? Oder ist das hier etwa Elbasan?

– *You find it confusing?*

Ok, jetzt weiß ich, wo der Hase lang läuft! Gut, ich spiele mit …

– *So, where are you going?*

– *To Shkodra*, sage ich unvorsichtigerweise.

– *Then you have to change terminal.*

An der Ecke steht ein Auto von Top-Channel, an genau der Ecke, wo sich Männer samt Maschinen tageweise vermieten: Einer kniet hinter einem Schlagbohrer, der nächste hat einen Presslufthammer vor sich stehen, der dritte breitet Schraubzwingen und ein ganzes Set überdimensionaler Achtkantschlüssel vor sich aus. Ich werde in den Wagen komplementiert, und es heißt:

– *Now we will really help you!*

– *But …?*

Die Tür wird zugeschoben, ich sitze in der Falle. Damit hatte ich offen gesagt nicht gerechnet, ich hatte gedacht, die Sache sei im Kasten und gut is?! … aber das Interview geht im Auto weiter, ich fliege auf, meine Beschäftigung mit Albanien kommt ans Licht, und sie bringen mich kurzerhand zum Nordterminal, so wie erwünscht. Dort steht schon der Bus nach Shkodra, scharrt gewissermaßen mit den Hufen, ich werde verabschiedet und muss in den anfahrenden Bus springen, vor laufender Kamera. Zu Mittag gegessen habe ich nicht, und auch auf Toilette war ich nicht gewesen, aber bis Shkodra sind es lediglich gute zwei Stunden, die Strecke ist komplett ausgebaut. Kaum haben wir Tirana hinter uns gelassen, zirpt mein Mobilfunkgerät. Es ist eine Nachricht von Emilija, Zufall aber auch: Sie sei gerade in Shkodra angekommen, das Hitchhiken sei schneller gegangen als gedacht. Ob ich schon in Tirana sei und wie lange ich dort bliebe?

(Das Filmchen kann online eingesehen werden, gehen Sie auf *YouTube* und suchen Sie nach »Turistët orientohen«, voilà! Wenn Sie das machen, haben Sie einen ordentlichen Vorsprung, denn ich werde den Clip erst Wochen nach der Ausstrahlung zu Gesicht bekommen – nachdem mich mehrere Leute unterwegs erkannt hatten und ganz Amerika bereits im Bilde war.)

84. Grund

Weil der Gang von Thethi nach Valbona inzwischen zu Berühmtheit gelangt ist und sich daher in Shkodra die Hostels füllen

Angekommen in Shkodra und unterwegs in Richtung Hostel, war die erste Person, mit der ich sprach, eine weitere Touristin, die ebenfalls mit dem Rucksack unterwegs war. Offensichtlich wegen meines leichten Gepäcks und des seit Monaten leicht schmuddeligen Gesamteindrucks, den meine Person machte, ging sie davon aus, ich käme vom Hiken.

– *Have you done the hike?*, wollte sie wissen.

Ich wusste sofort, was gemeint war, wunderte mich dennoch ob dieser sprunghaften Entwicklung und ob der schlaglichtartigen Qualität dieser Frage. Es ist also inzwischen *the hike*! Der Pfad, der das entlegene Tal von Thethi mit dem ebenso entlegenen Tal von Valbona verbindet, ist eine Berühmtheit geworden, so berühmt, dass er alle anderen Pfade in den Schatten zu stellen scheint. Aber beginnen wir mit dem Anfang: Es war einmal ein Tal, das so weit weg von allem lag, dass es niemals Fremde sah, ja nicht einmal die jeweiligen Herrscher der Ebenen bis hierhin vordrangen, zu mühsam der Weg, zu langwierig die Anreise zu Pferde, zu wenig dort zu holen, im kargen, kesselartigen Tal von Thethi.

Aber es ist nicht allein die Nähe zu den Bergen, aufgrund der in Shkodra die Hostels aus dem Boden schießen, es ist die Lage unweit der montenegrinischen Grenze und damit der Bucht von Kotor, welche ebenso zu den touristischen Magneten zählt wie Dubrovnik und mittlerweile eben auch besagtes Tal von Thethi.

85. Grund

Weil Shkodra noch immer den Radfahrern gehört

Aber verweilen wir vorerst noch in Shkodra, denn zu bemerkenswert scheint uns die Stadt, um es den Backpackern gleichzutun und sofort weiterzuziehen in Richtung Berge. Wer, wie ich, Monate im Süden verbracht hat, dem wird Shkodra erstaunlich aufgeräumt vorkommen, ihm wird auffallen, wie entspannt die Hunde sind, wie gepflegt die Bars und Geschäfte – zumindest in der Innenstadt. Shkodra mit seinen Häusern der Jahrhundertwende, den langgestreckten Gassen, dem Kopfsteinpflaster und den Radfahrern wird auf ihn wirken wie eine Stadt des Nordens, es wird sich anfühlen wie eine Heimkehr. Dort im Norden scheint Schluss zu sein mit der Ungenauigkeit, der Verschwommenheit und dem Wahnsinn des Südens. Die Kanten sind klarer, die Verhältnisse geordneter, die Richtungen eindeutig.

Das Dorf Naraç, in dem ich 2006 meine allererste Zeit in Albanien verbracht habe, liegt gute 20 Kilometer entfernt, und Shkodra ist die Bezugsgröße für das Umland. Nur dass ich die Stadt zunächst nicht wiedererkenne, nichts hat das heutige Shkodra mit der Stadt meiner Erinnerung zu tun: All die neuen Bars, die Geschäfte, die kleinen Läden, die gab es damals nicht, damals war mir Shkodra grau erschienen, heute ist es bunt, die Stadt glänzt und blüht vor lauter Leben auf den Straßen. Auch stelle ich fest, dass die Radfahrer weniger geworden sind. Sie sind immer noch zahlreich – wie sie in Trauben um die Ecke biegen, alle in derselben Geschwindigkeit, wie sie entgegen der Fahrtrichtung das Recht des Schwächeren ausüben, ohne dass ihnen dies jemand übel nähme oder gar hupte – doch damals waren es Schwärme, die in äußerst niedriger Geschwindigkeit durch die Straßen zogen. Ob das langsame Fahren mit der Hitze zu tun hat? Wir haben fast 40 Grad, und gewiss will niemand verschwitzt ankommen! … aber nein, hat es nicht! Auch im Herbst und im Winter habe ich das Gleiche beobachten können, das Gegenteil des Fahrradverkehrs in Berlin nämlich, wo jeder allein unterwegs ist und alle gegeneinander fahren, auf eine Handbreit an Vorteil bedacht und die Autos als Feind immer im Blick. Nicht so in Shkodra: Der Verkehr ist ein gleichmäßiger, ruhiger Fluss. Es wird geteilt, die Fahrbahn, die Aufmerksamkeit und die Rücksicht. Selbst die Fahrer der *Furgons* scheinen Respekt vor dem Rhythmus der alten venezianischen Stadt zu haben, drosseln die Geschwindigkeit und steuern bedächtig durch den Verkehr.

Dass Shkodra die Stadt der Radfahrer ist, hat einen Grund: Dem italienischen Einfluss ist es geschuldet, dass das Fahrrad in Form des Hochrads noch während der Herrschaft der Osmanen nach Shkodra fand. Den Einwohnern gefiel diese elegante Form der Fortbewegung so gut, dass damit begonnen wurde, vor Ort Fahrräder zu bauen, zusammenzuschrauben aus alldem, dessen man habhaft werden konnte. Im Gegensatz zu anderen europäischen Städten, wo das Fahrrad zunächst eine bestaunenswerte Attraktion blieb, begriff man in Shkodra schnell den praktischen Wert des neuen Fortbewegungsmittels, was damit zusammenhängen mag, dass sich die Stadt in der Ebene ausbreitet und es mit dem Fahrrad ein Katzensprung ist zum See und zu den umliegenden Dörfern: Was dem Dorf das

Pferd war, das wurde den Städtern der Drahtesel und blieb es bis auf den heutigen Tag.

86. Grund

Weil einzelne Häuser Migrationshintergrund haben und von den Wirrnissen des vergangenen Jahrhunderts berichten

Das Hostel steuerte ich deswegen an, weil mir der Name ein Begriff war und jenes eines der ersten der Stadt: Das *Mi casa es tu casa* ist eine ganze Villa, umgeben von hohen Mauern und einem Stadtgarten, ausgestattet mit zahlreichen Sitzgelegenheiten, einem riesigen Aufenthaltsbereich und bei aller Buntheit sehr geschmackvoll gehalten sowie mit auffallend hochwertigem Mobiliar ausgestattet. Trotz des hippiesken Flairs schien hier eine strenge Hand zu walten. Alma Naraci, eine gepflegte Italienerin mit hennafarbenem Haar, entpuppte sich … nun, als: Gastmutter. Die Dame nahm sich die Zeit, mich nicht nur durch das weitläufige Haus zu führen, sondern überdies dessen Geschichte mit mir zu teilen: Der Großvater ihres Gatten habe das Haus gebaut. Dieser sei vor mehr als 100 Jahren als Matrose nach Albanien gekommen, sei in Shengjin (ital. *San Giovanni*) in der Verwaltung der Schifffahrtsgesellschaft *Adriatica* beschäftigt gewesen und habe keine Gründe gehabt, nach Italien zurückzukehren.

Er muss zu Geld gekommen sein, denn alsbald baut er mitten in Shkodra (in diesem Fall *Scutari*) jene weitläufige Villa, die heute das Hostel darstellt: mit großen, repräsentativen Räumen und hohen Decken selbst im zweiten Geschoss. Frau und Familie holt er nach, ein sorgloses Leben in Albanien beginnt. Mit dem großbürgerlichen Lebensstil ist jedoch Schluss, als 1943 die italienische Besatzungsarmee abrückt. Mit einem Schlag sind die einst angesehenen italienischstämmigen Familien Shkodras nicht mehr wohl gelitten und verlassen das Land – nicht fluchtartig, aber dennoch eilig. Einzig die Schwiegermutter bleibt im Land und in der Villa wohnen. Erst quartieren sich dort Offiziere der nachrückenden Wehrmacht ein, die, wie es heißt, ein Gelage auf das andere folgen lassen, bis Ende 1944 auch die Deutschen abrücken müssen und die kommunistischen Partisanen die Macht übernehmen. Das Haus wird enteignet, Wände eingezogen und mehrere Familien einquartiert.

Als es schließlich an die einstigen Eigentümer zurückgegeben wird, steht es schon über drei Jahrzehnte lang leer und ist in schlechtem Zustand. Ihr Mann habe dies nicht mehr erlebt, erzählt sie, dieser sei zwischenzeitlich an Krebs verstorben. Sie aber sei dem Ruf gefolgt, habe sich nach Albanien begeben, um das Familienerbe anzutreten. Sieben Jahre und sechs Monate sei das nun her, als sie die Räume und die Schutthalden im Garten inspiziert und sich gefragt habe: Was fang ich nur an, mit diesem Haus? Zum Verkauf sei sie gedrängt worden, abreißen habe man es wollen, etwas Neues, Großes aus Beton dort errichten. Noch auf dem Rückweg nach Italien, in Tirana, sei sie in einem Hostel untergekommen – sie habe ja gar nicht gewusst, was das sei, ein Hostel! Und siehe da, da waren Leute, da war Leben, da war Gesellschaft. Am darauffolgenden Tag habe sie sowohl den Verkauf als auch den Heimflug abgesagt, wissend, was sie machen würde, was sie anstellen würde: das alte Haus renovieren, im Obergeschoss zwei Zimmer beziehen und den Rest als Hostel gestalten. Als ihr Mann gestorben sei, habe sie gedacht, sie müsse einsam alt werden, jetzt aber sei allezeit Familie im Haus. Ob sich die Gäste verändert hätten in den letzten Jahren, will ich von ihr wissen. Ja, hätten sie: Die Mentalität habe sich verändert. Verwöhnt seien die Leute mittlerweile. Alles sei selbstverständlich geworden, und nichts würde genügen.

87. Grund

Weil die Marubis eine ganze Dynastie bilden, aber noch nicht einmal verwandt sind

Ein weiterer Italiener, der sich etwas früher als der Großvater von Almas Mann in Scutari niedergelassen hat, war ein gewisser Pietro Marubbi. Die Geschichte ist seltsam und über die genauen Umstände wenig bekannt, klar ist, dass Marubbi als politischer Flüchtling über Korfu in das Land kam, der als Anhänger Garibaldis in seiner österreichisch besetzten Heimat verfolgt wurde. Wohl auch, weil er versucht hatte, den Bürgermeister von Piacena zu ermorden. Wie gesagt, seltsame Geschichte.

Zunächst durchquerte Marubbi Albanien von Süd nach Nord, um dann unvermittelt in Shkodra sesshaft zu werden, sich hinfort Pjetër Marubi zu nennen und unter diesem Namen 1858 ein Fotostudio zu eröffnen, das erste in Albanien überhaupt: *Dritëshkronja Marubi* bzw. »Lichtschrift Marubi«. Die Leser von Kadares Büchern kennen Marubi, weil dieser für zahlreiche Bände die Coverfotografie stiftet, beispielsweise jene in Felle gekleideten Kämpfer, die das »Verflixte Jahre« zieren. Von Marubis Fotografien blickt sie uns an, die vormoderne Vergangenheit des gesamten Kontinents, die in Albanien das Zeitalter der Fotografie noch erlebt hat. Marubis Studio ist die Bühne, auf die er nicht nur zeitgenössische Persönlichkeiten bittet, sondern vor allem die einfache Bevölkerung des Umlands und der Berge.

Seit 2016 gibt es ein kleines Museum in Shkodra, das sich Marubis Leben und seiner Arbeit widmet. Dort erst erfahre ich, dass es gar nicht den einen Marubi gibt, sondern deren drei: Marubi hatte einen Gehilfen, Kel Kodheli, den Sohn seines Gärtners, den er, kaum 15-jährig, einstellt und ausbildet.

Überdies schickt er Kel nach Triest, damit dieser sich dort mit den neuesten Techniken der noch jungen Kunst vertraut machen könne. Marubis Ehe bleibt kinderlos, und so vermacht er Kel Geschäft, Labor und Technik, indem er diesen kurzerhand adoptiert. Nach Marubis Tod 1905 übernimmt Kel nicht nur das Handwerk, sondern auch den Familiennamen seines Mentors und Stiefvaters: Er nennt sich fortan Kel Marubi und dokumentiert als Patriot und Anhänger der Nationalbewegung das politische Geschehen seiner Zeit, legt darüber hinaus aber gleichermaßen den Fokus auf die Bevölkerung, fotografiert den Alltag und die sogenannten einfachen Menschen. Den Fotos der Marubis sieht man an, dass nicht für Geld fotografiert wurde, sondern aus einem sonderbaren Interesse und einem Bewusstsein für Vergänglichkeit heraus sowie aus dem Wissen, dass diese ganze Welt bald schon verschwunden sein würde. Die gesamte Familie arbeitet im Studio mit, Kels Sohn Gegë Marubi tritt in des Vaters Fußstapfen und absolviert eine Fotografenausbildung bei den Brüdern Lumière in Lyon – allererste Adresse, wie Sie vielleicht wissen. Bereits zwei Jahre nach der Machtergreifung der Kommunisten schließt Gegë das Studio, 1952 gibt er zudem die Fotografie komplett auf. Stattdessen widmete er sich der Archivierung und Konservierung der Fotosammlung der Marubis, um diese 1978 dem Staat zu vermachen. Gegë Marubi verdanken wir es, dass wir auf 150.000 Glasnegativen heute einen Zugang haben zum Albanien vor den Kriegen, zum osmanischen, orientalischen Albanien, zu dessen Stammesgesellschaften, Trachten und Gewohnheiten. Stets wird versucht, das heutige Albanien aus der Perspektive von 46 Jahren kommunistischer Isolation zu verstehen. Beim Betrachten der Sammlung Marubi aber wird klar, dass den 450 Jahren osmanischer Herrschaft eine weit größere Bedeutung für das kulturelle und mentalitätsgeschichtliche Erbe Albaniens zukommt, als wir gemeinhin denken. Die Sammlung kann unter www.marubi.gov.al online eingesehen werden.

Weil Albanien Alpen hat, ganz offizielle Alpen

Wir müssen uns ein bisschen Überblick verschaffen über die albanischen Alpen, um uns in der aufgeregten Topografie Nordalbaniens besser zurechtzufinden. Sehen Sie es mir daher nach, dass ich zunächst einen Rundflug unternehme, bevor wir uns zu Fuß nach Thethi begeben. Albanien ist von Gebirgszügen geradezu eingeschlossen. Im Osten sind es die Höhenzüge um den höchsten Berg Albaniens, den Korabi, welche die albanischen von den mazedonischen Gebieten trennen, im Süden scheidet der Gramoz bzw. das Pindusgebirge Griechenland von Südalbanien ab, und im Norden steht eine ganze Gebirgskette im Grenzland von Kosovo, Albanien und Montenegro: die Albanischen Alpen.

An denen führt kein Weg vorbei, nicht am Gebirge selbst und auch nicht an dessen geografischer Einordnung. Lassen wir also kurz vom Raki ab und betrachten die Angelegenheit nüchtern: Nein, die Albanischen Alpen sind keine Ausläufer der eigentlichen Alpen, sie sind vielmehr der Fortsatz der sogenannten Dinariden, also jener Bergkette, die an den Julischen Alpen in Slowenien ihren Ausgang nimmt, dem gesamten Balkan zu einer zerklüfteten Gebirgslandschaft verhilft und sich just in Albanien zu Höherem berufen fühlt. Der *Maja e Jezercës* ist mit 2.694 Metern die höchste Erhebung, er dominiert die Albanischen Alpen jedoch nicht, weil es ihm seine Nachbarn fast gleichtun und sich gemeinsam mit ihm zu einem veritablen Hochgebirge auftürmen. Dieses Hochgebirge war über die Jahrhunderte den wechselnden Eroberern der Küste und der Ebenen so entrückt, so unzugänglich, dass sich aufgrund von Analogie für dessen Gesamtheit der Begriff »Albanische Alpen« durchgesetzt hat. Wir reden von einer Zeit, wo niemand auch nur die eigentlichen Alpen freiwillig betreten hätte, von Sommerfrische und Wintergaudi ganz zu schweigen. (Erst ein gewisser Thomas Cook erfand 1863 den

Alpentourismus.) Die Albaner selbst sehen das nicht grundsätzlich anders, darauf lässt deren Bezeichnung für den Gebirgszug schließen: *Bjeshkët e Namuna*. Was wiederum vorschnell mit »Verfluchte Berge« übersetzt wurde, obwohl eine Nummer kleiner auch gereicht hätte: Verwunschene Berge, entsetzlich abgelegenes Bergland. Man kommt ja auch nicht auf die Idee, die amerikanischen »Badlands« seien moralisch verkommen. Schlecht sind sie, weil zu nichts zu gebrauchen. Ähnlich ist es um die Albanischen Alpen bestellt. Dort lebte jahrhundertelang nur, wer das auch musste.

Und die jeweiligen Eroberer machten sich nicht einmal die Mühe, bis dort hinauf vorzustoßen. Zu holen gab es ja nichts. Dies hat sich geändert. Und zwar grundsätzlich. Heute gehört der Ausflug in die Albanischen Alpen zum Pflichtprogramm jedes Nordalbanien-Reisenden. Das will etwas heißen, denn die Anreise ist nach wie vor eine logistische Herausforderung. Es gibt zwei Anlaufstellen, beide liegen gleichermaßen weltverlassen in engen Tälern: Valbona und Thethi. Thethi befindet sich zwar weiter im Westen und näher an der Küste, das macht die Reise dorthin jedoch nicht weniger abenteuerlich. Valbona wiederum liegt von Thethi aus gesehen lediglich über dem Berg, ein 1.800 Meter hoher Pass muss überwunden werden, dann steigt man nach Valbona hinab. Es gibt aber nur diesen Fußweg, einen Saumpfad, der die ehemalige Handelsroute zwischen den Tälern und damit zwischen Küste und Kosovo darstellte. Ausgelegt für Maultiere, nicht für Fahrzeuge.

Tun Sie mir an dieser Stelle den Gefallen, einen Atlas zu Rate zu ziehen, oder *Google Maps* aufzurufen. Denn die Lage Valbonas und Thethis lässt sich mittels einer Karte besser erfassen als durch langwierige Beschreibung. So wird sich Ihnen erschließen, warum wesentlich längere Wege in Kauf genommen werden müssen, um mit dem Fahrzeug nach Valbona zu gelangen: Erst geht es sehr früh morgens mit dem *Furgon* von Shkodra zur Talsperre von Koman, von dort mit der Fähre duch fjordartige Schluchten bis Fierze, wo man nach Bajram Curri weitergereicht wird und mit ein bisschen

Glück noch den Nachmittags*furgon* in das Valbonatal erwischt. Jeder, der das auf sich nimmt, wird anschließend Bauklötze staunen ob der schroffen Zweitausender ringsum. Sieht man von verstreuten Hotelneubauten und der neu asphaltierten Piste (sowie dem geplanten Wasserkraftwerk) ab, dann hat sich im Valbonatal in den letzten paar Hundert Jahren wenig bis gar nichts getan. Das Tal ist spärlich besiedelt, die wenigen Almen halb verlassen, die Berge jungfräulich. Und das ist ein Anblick, den wir gar nicht mehr gewohnt sind: Berge ohne Schneisen, ohne Hotelburgen, ohne Skilifte, ohne Massenabfertigung. Ganz einfach Berge, mächtige, erhabene Berge, gegenüber denen man das Gegenteil darstellt: klein, unbedeutend, ohnmächtig, vergehend. »Was wollen uns die Berge sagen, diese Riesen mit langgestreckten Rücken?«, das hat der albanische Dichter Ismail Kadare einst gefragt. Ich wiederum habe mir erlaubt, diese Frage vor Jahren an Kol Gjon Gjoni weiterzureichen, den ehemaligen Bergbauern, dessen Söhne allesamt im Tourismus tätig geworden sind und dessen Haus die allererste Pension im Tal darstellt. Kol sagte:

– Nichts. Die reden nicht, die Berge.

Wer hingegen redet, das sind die Fremden, deren Stimmen nicht nur im Tal, sondern auch auf dem Saumpfad von Thethi inzwischen zahlreich erklingen, das sind die der Touristen. Das Interesse an diesem Landstrich hat in den letzten Jahren sprunghaft zugenommen – nicht nur, aber auch wegen der Einrichtung eines länderübergreifenden Weitwanderwegs, des *Peaks of the Balkans*. Dessen Herzstück wiederum ist die 17 Kilometer lange Strecke zwischen Thethi und Valbona. Und daran sind wir schuld. Wir Deutschen. Die deutsche GTZ, die Gesellschaft für technische Zusammenarbeit (gehört zum Außenministerium und firmiert inzwischen als GIZ, Gesellschaft für internationale Zusammenarbeit), hat es sich 2005 einfallen lassen, just dieses Thethi touristisch zu entwickeln. Behutsam natürlich und später, als dieses Wort in Mode kam, selbstverständlich auch nachhaltig. Und in Zusammenarbeit mit den *locals* – womit wir schon beim nächsten Grund angelangt wären.

Weil aufgrund des Tourismus die Menschen in das Shala-Tal zurückkehren und dort ein Auskommen finden

Etwas, was man von früher kannte und was man während der Jahre der Abwanderung schon verloren geglaubt hatte, erfüllte Thethi von Neuem: Stolz griff um sich. Stolz auf das heimatliche Tal, das in allen Zeitungen landauf, landab für seine Schönheit gelobt wurde. Stolz auf die eigene Lebensweise, auf das Ausharren unter widrigen Bedingungen, auf den eigenen Mut und die Unbeugsamkeit. Weder beugen sich die Berge noch die Schultern der Albaner, so heißt es im Norden. Und wie viele Familien waren gegangen, hatten in der Ebene ein Haus gebaut und dem kargen Bergleben den Rücken gekehrt? Hatten sich gebeugt und waren nach Kanada oder Amerika ausgewandert, nur um nicht länger sechs Monate im Jahr von der Außenwelt abgeschnitten zu sein? Allein sechs Gehöfte im Tal waren noch dauerhaft bewohnt, sechs Familien harrten über den Winter in Thethi aus.

Nachdem aber dieser Verrückte Wort gehalten hatte, nachdem wirklich der deutsche Botschafter samt dem Ministerpräsidenten nach Thethi gekommen waren, wie der Verrückte wenige Monate zuvor versprochen hatte – man muss sich das mal vorstellen, 80 Kilometer unasphaltierte Piste von Koplik durch das Boga-Tal, über den Pass und wieder hinunter, die gesamten Entourage samt 22 Journalisten! –, nachdem die Zeitungen voll des Lobes waren und keiner, kein einziger der Journalisten auch nur ein böses Wort verlor, da war auf einmal greifbar, was der Verrückte behauptet hatte. Wenn er nun doch recht hätte? Könnte es wirklich so kommen, dass Gäste nach Thethi finden, trotz der schlechten Piste, der mangelnden Infrastruktur, der Isolation? Was hatte er gesagt? Gerade wegen der Isolation würde die Welt nach Thethi kommen wollen? Hatte er das ernst gemeint?

2005 war der Verrückte, Ismail Beka, erstmals nach Thethi gereist. Über das Radio waren die Talbewohner zu einem offiziellen Treffen eingeladen worden. Im alten Hotel am Hang sollte es stattfinden, war der Komplex aus kommunistischer Zeit doch ein Symbol dafür, welchen Stellenwert Thethi einst hatte, denn verdiente Arbeiterfamilien des kommunistischen Albaniens wurden für zehn Tage in die Sommerfrische in das Shala-Tal geschickt. Den 26. Juni hatte man angesetzt, dann würde die Straße auf jeden Fall passierbar sein.

25 Männer waren gekommen, als Beka das Projekt der GIZ vorstellt und beschrieb, wie man den Tourismus im Tal mittels Kartenmaterial und der Markierung von Wanderrouten wiederbeleben wolle, und dass es darum ginge, die Gäste in den Familien unterzubringen, die Häuser zu Pensionen umzugestalten.

– Was für ein Quatsch!

– Von welchem Planeten kommst du denn?

– Wir haben noch nicht einmal eine Schule hier, sind nicht an das Stromnetz angeschlossen, und der will Touristen bringen! Dass ich nicht lache!

Beka griff zur List und fragte, ob es denn nicht mehr so sei, wie es der Kanun vorschriebe? Dass das Haus des Albaners Gott gehöre und dem Gast? Wenn man nun schon Gäste ablehnen würde, die noch gar nicht eingetroffen seien, dann müsse es ja schlimm stehen um die Ehre und das gegebene Wort in den Bergen des Dukajin! Nun gut, alsbald würde er ihnen erste Gäste bringen, dann könne man weitersehen – aber nur, wenn ihm das Mandat dafür gegeben würde: Den Ministerpräsidenten und den deutschen Botschafter würde er nach Thethi einladen wollen!

– Ui!

– Die würden herkommen, hierher?

– Na, denn man los, sollense kommen, die hohen Leut!

Ismail Beka bekam das Mandat, und ein neues Kapitel in der Geschichte Thethis wurde aufgeschlagen.

Inzwischen leben wieder 40 Familien im Shala-Tal, einige sind aus Griechenland, andere aus Shkodra oder dem fernen Amerika dorthin zurückgekehrt, weil ihnen der Tourismus ein Auskommen bietet. Andere haben die Viehhaltung wieder aufgenommen und bleiben wieder über den Winter. Die Straße ist bis zum Pass asphaltiert worden und nur noch wenige Wochen im Jahr geschlossen (und soll demnächst bis in das Tal hinunter geteert werden, noch geht es jedoch eine mühsame Stunde über ruppigen Untergrund endlos hinab – nein, mit dem Mietwagen dorthin zu wollen ist keine gute Idee!).

Thethi ist an das Stromnetz angebunden und mit Internet und Mobiltelefonie auch an den Lärm der Welt. Pro Pension haben noch einmal zwei bis drei Familien aus der Umgebung Lohn und Arbeit, denn es braucht Gemüse, Fleisch und Milch sowie Transportdienste mit dem Auto oder zu Pferde für die vielen Touristen. Sehr viele seien es inzwischen, räumt Ismael Beka ein und denkt laut darüber nach, wie Thethi mit dieser Entwicklung Schritt halten soll: Über 100 Wanderer seien vergangenes Wochenende auf dem Pfad nach Valbona gesichtet worden! An einem einzigen Tag! … da bekäme man schon ein bisschen Angst.

90. Grund

Weil es immer eine Alternative gibt und niemand gezwungen ist, es den anderen gleichzutun

Emilija und ich sind unterwegs allerdings zunächst niemandem begegnet, keinem Bauern, keinem Backpacker und auch keinem Tagesausflügler. Dies lag daran, dass wir uns am Pass vom Fahrer und unserem Mitfahrer verabschiedet haben, der Fahrer uns direkt an den *trailhead* gebracht hatte, von wo aus wir in ein Seitental hinunterlaufen würden, um ziemlich genau auf der Route nach Thethi vorzustoßen, die einst Edith Durham genommen hatte. Es war faszinierend, Thethi stand kurz vor der Ausrichtung des jährlichen Za-Festivals, wurde von Besuchern geflutet, und wir spazierten mutterseelenalleine über die Almen, die Wiesen und sodann durch die Wälder hinunter bis zur Karstquelle des Blauen Auges. Es gibt immer eine Alternative, man muss sie nur wählen: Das gesamte Shala-Tal ist voll von gut markierten Wanderwegen (der GIZ sei Dank), es gibt überhaupt keinen Grund, sich auf *the hike* zu beschränken.

Das Wunderwerk der Zufälle und glücklichen Fügungen, durch das wir uns eine Woche lang bewegen würden, hatte schon in Shkodra seinen Anfang genommen: Über das Hostel hatten wir die Fahrt in die Berge gebucht, wurden jedoch frühmorgens nicht von einem klapprigen *Furgon* abgeholt, sondern von einem Jeep. Dessen Fahrer hatte nur einen weiteren Gast an Bord und ansonsten allerlei Nachschub an Getränken für das entlegene Tal. Wissen Sie, was das für ein Glück ist? Sich es im Fond eines gefederten Jeeps gemütlich zu machen, anstatt stundenlang eingezwängt im *Furgon* zu sitzen?

Unser Mitfahrer, der vorne saß und Kartenmaterial studierte, hatte sich recht bald als ein Landsmann von mir entpuppt. Mit seinem breitkrempigen Hut und dem beigen Hemd (samt Schulterklappen) sah er ein wenig aus wie ein Teilnehmer einer Afrika-Expedition des letzten Jahrhunderts. Nennen wir ihn daher »Livingstone«. Die Wandervorhaben, die er vor mir ausgebreitet hatte, während wir Kaffeepause im Boga-Tal machten, schienen mir ebenso grobschlächtig wie sein Kartenmaterial: Er wollte noch am selben Tag von Thethi aufbrechen, um den wenig begangenen Pfad nach Curraj in Angriff zu nehmen. Er könne ja irgendwo sein Zelt aufschlagen, sobald es ihm reiche. Ich riet ihm ab:

– Das sind 18 Kilometer, größtenteils hochalpin!

Zu weit, zu heiß, zu wenig Wasser! Und der Typ hatte noch nicht einmal ein Smartphone dabei, Stichwort GPS. Er solle doch besser zunächst von Thethi aus die Brutalität dieser Felswände bestaunen, bevor er an größere Taten dächte!

Wir trafen Livingstone wieder, als wir anderntags die ersten Häuser von Thethi erreichten, nach ein paar Stunden in der vollen Sonne und ohne ausreichend Wasser. Man darf sich Thethi nicht als kompaktes Dorf vorstellen. Vielmehr handelt es sich um eine Streusiedlung, die einzelnen Gehöfte stehen teils weit entfernt, mit Stallungen, Weideland und Scheunen drum herum. Das erste Haus Thethis, auf das man stößt, wenn man am Ufer der Shala flussaufwärts wandert, liegt auf einer Anhöhe und überblickt beide Seiten des Tals. Die Bewohner betreiben im großen Garten ein Café, das sich deswegen lohnt, weil dort die beliebte Route zum Wasserfall vorbeiführt: Knapp 30 Minuten außerhalb des Ortskerns, der von der Kirche definiert wird, ist das Gehöft ein perfekter Zwischenstopp für die Tagesausflügler. Wir gingen die letzten Meter zur Anhöhe hinauf, traten durch das Gatter, und da stand er vor uns: Livingstone! Er befragte gerade zwei Kinder und machte sich Notizen.

Livingstone berichtete von seiner Vortagsexpedition. Nein, nach Curraj sei er dann doch nicht aufgebrochen. Er habe auf mich gehört und sich akklimatisiert. Bis zum Pass nach Valbona sei er stattdessen hochgegangen. Ganz reizend dort.

– Wie lange?

– Gute Stunde.

– Uhr dabei?

– Gefühl.

Nie und nimmer, sagte ich, bis zum Pass mindestens knappe zwei Stunden, auch ohne Gepäck! Livingstone beschrieb, wie er nach der letzten Bar am Berg höher gestiegen war, aus dem Wald hinaustrat und schließlich auf dem Pass stand. Wo wir übernachten würden? Er würde ja im Dorf zelten, hätte etwas äußerst Günstiges gefunden, für 5 €!

Ich schickte mich an, die Getränke zu bezahlen und ein paar Worte mit dem Betreiber und seiner griechischen Frau zu wechseln, die erst im Vorjahr aus Thessaloniki ins Shala-Tal zurückgekehrt waren. Ja, man würde Gästezimmer einrichten, noch aber sei das

Haus unrenoviert. Nächstes Jahr erst sei man so weit. Wo wir denn unterkämen? Ach, im Zelt? Wir könnten gerne an Ort und Stelle campieren, kostet nichts! Es reiche ihnen, wenn wir das eine oder andere Getränk bestellen würden. Gesagt, getan: Wir ließen Livingstone ziehen, schlugen das Zelt im Paradies auf und genossen gerade den Ausblick ins Tal, als der Großvater vorstellig wurde, um uns willkommen zu heißen …. es gibt immer eine Alternative, manchmal muss man einfach nur mit den Menschen reden, und schon passiert etwas.

91. Grund

Weil Thethi das wilde Herz eines wilden Landes ist – und weil wo ein Wille ist, sich noch lange kein Weg befindet!

Thethi muss man sehen, um es zu glauben. Und ich schreibe bewusst im Präsens, denn es bringt einem gar nichts, Thethi gesehen und Hunderte an Fotos gemacht zu haben. Der Realismus und die Wahrscheinlichkeitsrechnungen unseres Gehirns werden die Erinnerungen zunichte machen, eindampfen auf etwas Gewöhnlicheres, Handhabbareres – denn Thethi liegt außerhalb all dessen, befindet sich im Talgrund der vollständigen Unmöglichkeit. Die Arena der Berge fällt so schroff und so hoch aus, dass man meint, sich in einem abgeschlossenen Talkessel zu befinden, am Ende der bewohnten Welt, innerhalb einer gewaltigen Ausnahme.

Das Shala-Tal sei das wilde Herz eines wilden Landes, so notierte es Edith Durham, welche die Region Anfang des letzten Jahrhunderts ausgiebig bereiste und 1909 mit *High Albania* ein Grundlagenwerk vorlegte. Daran hat sich nichts geändert, auch wenn die Familien des Tals kräftig investieren, die Gehöfte um- und ausbauen, um ausreichend Zimmer zu haben für die Touristen und um neuerdings auch so luxuriöse Dinge anzubieten wie Heizung, Warmwasser und

Doppelzimmer. Die alten Häuser von Thethi und Valbona haben meist vier Zimmer. Unten befindet sich die Wohnküche, die anderen Zimmer sind Bettenlager, die je nach Bedarf mit den zahlreichen Familienmitgliedern belegt oder an Touristen vermietet werden. Die Häuser hatten bis vor wenigen Jahren noch nicht mal ein Badezimmer, eine Innentoilette oder eine Dusche – man erzählt sich im Flachland, dass diejenigen Jungfrauen, deren Haut noch nicht einmal von Wasser berührt worden war, besonders wertgeschätzt worden seien. Geändert hat sich dieser Umstand 2005, als die GIZ Material und Mittel für den Umbau zur Verfügung stellte: 2500 € pro Familie, in den Bergen ein Vermögen.

Drei oder vier Tage zelteten wir außerhalb von Thethi, ganz genau weiß ich es nicht mehr. Vormittags belebte sich die Ameisenstraße, und die Tagestouristen begannen einzulaufen, eine Demonstration der Outdoorindustrie und deren unbedingtem Willen zu Farbigkeit. Inmitten der weithin leuchtenden Reihe an Hikern stach schon aus der Ferne jemand mit riesigem schwarzen Rucksack heraus: Livingstone! Ich hatte schon Sorge, er würde seine Drohung vom Vortag wahr machen und sein Zelt bei uns aufschlagen. Livingstone aber eröffnete uns, er würde sich nunmehr auf den Weg nach Currai begeben. Der Pfad begänne gleich beim Wasserfall, dies habe er zwischenzeitlich in Erfahrung gebracht. Er zeigte auf die Karte, ich deutete auf die Felswand oberhalb des Wasserfalls:

– Dort soll ein Weg sein? Da willst du hoch?

Livingstone gab sich entschlossen, schnürte den Rucksackgurt enger und verabschiedete sich ins Ungewisse.

– *So long!*

Keine Stunde später war er zurück, stolz auf seine Entdeckerleistung:

– Doch kein Weg.

92. Grund

Weil Valentina des Deutschen mächtig ist

Valentina: geboren am Valentinstag vor 16 Jahren, wohnhaft in Thethi. Kennengelernt habe ich Valentina, als wir mit einer Reisegruppe im regenreichen Mai in Thethi zu Gast waren und den örtlichen Schuldturm in Augenschein nahmen. Dieser ist nach wie vor im Besitz jener Familie, die, als der Turm noch betrieben wurde, diesen verwaltet und die Ältestengerichte mit Speis und Trank versorgt hat. Heute ist der Schuldturm eine Sehenswürdigkeit, und für einen Euro Eintritt öffnet der Familienvorstand die Türe und liefert die notwendigen Erklärungen. Das beginnt schon mit der Begrifflichkeit, denn das, was ich mangels Alternative eben »Schuldturm« genannt habe, ist bzw. war in Wahrheit eine Zuflucht: Hierhin haben sich diejenigen begeben, die sich schuldig gemacht haben oder für schuldig gehalten wurden, um in Verhandlungen einzutreten. Der Turm bot ihnen Schutz vor voreiligen Racheakten bzw. vor Sühne.

Hierhin wurde das Gericht einberufen, um zu hören, zu beraten und zwischen den streitenden Parteien zu vermitteln (denn es sind immer Parteien, nie Individuen). Wir saßen im zweiten Stock des Turms, im Gerichtszimmer, im dritten hatte sich einst der Delinquent so lange zurückgezogen, wie das Gericht tagte, bzw. bis eine Lösung oder ein Handel gefunden wurde. Gjon, der Familienvorstand, erläuterte das Prozedere auf Albanisch, was zunächst auf Englisch übersetzt wurde, was ich wiederum in das Deutsche übertrug. Zwischendrin scherzte er, seine Tochter würde ebenso gut deutsch sprechen wie ich, wenn nicht sogar besser. Ich war vollauf mit Übersetzen beschäftigt, sodass ich erst reagierte, als wir den Turm wieder verließen und er den Scherz wiederholte:

– Ja, soll er sie doch holen!, entfuhr es mir, bevor ich mich kurz entfernte, um die Nachzügler einzusammeln. Als ich wiederkam und den Anschluss wiederfand, der in Großgruppen so schnell verloren geht, stand inmitten der bewegten, bunt gewandeten Schar deutscher Touristen ein Mädchen im Trainingsanzug.

– Du bist Valentina!

– Ja, die bin ich!

– So saget, Ihr Vater ließ mich wissen, Ihr sprächet Deutsch?

– Oh ja, das tue ich. Wohl nicht so, wie es in euren Landen üblich ist, aber so, wie ich es gelernt habe.

– Teufel auch eins, wo habt Ihr meine Sprache gelernt?

– Aus dem Fernseher, erwiderte sie und ergänzte:

– Die Winter in Thethi sind lang und streng, es gibt nichts zu tun!

Nicht lange gefackelt, denn wir mussten weiter, den 36-Stunden-Tag erfüllen (vgl. Grund Nr. 52), also Valentina (in Begleitung des Vaters selbstredend) zum Abendessen eingeladen, zusammen mit der gesamten Reisetruppe. Oh Schönheit des Zufalls, oh Spaß der Götter: Stunden später kamen die beiden tatsächlich, Vater und Tochter. Und was soll ich sagen, die Szenerie war ein Tableau und verdient Beschreibung: Die glockenhelle Stimme Valentinas, die inmitten einer fränkischen Reisegruppe sitzt, perfekt dort platziert, wo sich auf das Hochdeutsche verstanden wird, erklärt das Leben in Thethi, erzählt von den Wintern und dass kaum einer im Tal bleibt. Über der langen Tafel stehen säuberlich zum Trocknen aufgereiht der Gruppe Wanderstiefel. Die Söhne des Hauses verteilen wortlos Essen und drücken sich um die Getränkebestellung. Draußen geht unablässig der Regen nieder, ich sitze am Computer und checke Wetterapps.

Später sitze ich mit Vater und Tochter zusammen, und ich gebe ihr eines meiner Bücher zur Ansicht. Verdacht bestätigt: Die junge Dame konnte perfekt deutsch sprechen, aber kaum ein Wort lesen.

93. Grund

Weil Top-Channel offensichtlich der Sender schlechthin ist und ich schlagartig bekannt bin, selbst im Tal von Thethi, wenngleich niemand weiß wofür, am wenigsten ich selbst

– I know you from TV!

Der Kellner grinst mich an und ich will von ihm wissen, was die denn so gesagt hätten, dort im TV.

– I don't know. We listen without sound.

Ich versuche meine neue Berühmtheit zu nutzen, und mache den Vorschlag, ich könne ja Eier im Market nebenan erwerben, sie der Küche zur Verfügung stellen, die uns dann ein schönes Omelette daraus zubereiten würde. Aber Pustekuchen, läuft nicht! Also sitzen wir im Gasthof am anderen Ende des Dorfes und bestellen mal wieder *patates* mit *salsë kosi.* Wir profitieren vom Wi-Fi und vom Strom und warten darauf, dass die Sonne nachlässt. Erst gegen 17 Uhr brechen wir gen Valbona auf. Ich muss sagen, wir sind so ziemlich das entspannteste Hiking-Team weit und breit. Und wir haben ein Zelt sowie ein nicht sehr ehrgeizig gestecktes Ziel: die kleine Bar zu erreichen, die auf einer Lichtung wenige Kilometer vor dem Pass steht. Gut, ich habe keine Matratze mit, und Emilija trägt Sandalen – aber man muss mit dem arbeiten, was man hat, und das machen, was man kann.

94. Grund

Weil der Bergpreis auch für diejenigen gilt, die ihn nicht einsehen wollen

Aus unerfindlichen Gründen sind wir alleine auf der Hütte, kein einziger weiterer Gast. Als ich das nächste Bier bestelle, werde ich vom Barbetreiber gewarnt: Ob ich die Preise gesehen habe, es seien Bergpreise? Habe ich: Er ruft 300 Lek für das Bier ab, 100 mehr als im Tal, also umgerechnet 2,50 Euro:

– Ja, und?

– Na, viele Leute beschweren sich …

Oh, heilige Einfalt, der Götter Gnade: Wir sind auf 1.500 Metern, auf einer Lichtung! Alles, was sich dort befindet, wurde entweder mit Pferden dorthin gebracht (im Norden hat man Pferde, keine Esel oder Maultiere), nachdem es zunächst aus Shkodra nach Thethi transportiert worden war, oder aber es wird vor Ort geschlagen, angebaut oder erzeugt. Die Bar ist gänzlich aus Holz gebaut, wurde über Jahre hinweg in liebevoller Kleinarbeit errichtet. Die Familie, welche die Bar betreibt, lebt in einem Verschlag dahinter, den ganzen Sommer lang, von Mai bis Oktober. Sie halten dort oben Kühe für den Käse und bauen Gemüse an: Alles, was man anbaut, muss man nicht kaufen und nicht den Berg hochbringen! Den Touristen haben sie Schemel aus Baumstämmen geschlagen, die Terrassen überdacht, für die kalten Abende einen offenen Kamin gebaut. Strom gibt es nur über eine kleine Solaranlage, die Getränke werden im Quellwasser gekühlt.

Gegenüber am Hang ist eine Fläche planiert und eingezäunt worden, damit es sich dort bequem zelten lässt – ebenfalls für 300 Lek, pro Zelt. Jeden Morgen bäckt die Dame des Hauses (über offenem Feuer und in der runden Aluminiumschale) einen dieser leicht süßlichen Schichtkuchen, die es nur im Norden gibt und der dann stückweise verkauft wird. Im Garten steht ein WC am Hang, das nichts zu wünschen übrig lässt – purer Luxus mit Papiernachschub, Waschbecken und allem Drum und Dran. Ein Wahnsinn, dass es Leute geben soll, die sich über den Bierpreis beschweren!

Deshalb ein kurzes Wort zur Kalkulation: Preise ergeben sich aus Beschaffungs- und Arbeitskosten sowie der Marge, also dem zu erwirtschaftenden Gewinn. Wann bitte haben wir uns angewöhnt, die Größe der Arbeitskosten gering zu schätzen? Wann bitte sind wir blind geworden für den Aufwand, den andere treiben, damit wir kühles Bier auf 1.500 Metern trinken können? Wie konnte es passieren, dass unsereins 2,50 € für ein Bier, das für uns aus Shkodra hergefahren, den Berg hochtransportiert und runtergekühlt wurde, als zu teuer befindet – bloß weil wir uns in einem armen Land befinden? Ich begreife das nicht, es ist mir peinlich, und ich wünschte, das Wort »Spießer« wäre übersetzbar.

95. Grund

Weil es seit dem Sommer 2019 zwei Pässe gibt auf dem Weg nach Valbona

Wanderer, gehst du von Thethi nach Valbona, so merke auf: Es gibt eine Stelle vor dem letzten Anstieg, die leicht erhaben liegt und einen Blick in das Tal der Shala gestattet. Anschließend zieht der Pfad kurz bergab und verschwindet wieder im Wald, bevor es hinausgeht und über Gestein steil hinauf zum Pass, der noch einen guten Kilometer entfernt liegt. An genau dieser Stelle haben wir ein Holzkreuz errichtet und diese »Livingstone-Pass« getauft. (Sollten Sie hin- und herspringen und nicht chronologisch lesen, dann müssten Sie jetzt des besseren Verständnisses wegen zurückblättern, nämlich zu Grund Nr. 90.)

96. Grund

Weil das Haus dem Gott und dem Gast gehört, die Nacht den Hunden und dem Tau

Hinter der Passhöhe rasten wir, lassen den Blick über das Valbonatal schweifen. Drei Packpferde kommen von Valbona herauf, über und über mit Rollkoffern beladen. Und der Pferdeführer, das ist doch …, das ist David Jubani! Umarmung, kurzes Wiedersehen auf 1.800 Metern – David, der mir wenige Monate zuvor den Arsch gerettet hat, indem er mit Teilen meiner Reisegruppe den Pass gegangen ist – unter winterlichen Bedingungen: David hatte zusammen mit seinem Cousin Agron oben an der felsigen Passage den Steig freigeschaufelt und meine Mannschaft sicher hinübergeführt!

Wir verabschieden uns, Emilija und ich steigen hinab, und als wir kurz vor Rrogam die Waldbar der Valbona-Seite aufsuchen, da ist man über unsere Ankunft schon im Bilde: David hatte durchgerufen und dafür gesorgt, dass wir keinen Pfennig zahlen. Valbona! Zurück in Valbona!

Märchenhaft liegen die Gehöfte Rrogams im warmweichen Licht des Augusts, doch stets scheint die Unwirtlichkeit des Berglebens durch: Das Tal wirkt nur auf jenes Auge idyllisch, das um die Arbeit nicht weiß. Dann geht es über den bleichen Schotter des Flussbetts, der zugleich als Straße dient.

Dort, wo der Asphalt beginnt, beginnt auch die Verbindung mit der Welt. Das Teerband bringt die Touristen, es pumpt Menschen in das Tal, und ich weiß, dass die größeren Hotels, die in den letzten Jahren gebaut worden sind, von außen besser aussehen als von innen. Nein, wir müssen noch ein paar Kilometer weiter, zum Anwesen der Jubanis, zu Kol Gjon Gjoni, denn dort gehören wir hin, dort stellen wir das Zelt auf!

Kols Haare sind inzwischen weiß, aber er ist immer noch ein Bild von einem Mann, kein Hüne, jedoch ein Vierschrot mit Schnauzer und Profil – im übertragenen wie im Wortsinne: Während des Kommunismus durfte er das Tal nicht verlassen, jetzt will er das schon lange nicht mehr. Kol hat bereits in den 90ern den Familiensitz zur Pension umfunktioniert – auf Anraten eines Priesters, der versprochen hatte, Leute zu bringen. Mit seiner mächtigen Stimme schimpft Kol auf die neuen Zeiten, so wie er auch während der alten kein Blatt vor den Mund genommen hatte: Was die sich einbilden würden, mit ihren neu errichteten Burgen, diesen billigen Palästen, dieser

Sucht nach Geld. Und wenn der Präsident zu ihm käme! Der würde auch nicht anders behandelt werden als alle anderen, der könne sich ein Bett aussuchen, im Auto schlafen oder sein Zelt im Garten aufschlagen! Der bekäme zu essen, und zwar das, was gerade gekocht würde, nur den Raki, den würde er ihm nicht spendieren, der käme auf die Rechnung …

Das Haus gehöre Gott und dem Gast, so heißt es in den Bergen. Sein Haus bewohnt Kol nur im Winter. Während der Saison, wenn alle Betten belegt sind, zieht er samt Familie in den hölzernen Anbau, schläft über dem Speisesaal und der Küche. Viel liest man neuerdings in den Medien über Gastfreundschaft in Albanien, immer wird eins vergessen: dass der Gast auch Pflichten hat. Auch dann, wenn er für Unterkunft und Verpflegung bezahlt. Der Gast befindet sich immer noch im Haushalt von Albanern, er kann nicht damit anfangen, dieses oder jenes zu verlangen, er ist auf Besuch in einer Welt, die er zu würdigen hat. Wer dies nicht tut, der muss ins Hotel!

Nun, wir sind im Zelt, wir zelten zwischen den Welten, hinter Kols Haus, vor dem Feld und den beiden Heuhaufen. Die Augustnächte im Tal von Valbona: Die Luft ist glasklar, der Frieden ist mit Händen greifbar, der Körper fühlt es. Die Ruhe, die steilen Felswände der Berge ringsum, die enge Begrenzung, in der das Leben stattfindet, diese steinerne Einfriedung. Das Konzert der vielen, vielen Hunde, von denen man nicht ahnt, wo sie wohnen, die tagsüber in ihren Verstecken bleiben und sich nur nachts zu Wort melden: Die Nacht gehört den Hunden. Und dem Tau.

97. Grund

Weil überall dort, wo Geheimtipp draufsteht, garantiert keiner drin ist und die Fähre von Koman die Hauptverbindung nach Bajram Curri darstellt

Wer von Shkodra aus ins Landesinnere nach Bajram Curri aufbricht, der landet, ob er nun mit dem *Furgon*, einer Reisegruppe oder dem Mietwagen unterwegs ist, automatisch in Koman an der Fähre. Dort wurde der Drin in den 70er-Jahren mithilfe chinesischer Ingenieure in drei Staustufen rückgestaut, und es ist so etwas entstanden wie eine mediterrane Fjordlandschaft. Die Fahrt durch den 34 Kilometer langen *Liqeni i Komanit* gilt manchen immer noch als »Geheimtipp«, ist aber mittlerweile zur Touristenattraktion geworden. Gleichzeitig ist die Route nach wie vor die Hauptversorgungstrasse nach Bajram Curri. Wer mit dem Auto fahren wollte, der müsste entweder über den Kosovo anreisen oder würde einen ganzen Tag brauchen, um auf unmöglichen Straßen die Gebirgszüge der Mirdita zu überqueren. Auch die Weiler an den Hängen links und rechts des Stausees sind von den Fähren abhängig.

Deshalb hat die ortsansässige Bevölkerung den Transport selbst in die Hand genommen, nachdem 2015 die Fährlinie aus finanziellen Gründen eingestellt worden war. Mittlerweile verkehren sogar zwei Autofähren auf dem See, die beide an dessen Ufern zusammengeschweißt wurden. Auch einer dritten, kleineren Fähre sieht man die Marke Eigenbau an, denn die Kabine und der Fahrgastraum sind aus den Aufbauten eines alten Busses gewonnen worden, der auf dem Schwimmkörper verschweißt wurde. Upcycling nennt man so was neuerdings.

Wir sind jedoch in der entgegengesetzten Richtung unterwegs, und werden vormittags im Valbona-Tal abgeholt – mit einem *Furgon*, der ausschließlich Touristen einsammelt, darunter einige, denen wir tags zuvor während *the hike* begegnet waren. Der

Furgon überspringt deshalb Bajram Curri, das gerne übersprungen wird, und fährt direkt nach Fierze, wo gerade die *Berisha* anlegt. Wir staunen nicht schlecht, denn die kleine Fähre ist übervoll mit Touristen: Backpacker, Motorradfahrer, ganze Familien, zwei, drei Wohnmobile, ein VW-Bus, drei geländegängige Allradfahrzeuge – all das ergießt sich auf die Mole, füllt die *Furgons* bis auf den letzten Platz, besetzt die vorderen Sitze in den Reisebussen und düst gen Valbona.

Der Massentourismus, er hat längst begonnen. Und er schert sich einen Dreck um das Dibertal und Peshkopi, er schafft es nicht nach Kelmend und Vermosh, er bleibt bei Berat stecken und biegt nicht nach Gramsh ab, er findet nach Vlora, vergisst aber das Shushica-Tal, er blickt über den Ohridsee und lässt den Prespa links liegen. Was kann man machen?

98. Grund

Weil Albanien, sobald immer Sie glauben, es zu kennen, Sie eines Besseren belehren bzw. sich wie von alleine noch eine weitere Schicht offenlegen wird ...

Ich hätte sie ja wenigstens vorwarnen können, andeuten, was da bevorstünde, sagte Emilija später, aber ich wusste ja von nichts. Hätte ich ahnen können, dass Dike und Gjin uns ganz genauso empfangen würden wie mich am allerersten Tag, damals im frühen Herbst 2006, als ich erstmals nach Albanien kam und gleich in Naraç landete? Ich hatte darüber nachgedacht, es so zu handhaben wie bei meiner Großmutter und ohne Ankündigung aufzulaufen, um Mühen und Aufwand zu vermeiden. Aber mich nicht zu melden, das war mir ungebührlich erschienen, zumal ich nicht alleine kam. Daher hatte ich Dike auf dem Laufenden gehalten und Bescheid gegeben, wann wir ankommen würden. Dike wiederum muss daraufhin den Tag am

Herd gestanden haben, den Gjin türmte so lange Essen vor uns auf, bis der Tisch voll war, randvoll. Manche Dinge ändern sich nicht.

In Vau-Deja waren wir zuvor abgesetzt worden, genau vor der Kathedrale, und hatten erst einmal im Schatten Position bezogen, um etwas Brot mit *Fërgesë* zu essen, von der langen Fährfahrt ausgehungert, wie wir waren. Die dicke, heiße Luft der Ebene wirkte wie eine Wand, und wir warteten ab, bis die Sonne ein wenig nachließ, um im Abendlicht entlang des Dammes die paar Kilometer bis nach Naraç zu laufen – in den äußersten Winkel der Zadrima-Ebene, dort wo mit den Berge die Mirdita beginnt.

Gjin hatte Emilija vom ersten Augenblick an ins Herz geschlossen: eine Frau, die rauchte, eine Frau, die den Raki nicht ablehnte! Großartig! Dike hingegen unternahm eine genauere Prüfung von Emilijas Qualitäten, erst im Nachhinein würde mir diese Serie kleinerer Tests als solche auffallen: Es begann damit, dass sie ihr unmittelbar nach dem Essen, als wir fast schon im Aufbruch zu den Nachbarn waren, Nadel und Faden reichte, mit der Bitte, ihr zu helfen, sie würde das Öhr so schlecht finden.

Gjin und Dike darf man auf keinen Fall als konservativ-traditionellen Haushalt begreifen, ganz und gar nicht. Ich führe Sie nur vorsichtig an eine kulturelle Schicht heran, die den offensichtlicheren, moderneren unterliegt, diese speist und füttert und zuweilen durchdringt. Dann etwa, wenn es ums Kaffeemachen und Servieren geht, das nicht nur in der Mirdita definitiv ebenso Frauenaufgabe ist wie das Kochen. Ich muss gestehen, dass ich die Technik des dreimaligen Aufbrühens zwar beherrsche, mir aber über die Qualitätsunterschiede im Mokkamachen nie ganz klar wurde. Jedenfalls bereitete Emilija anderntags den Kaffee zu, weil ich mit Gjin schon beim Raki saß:

– Jorgo, Raki zum Frühstück?

– Ach ne, lass mal …!

– Also ich trinke ja einen!

Wir tranken aus den breiten Stamperln, Gjin stellte ein hohes, sehr schmales Glas für Emilija dazu, das er jedoch randvoll füllte. Dike trinkt weder Kaffee noch Raki, nippte aber an Gjins Kaffeetasse, nur um zu prüfen, ob es denn passt. Es muss gepasst haben bzw. irgendetwas muss Emilija richtig gemacht haben, denn als im Gespräch herauskommt, dass sie nicht kochen kann, da winkt Dike ab, kein Thema:

– Kann man doch lernen, da gibt es sogar Kurse!

Es sind die ewigen Wahrheiten der Berge, die strikte Teilung von Rollen, die sich in der Zadrima-Ebene zu Wort melden. Es ist die Überlieferung eines Regelwerks vormoderner Gesellschaftsformen, in welchen jeder seine Funktion zu erfüllen hatte, um das kollektive Überleben zu sichern. Nur weil ich diesmal in Begleitung in Naraç auftauche, fällt ein Thema unter den Tisch: Ehe und Nachkommenschaft. Bislang wurde sich noch jedes Mal erkundigt, wie es diesbezüglich denn stünde. Und da ich keine entscheidenden Neuigkeiten zu bieten hatte, hieß es jeweils:

– Wir finden dir jemanden.

»Glückliche Liebe – zahlreiche Kinder werden ohne ihr Zutun geboren«, schrieb Wislawa Szymborska. Aber es mangelt mir an Ambitionen, Kinder in diese verrückte, überfüllte Welt zu setzen.

Anmerkung: Dass wir in Naraç überhaupt die Küche betreten, dass ich am Abend einen Rote-Bete-Salat machen würde, Emilija den Kaffee zubereitet hatte – also, wer das ländliche Albanien kennt, der weiß, was das bedeutet. Wir sind ziemlich weit vorgedrungen, in die Tiefe Albaniens und haben dabei ein paar Grenzen überschritten. Aber dafür sind Grenzen ja da.

99. Grund

Weil sich Naraç verändert hat und doch vieles beim Alten ist

Während so vieles beim Alten ist und Albanien in Naraç ganz bei sich selbst geblieben zu sein scheint, ungestört fortlebt, hat sich das Dorf doch verändert: Es ist hübsch geworden. Fast alle Häuser sind renoviert, ein paar neue sind hinzugekommen, überall stehen Blumenkübel. Wer hier heiratet, dem wird auf dem elterlichen Grund ein neues Haus gebaut, selbst dann, wenn er im Ausland leben sollte: Wer aus Naraç kommt und eine eigene Familie gründet, der braucht ein Haus in Naraç. So sind zahlreiche einstöckige Häuser in den letzten Jahren dazugekommen, gepflegt, bunt gestrichen, mit Blumen und Ziersträuchern an den Einfahrten.

Nicht geändert hat sich das Gewirr der Wege entlang der mit Mauern oder Zäunen eingefriedeten Häuser. Die bäuerliche Lebensweise ist noch immer die gleiche, mit dem Unterschied, dass es inzwischen möglich ist, seine Erzeugnisse zu verkaufen, mit dem Unterschied, dass auch in Naraç inzwischen Geld zirkuliert. Die Schule steht immer noch wie ein Block in der Landschaft, ist aber neu gestrichen worden. Neben der alten Kapelle wird eine Kirche gebaut, groß genug, um es mit den Gläubigen aufzunehmen, den treuen Kirchgängern und jenen, die in die Heimat oder zum Glauben zurückfinden. Der Architekt ist ein gewisser Alfons Shtjefni.

100. Grund

Weil die einen feiern, während die anderen trauern – und das jeweils nach Geschlechtern getrennt

Wieso wir denn zu dieser Hochzeit gegangen seien, wo ich doch noch nicht einmal wusste, wer heiraten würde? Das wurde ich anschließend aus Deutschland gefragt. In Naraç war es selbstverständlich, dass wir zusammen mit Gjin und Dike der Hochzeitsgesellschaft zumindest einen abendlichen Besuch abstatteten, das gehört sich so: Natürlich sind Gäste von Gästen dazugeladen – kämen sie nicht, es wäre den Gastgebern ein Verlust! Und wie soll das denn überhaupt gehen, Gjin und Dike ziehen zu lassen mit dem Argument:

– Och nö, grad kein Bock auf Hochzeit, will lieber das Buch auslesen.

Ne, Leute, so läuft das nicht, nicht hier! Wohlgemerkt wird von einem gar nichts erwartet, kein Gastgeschenk, kein Geld, die reine Anwesenheit trägt ausreichend zur gelungenen Feier bei! Zu einer Feier, die sich über sieben Tagen hinzieht und dann in die eigentliche Hochzeitsfeier mündet, und die der Bräutigam ausrichtet. Es verhält sich nämlich so: Sowohl im Haus der Braut als auch in dem des Bräutigams wird sieben Tage lang mit der jeweiligen Sippe gefeiert. Allerdings unter ganz unterschiedlichen Voraussetzungen: Im Haus der Braut wird tendenziell getrauert, diese muss sich bekümmert zeigen, denn sie verlässt ja das Elternhaus. Ganz anders dagegen beim Bräutigam, dort geht es hoch her. So muss man Hochzeiten angehen: gegeneinander feiern, die Familien sowie Männlein und Weiblein trennen, den Frauen nichts zu trinken geben, und dann sieben Tage durchfeiern!

Als wir in den Garten eintreten, werden wir getrennt, Dike und Emilija nehmen bei den Frauen Platz, Gjin und ich auf der Männerseite. Alkohol und Zigaretten sind ein Privileg der Männer und kursieren nur an deren Tischen, die Damenwelt wird mit Cola und

Fanta abgespeist. Zigaretten muss man gar nicht mitnehmen, weil alle naselang einer rumrennt und Respektszigaretten verteilt, ob du grad eine rauchst, Nichtraucher bist oder drei Packungen dabei hast, egal. Den Spaß, meine Packung Zigaretten über die Grenze zu werfen, zu Emilija und damit dorthin, wo Rauchen und Trinken offiziell verpönt sind, den mache ich mir allerdings!

Die Geschlechtertrennung auf der Hochzeit hatte mich unvorbereitet getroffen, aber wenn ich drüber nachdenke, dann ist sie nur die logische Konsequenz aus dem Alltagsreglement: Soziale Kontakte zwischen männlichem und weiblichem Geschlecht außerhalb der Verwandtschaftsbeziehungen sind nicht wirklich verboten, gleichzeitig aber auch nicht vorgesehen: Das einzige örtliche Café, der »Club«, wie Gjin es nennt, ist den Männern vorbehalten.

Auf der Hochzeit hat die Trennung nach Geschlechtern den Vorteil, dass die Frauen sich frei unterhalten können, ohne dass deren Männer und Söhne mithören würden. Bei den Männern bleibt es beim Anekdoten-Austauschen, Witzemachen und dabei, in hoher Geschwindigkeit Bier zu trinken. Vor allem Bier, denn es ist zu heiß für Raki: Gjin weiß die angebotenen Gläser zu verhindern, und wir stoßen lediglich ein einziges Mal mit dem Raki des Hauses an. Mir ist das Ganze ein Fest, denn ich treffe Leute wieder, die ich 2006 oder 2009 getroffen hatte, als ich mich länger in Naraç aufgehalten hatte: Gesichter lachen mich an, die ebenso wie meines, ein ganzes Jahrzehnt gealtert sind!

Ein DJ spielt auf, fast ausschließlich tanzen die Frauen – vom Vater des Bräutigams, dem eigentlichen Gastgeber, animiert, von den Müttern und den älteren Frauen aufgefordert, sich den anwesenden unverheirateten Männern zu zeigen, sich zu präsentieren. Allein: die Männertische sind ins Glas vertieft und nehmen kaum Notiz. Die Tische bleiben gefüllt, es gibt Salat, *Qofte* und alles mögliche andere – unsichtbar bleiben diejenigen, die von der Küche aus für den stetigen Nachschub sorgen.

101. Grund

Weil »Tomorrowland« ebenso gut im Dorf Naraç stattfinden könnte bzw in der Tat stattfindet, jedenfalls die Miniaturversion davon – und das hab noch nicht einmal ich behauptet, sondern Anthony Quinn …

Am nächsten Abend das gleiche Prozedere, davon abgesehen, dass Dike und Emilija zu Hause bleiben: Es reicht, wenn die Männer erscheinen. Ich witzele, wir würden zur Dorfdisco gehen, zum »Naraç-Festival«. Und richtig: der zweite Abend unterscheidet sich in nichts vom vorhergehenden, sieht man von zwei, drei Umbesetzungen ab. Die wichtigste ist Anthony Quinn, neben dem ich platziert werde, weil dieser Englisch mit amerikanischem Einschlag spricht.

– *How are you, man?*

Er, der in New York gelebt hat und jetzt in Belgien wohnt, ist es auch, der mir das Stichwort liefert:

– *This is like a small Tomorrowland, isn't it?*

Recht hat er, zumal es morgen weitergehen wird. Dann aber ohne uns, wir müssen zurück nach Shkodra. »Tomorrowland« ist ein Festival in Belgien, bisschen so wie die »Fusion« bei Berlin: Mucke, Drogen und der ganze Kram, der, auch wenn mit unklarem Anspruch eingerahmt, im Grunde Party bedeutet und kein Ende hat.

Anthony, der natürlich ganz anders heißt, aber eine verblüffende Ähnlichkeit mit dem jungen Quinn hat, nennt den Vater des Bräutigams den »CEO« der Veranstaltung. Dieser drängt mich zu bleiben, anderntags wiederzukommen und auch an der eigentlichen Feier, der Hochzeit am achten Tag, teilzunehmen. Zum einen geht das nicht, zum anderen will ich das nicht, und zum Dritten würde das nach hinten losgehen. Aber wie so häufig erweist es sich als sinnvoll, wiedergekommen zu sein, einen zweiten Abend dort verbracht zu haben und nicht sofort wieder verschwunden zu sein: Sofort entsteht eine andere Ebene, man beginnt damit, aufzuhören, ein Tourist, ein Exot zu sein, sofort wird man eingemeindet.

Gjin meint, so zehn, zwanzig Minuten müssten wir noch bleiben, dann sei dem Respekt Genüge getan und wir dürften langsam den Rückzug antreten. Langsam deshalb, weil ich mich reihum ausführlich verabschieden muss, denn ich bin ja nicht mehr da, anderntags, wenn es weitergeht. Gjin jedoch muss wieder ran.

102. Grund

Weil es Wege in die Männerwelt gab, die aber nur in Ausnahmefällen bestritten wurden – heute bevorzugt man das Doppelleben

Ein Wort zu den eingeschworenen Jungfrauen, wie eingangs versprochen: Eine eingeschworene Jungfrau zu werden – eine *Burrnesha*, also eine »Manngleiche« – war ein Weg in den Bergen, die Frauenwelt zu verlassen und ein Leben als Mann zu führen. Die jeweilige Frau schwor vor dem Ältestenrat der Sexualität ab, kleidete sich in Männergewänder, trug in der Folge Waffen, rauchte und trank.

Dieser Weg wurde aus folgenden Gründen gewählt: Entweder fehlte der Familie ein männliches Oberhaupt, das deren Rechte wahrnehmen konnte, sodass eine Frau nachfolgte, um mit den Rechten auch die Pflichten zu übernehmen. Oder aber es galt, eine Heirat abzuwenden, und der einzige Weg, dies zu tun, ohne Schande über die Familie zu bringen, war es, hinfort als Mann zu leben. Die Tradition diente also der Selbsterhaltung bzw. dem Überleben in Stammesgesellschaften.

Vor wenigen Jahren hieß es, es gäbe noch mehrere Dutzend *Burrnesha* in den nördlichen Bergen, allesamt in hohem Alter. Das Phänomen der eingeschworenen Jungfrau ist also ein Überbleibsel aus vormoderner Gesellschaftsverfassung und stirbt aus. Die Aufmerksamkeit, die diesem Thema regelmäßig in den Medien zukam, steht im umgekehrten Verhältnis zur Relevanz für das heutige Alltagsleben in Albanien. Wer heute den »Weg als Mann« wählt, der heiratet erst mal nicht, der lebt vorzugsweise im Ausland und lässt sich auf die Ehe und die damit einhergehende Pflicht, Kinder zu bekommen und einen Haushalt zu führen, einfach nicht ein und verfolgt stattdessen eine eigenständige Karriere und verschiebt Familie nach hinten, auch wenn die Eltern insistieren und drängeln – man macht also nichts anderes als das, was im Westen seit Jahrzehnten gang und gäbe ist.

Wer vom Land kommt und in Tirana studiert, der führt notwendig ein Doppelleben und verschweigt zu Hause, wie der Alltag in Tirana aussieht – die gilt für beide, Männer wie Frauen. Die neu erlangte Freiheit in der Großstadt wird bezahlt, indem früher oder später mit der Familie ein neues Gleichgewicht gefunden werden muss. Früher oder später kommt es zum Konflikt, indem der Nachwuchs klarmacht, sei es durch Worte oder Taten, dass er es den Generationen zuvor nicht gleichtun wird – und zwar wurschtegal, ob die Eltern Wert darauf legen, möglichst bald Großeltern zu werden oder nicht. Wie sagte es Elton vor Kurzem so schön: Die Generation seiner Eltern war nie jung, wie könnte sie also verstehen, was jung zu sein heute bedeutet – und wie könnte sie den Wunsch verstehen, jung bleiben zu wollen. Also frei zu bleiben von all den Ketten, deren Druckstellen die Vorgängergeneration noch spürt.

103. Grund

Weil Sie nicht in Albanien geboren wurden

Sagen wir es mal so: Albaniens Ursprünglichkeit lässt sich ganz gut genießen, wenn man nicht gerade Teil davon ist. Wenn man selbst nicht vom Regelwerk, den Selbstverständlichkeiten, den Erwartungen und den damit einhergehenden Pflichten betroffen ist und lediglich mit deren äußerlicher Erscheinungsweise befasst bleibt, dann hat man es leicht. Dann lässt sich Albanien auch leicht romantisieren. Die Lebenswirklichkeit, die mit jenen Bildern einhergeht, die wir als romantisch empfinden, ist jedoch alles andere als das: Sie ist hart, teilweise unbarmherzig, manchmal von ursprünglicher Kraft und Einfachheit, manchmal unverdorben, häufig kompliziert und anstrengend.

Als Ausländer werden einem zudem vielerlei Zugeständnisse gemacht: Dass unsereins vieles nicht versteht, sich daher schon mal danebenbenimmt bzw. nicht schnallt, was Sache ist, dies wird wiederum seitens der Albaner verstanden, und man lässt es gut sein, man verzeiht all die kleinen Fehltritte, die unser Auftritt so mit sich bringt. Als Liz z. B. bei Gjergj anregte, dieser möge doch die Brotkörbchen auspreisen, Geld dafür verlangen – was von Georgien über die Türkei bis weit in den Balkan hinein völlig unmöglich ist: Brot wird nicht bezahlt, das Geld wird über die Gerichte eingenommen, peinlich wäre es, für ein paar Scheiben Brot einen geringen Betrag zu verlangen, das gehört sich nicht – da konterte dieser folgendermaßen:

– Nun gut, machen wir. Ab morgen zahlst du für das Brot!

Auch sind wir überhaupt nur im Land, weil wir etwas genießen, was 70 bis 80 % der Albaner nicht haben: Freizeit und Geldmittel. Es gibt gewissermaßen vier Teile der heutigen albanischen Gesellschaft: Da sind zum einen die Zurückgelassenen, die einfachen Bauern, die Arbeiter, die oftmals des Lesens und Schreibens unkundig für geringes Geld gering geschätzte Arbeit erledigen, in engem Radius leben und von der Welt nichts gesehen haben. Auf dem anderen Ende der Skala tummeln sich die Profiteure, die Profitmaximierer, die Großunternehmer, die Verschieber und Politclowns – also all jene, die über Albaniens Geschicke bestimmen und davon direkt und indirekt profitieren.

Zwischen beiden Polen lebt die albanische Mittelschicht dahin, sehnt sich nach Stabilität und Perspektiven gleichermaßen, stellt aber seit Jahren nur wenig Verbesserungen fest. Der vierte Teil hat das Land verlassen, es sind die fernen Kinder, von denen die vor Ort gebliebenen Eltern berichten, die in einer Berliner Pizzeria arbeiten, auf dem Bau in London oder irgendwo im Marketing und Management, es sind jene, die im Ausland studieren, aber nicht zurückkommen, weil sie in Albanien keine vernünftigen Chancen sehen, nicht wertgeschätzt werden und nicht ausreichend bezahlt.

Noch heute muss man an an bestimmte Positionen kommen, um über diese sein Einkommen zu bestreiten, anstatt über die Arbeit selbst. Wer nicht in einer solchen Position ist, der muss mit dem arbeiten, was sich anbietet: mit den Touristen, indem man diese verköstigt, mit dem Gras am Strand, um die Ziegen fett zu bekommen, mit einem kleinen Café und wenig Kundschaft irgendwo auf dem Dorf …oder mit der Metzgerei, die Altin in Gjirokastra übernommen hat, um seiner Tochter eine gute Ausbildung zu ermöglichen. Altin hat dafür seinen Lehrerjob gekündigt und betreibt nebenbei einen Imbiss. Ich habe ihn nach Amerika ans Meer eingeladen, und Altin hat gesagt:

– Vielleicht in fünf, sechs Jahren.

Elli findet Strand, Meer und Touristen im August vorsichtshalber doof, weil sie es ja doch nicht hinunter schafft. Elli ist von morgens sechs Uhr bis abends 22 Uhr mit dem Kiosk beschäftigt. Wenn sie nachmittags eine Pause einlegt, dann stellt sie die ältere Tochter in den kleinen Laden. Aber frei hat sie nie. Sollte sie sich freinehmen, dann um irgendwo anders einen Termin wahrzunehmen.

Wir hingegen sind die Mobilen, wir reisen durch, streunen durch fremde Dörfer, staunen und sind wieder weg. Wir können von Glück reden, dass man uns unterwegs so freundlich unter die Arme greift, über unsere Defizite hinwegsieht, uns nicht belehren will, sondern uns einfach nur neugierig hinnimmt als das, was wir sind: ahnungslose, liebenswerte, manchmal ein bisschen anstrengende Trottel.

VII

Zurück in der Republik der Möwen

104. Grund

Weil zwischen Norden und Süden mehr als ein Tag liegt, auch wenn Sie es nicht einsehen wollen

Dieser Sommer! Knapp 40 Grad waren es in Shkodra, als Emilija mit dem Bus in Richtung Podgorica und Kotor aufbrach. Am Abend zuvor hatten wir uns angezickt, vielleicht aufgrund der schwülen Hitze, vielleicht weil keiner von uns mit dem Aufbruch so ganz einverstanden war. Emilija musste nach Norden und ich nach Süden, in Shkodra trennten sich die Wege. Zum Bus brachte ich sie, wo eine Traube von Touristen schwitzend wartete. Der Fahrer kassierte eine dieser überraschenden Balkan-Zusatzgebühren, pro Gepäckstück wurden zwei Euro fällig, Emilija kramte nach dem kleinsten Kleingeld. Der Fahrer grinste nur und meinte dann zu mir, wo in Gottes Namen ich denn hinwolle – im Sinne von: »Warum steigst du Idiot nicht mit ein?«

Ich Idiot stieg deshalb nicht ein, weil das Haus, der Garten und meine Arbeit im Süden auf mich warteten. Fast drei Stunden musste ich überbrücken, bis mein Bus fuhr, bis am frühen Nachmittag der einzige *Furgon* aufbrach, der Tirana umgehen und direkt nach Vlora fahren würde. Der Fahrer hielt am Straßenrand nach mir Ausschau, weil ich ihm angekündigt worden war, er wollte sichergehen, dass ich die Seitenstraße, in welcher der Mercedes-Transporter stand, auch finden würde. Es war eine Art Erleichterung, die mich befiel, als der Bus sich endlich in Bewegung setzte und im Schritttempo durch das strahlend-mediterrane Shkodra fuhr. Dann die ärmlichen Siedlungen am Stadtrand passierte, die fruchtbare Ebene der Zadrima querte, an den Dörfern, den Kirchtürmen, den Minaretten vorbei. Nach Süden, zurück nach Süden! Wenn man etwas beherrschen muss als Reisender, dann ist es der Abschied: Die Ankünfte sind nichts, die Abschiede aber reißen die Zeit in zwei Teile: Alles, was war, ist Vorher, alles, was wird, ist Nachher. Dazwischen liegt ein ungemütlicher Ort.

Es war vermessen gewesen, zu glauben, ich würde es noch am selben Tag zurück nach Amerika schaffen. Das Land streckte sich in der Sommersonne, die Zeit schmolz dahin, in Vlora schon schien Schluss zu sein, dann aber fuhr doch noch ein Bus nach Orikum. Dorthin zu fahren, dies war ein wenig sinnlos, aber sich weiterzuwühlen, jede erdenkliche Möglichkeit zu ergreifen, so sie nur in die richtige Richtung führt, der Welt seinen Willen aufzuzwingen, es zumindest zu versuchen, dies schien mir eine sehr albanische Vorgehensweise zu sein. Zu Recht: Denn in Orikum erbot sich ein Taxifahrer, mich für geringes Geld noch zum Llogara-Pass hochzufahren, wo ich schließlich kurz vor der Dämmerung landete und mitten im Wind unter uralten Kiefern mein Zelt aufschlug. Nichts schien mir logischer, als zu stranden und auf 1000 Metern über Seehöhe zu campieren, um anderntags als Verlorener am Pass zu stehen und den *Furgons* zu winken. Mittags schon saß ich bei Elli. Gjergj kam gerade vom Einkauf aus Saranda zurück, und mit dem Pick-up ging es zurück ans Meer, an den Strand – an meinen Strand und mein Meer, zu meinem Zuhause.

105. Grund

Weil mit der Zeit der Zikaden der Sommer erst so richtig anfing

Die Zeit der Zikaden begann ziemlich genau zur Zeit der Aprikosen oder aber ein paar Tage später, denn die Zeit der Aprikosen ist sehr kurz. Genaugenommen dauert die Zeit der Aprikosen nur wenige Tage, kaum eine Woche. Sobald die letzten Früchte reif geworden waren, setzte von überallher jenes schnarrende Geräusch ein, das für den Süden steht und den Sommer anzeigt. Die Zeit der Zikaden zieht sich bis in den August, bis zu den Tagen, die man im Norden »Hundstage« nennt.

Oh großes Jahr, deine Rhythmen, deine Zeiten, großer Gott der kleinen Dinge, Schönheit des Betrachtens, Glück des Bleibens. Wer zu früh geht, wer zu schnell weiterzieht, der sieht nichts von dir, der kennt nicht deinen Gang, die Wechsel, deine Gezeiten. Und was für ein Sommer sich da ausgebreitet hatte, wie groß, wie weit, wie bleich und ausdauernd: Als die Zikaden nachlassen und die Grillen übernehmen, wird es im Dorf so richtig heiß, die Steine haben sich in den Wochen zuvor mit Hitze aufgeladen und strahlen diese nun wieder ab. Sobald der Wind aussetzt, brennt die Luft, jede schnellere Bewegung führt zu einem Schweißausbruch. Die Konturen der Berge verschwimmen, die Berghänge über Amerika färben sich erst grau und schließlich weiß, die Steine haben den Kampf mit der Vegetation gewonnen, der Farn und die Gräser aufgegeben. Nur dort, wo das Wasser aus dem Berg schießt, dort grünt und wuchert es, dort wächst der wilde Fenchel meterhoch, und die Feigen tragen zum zweiten Mal. Ein Paradies ist die Natur, voller Fülle die Welt. Die Früchte in meinem Garten kamen und gingen, zu Zonjë Theodora wurde ich gerufen, um von den Pflaumen zu nehmen, Erion brachte Tomaten vorbei. Die Trauben wurden reif. Oh großes Jahr, deine Gezeiten, wie sind wir reich an dir!

106. Grund

Weil Ordnung nur das halbe Leben ist und Jahreszahlen so eine Sache sind

Elton reiste aus Fier an, um die letzte Augustwoche an der *bregu* zu verbringen. Wir nutzten die Zeit, um Zonjë Theodora einen längeren Besuch abzustatten. Durch Eltons Vermittlung war es endlich möglich, all die kleinen Geschichten, die Theodora mir über das halbe

Jahr erzählt hatte, in einen Zusammenhang zu bringen. Den groben Sinn hatte ich jeweils ganz gut begriffen, nicht aber die Details, auf die es ankommt. Selbst Elton, der Toske ist, den örtlichen Dialekt spricht, tat sich sichtlich schwer, Ordnung in die Erzählungen zu bringen. Dies liegt nicht etwa daran, dass Theodora chaotisch erzählen würde, es liegt an den chaotischen Umständen, den ausufernden Familienverhältnissen und daran, dass Theodora aus einer Zeit stammt, die es mit Daten und Abläufen nicht so genau nimmt. Nicht überall wurden Kinder auch registriert und wenn, dann häufig im Nachhinein, gegebenenfalls Jahre später. Das Geburtsdatum, das dann offizielle Dokumente ziert, entspringt häufig der Fantasie des Beamten.

– Vor der Olivenernte sagen Sie? Na gut, wenn das so ist, dann schreiben wir halt November. Irgendein Wochentag, der Ihnen besonders gefällt?

In Theodoras US-amerikanischem Pass ist 1932 vermerkt, Theodora kann das weder bestätigen noch dementieren. Der Pass wurde Ende der 70er-Jahre durch die Botschaft in Tirana ausgestellt. Und das kam so: Theodoras Vater ist früh emigriert, sieben Monate nach ihrer Geburt, um genau zu sein, wurde US-Amerikaner, hat die Familie aber nie nachgeholt (was sich durch die Machtübernahme der Kommunisten schwierig bis unmöglich gestaltete), aber regelmäßig Geld geschickt. 1978 sei er durch einen Autounfall ums Leben gekommen. Deshalb habe ihre Mutter heimlich die Botschaft aufgesucht, um in Erfahrung zu bringen, ob es irgendwelche Alimente gäbe. Gab es nicht, aber es gab einen Pass für sie, für das Kind des US-Bürgers. Das hätten sie stets geheim gehalten, darüber durfte keinesfalls gesprochen werden.

Früh zu heiraten, ein Kind zu zeugen, um sodann das Land zu verlassen, war übrigens durchaus üblich: Eltons Urgroßvater hat es genauso gehandhabt, die schwangere Frau zurückgelassen, um nach Amerika zu segeln. Ähnliche Geschichten gibt es aus den 90ern – Familienväter, die sich in abenteuerlicher Weise in die USA aufmachen, um von dort aus die Sippe zu ernähren. Häufig dauerte es Jahrzehnte, bis die Papiere geregelt waren und genügend Geld da war, um die Heimat zu besuchen. Auch Theodoras Vater ist zwischenzeitlich an die Küste zurückgekehrt, für wenige Wochen im Frühling 1978, ein halbes Jahr vor seinem Tod. Theodora hat ihren Vater also kennengelernt, als sie selbst schon Großmutter war.

107. Grund

Weil ich aus dieser Affäre wohl nicht mehr herauskommen werde

Als die Wehrmacht in Südalbanien einrückt, stößt sie in Shën Vasil auf erbitterten Widerstand. Die Straße zur Küste war von den Partisanen aufgerissen worden, die Brücken waren gesprengt. Unter denjenigen, die gefasst wurden, war auch Theodoras Mann (ja, ihr Mann: Theodora wurde im Alter von ungefähr 13 Jahren verheiratet). Wer die Tat leugnete, wurde an Ort und Stelle erschossen, die anderen wurden beim Wiederaufbau eingesetzt und als Kriegsgefangene nach Deutschland deportiert, um dort in den Fabriken zu arbeiten.

Theodoras Mann verschlägt es 26-jährig in eine Brauerei, irgendwo im süddeutschen Raum. Dort bleibt er nach Kriegsende zunächst, denn dort hatte er jemanden gefunden, der ihm wie eine Frau gewesen sei – so drückt es Theodora aus. Maria sei ihr Name gewesen. Erst nach eineinhalb Jahren kehrt er nach Albanien und in seine eigentliche Familie zurück, arbeitet als Buchhalter im örtlichen Magazin und entwickelt beste Verbindungen zu den Größen der Partei. Dadurch schafft er das Kunststück, Jahrzehnte später nicht nur den Aufenthalt des Schwiegervaters zu ermöglichen, sondern auch das Angebot der Sigurimi (also der Geheimpolizei), als Spion nach Amerika zu gehen, auszuschlagen:

– Frau und Kinder habe er, vier Töchter! Niemals könne er die alleine lassen, nicht in diesen schwierigen Zeiten, wo jederzeit der Feind am Horizont erscheinen könne! Nein, es sei seine patriotische Pflicht, an der einsamen Küste zu bleiben und den Sozialismus aufzubauen!

Natürlich habe sie ihm damals die Liebschaft verziehen, zum einen sei er ja nach Deutschland gezwungen worden, zum anderen: Was ist ein Mann schon ohne eine Frau? Zum Dritten sei sie zu froh gewesen, ihn wiederzuhaben, als dass sie ihm Vorwürfe hätte machen wollen. Jedoch hätten sie und ihre Töchter sich später schon gefragt, ob die Beziehung der beiden nicht eine Frucht getragen habe. Als ich dann dahergekommen sei, erst in Amerika strandete, dann wiederkam, blieb, mich des Gartens annahm und schließlich in das alte Haus zog, da sei es ihre Älteste gewesen, die gemutmaßt habe, es könne doch durchaus sein, dass ich, der Deutsche von Alt-Amerika, eine Frucht dieser möglichen Frucht sei.

108. Grund

Weil so ein ganzes Gebäude schnell mal weg sein kann, wenn man sich ungebührlich aufführt

Was sonst noch so passierte, im heißen August 2019, wenige Kilometer von Amerika entfernt: In Porto Palermo gab es ein Restaurant, dessen Besitzer gelinde gesagt ein wenig eigen agierte. Er hatte die Angewohnheit, Bestellungen umzuinterpretieren, von diesem mehr und jenem weniger zu servieren, etwas ganz wegzulassen, etwas hinzuzufügen. Man muss dazusagen, dass dieser Mann die Küche selbst besorgte, also wohl etwas überfordert war. Die Augusthitze wird auch eine Rolle gespielt haben. Jedenfalls lehnte sich eine Gruppe spanischer Touristen gegen die oben genannte Verfahrensweise auf und beschloss, dasjenige, was sie nicht bestellt hatten, auch nicht zu bezahlen. Als die Nachricht von solcherlei Aufsässigkeit die Küche erreichte, rannte der Besitzer wutentbrannt auf den Parkplatz, wo die spanische Gruppe gerade den Mietwagen angelassen hatte.

– WER WILL HIER NICHT BEZAHLEN?!?

Er warf sich auf die Motorhaube, das machetenartige Küchenmesser noch in der Hand. Die Spanier fuhren, da in Angst, trotzdem an und drosselten auch dann die Geschwindigkeit nicht, als ihnen mit bloßen Händen die Windschutzscheibe zertrümmert wurde. Erst hinter Borsh stoppten sie das Auto, der Typ rollte von der Motorhaube, seine Hand blutete, die Spanier gaben Gas und steuerten die nächste Polizeiwache an. Nun, es ist ebenso schwer zu verstehen, warum der Mann derart auf die Spanier losging, als auch, warum diese nicht früher anhielten. Auch ob die Windschutzscheibe noch in Rage oder schon in Panik zertrümmert wurde, lässt sich nicht mehr feststellen. Aber egal, darum geht es jetzt auch nicht, es geht darum, dass solcherlei Szenen Albaniens Ruf als Tourismusdestination nicht dienlich sind! Ganz und gar nicht – das wird nicht gern gesehen in Tirana, so was! Nun, der Restaurantbau in Porto Palermo war wie so viele andere nicht wirklich legal, sondern befand sich, wie man in Albanien so schön sagt, »im Prozess der Legalisierung« – also der nachträglichen Genehmigung. Während diesem aber kann alles passieren, und das ist es auch: Keine Woche nach dem Vorfall, der als Video im Internet kursierte, das die Spanier aus Dokumentationsgründen aufgenommen hatten und das von den einheimischen Medien in aller Ausführlichkeit gezeigt wurde, rückten in Porto Palermo Miliz und Bautrupps an und trugen das Restaurant ab. Sie trugen es feinsäuberlich ab, es gibt keine Spur mehr von dem Gebäude …

109. Grund

Weil der Fortschritt vor keiner Kuh haltmacht

Keine Woche zuvor war die Polizei mit etwa 30 Mann an den Gjipe-Strand gekommen. Die Panik, die einige der Backpacker ergriff, sollte sich jedoch als unbegründet erweisen, das hektische Verstecken von Drogen aller Art als unnötig: Die Polizei war nicht etwa angerückt, um ein paar Touristen den Spaß zu verderben, sondern um illegalen Bars und der Strandbewirtschaftung das Handwerk zu legen. Innerhalb weniger Stunden wurde kurz und klein geschlagen, was die Betreiber über Jahre hinweg zusammengetragen hatten.

Keiner hatte eine Lizenz oder etwa die Genehmigung, um Sonnenbetten am Strand aufzustellen, niemand hatte auch nur im Traum daran gedacht, eine solche einzuholen – würde man doch gerade dadurch auf sich aufmerksam machen, schlafende Hunde wecken und ganz bestimmt das Gegenteil des Erwünschten erreichen. Dass sich bislang niemand, keine übergeordnete Behörde und auch nicht die Gemeinde, um die zusammengezimmerte Infrastruktur am Gjipe-Strand gekümmert hatte, war insofern logisch, als dass das Treiben am Strand bislang unwichtig gewesen war. Es war so lange unwichtig geblieben, bis es irgendjemand im fernen Tirana gelungen war, Gjipe auf dem Papier in seinen Besitz zu bringen und erste Planungen für ein Hotel anzustellen.

Gewiss würde man die Weltbank alsbald dazu bringen, den Feldweg, der an den Strand hinunterführt, auszubauen und zu teeren, dann wäre albanischen Investitionen im Wortsinne der Weg geebnet (ganz genauso wie es am Palasë-Strand bei Dhërmi gelaufen war). Und wann immer ein Investor auf den Plan kommt, wird es Zeit, die Regeln durchzusetzen bzw. die ortsansässigen Bauern, die sich über die Touristen ein Auskommen verschafft hatten, loszuwerden.

Deren Hab und Gut und all das Material wurden zu einem riesigen Stapel direkt auf dem Strand zusammengetragen. Am Abend brannten in Gjipe weithin sichtbar die Sonnenliegen, die Schilfdächer des Sonnenschutzes, die zusammengezimmerten Blenden, die Theke der kleinen Bar und die aus Baumstämmen geschlagenen Sitzgelegenheiten. Bald würde jemand das Land vermessen, dann kämen die Bagger, und schließlich wäre auch der einst wilde, abgelegene Gjipe-Strand eingeebnet und dem allgemeinen Zirkus unterworfen. Die Kuh, die einer der Barbetreiber gehalten hatte, um sich seinen

Nachschub an *djathë bardhë* und *salsë kosi* selber herzustellen, wurde konfisziert, von zwei Polizisten an den Strick genommen, nach oben zur Straße eskortiert und an einen unbekannten Ort verbracht.

Mittels des Straßenbaus sowie des Programms »100 Dörfer« hat die Regierung (in Tateinheit mit ausländischen Geldern) etwas angeschoben, was nach außen hin als »Entwicklung« und »Erschließung« dargestellt wird. Das Resultat lässt sich vor allem in Dhërmi und in Vuno bewundern: In den alten Dörfern sind allüberall dieselben neuen Fensterläden angebracht, die Fassaden strahlen deswegen in diesem unfehlbaren Weiß, weil sie zur gleichen Zeit weiß getüncht worden sind. In Vuno ist es lediglich der Dorfplatz, der einer umfassenden Umgestaltung unterworfen wurde, in Dhërmi jedoch erstreckt sich mittlerweile ein kilometerlanger Boulevard entlang der See, auf dem ganz Tirana sommers Schau läuft. Daran ist nichts falsch, aber um eine Renovierung handelt es sich nicht, eher um eine gründliche Überarbeitung nach albanischen Vorstellungen. Für Amerika gibt es ähnliche Pläne, und unlängst wurde am alten Kulturpalast ein Schild aufgehängt, dem man eine Ansicht des zukünftigen Dorfzentrums entnehmen konnte. Glatt schien es in der Computeranimation, breit waren die Gehwege links und rechts der Nationalstraße, so breit, dass man dort flanieren könne und nicht länger die Straße für den *xhiro* benutzen müsse. Allerdings fehlte auf dem Plan ein entscheidendes Detail: Ellis Kiosk war nicht mehr vorgesehen, er ist dem Fortschritt im Weg.

110. Grund

Weil nichts sicher ist und niemand dir Sicherheit gibt, das Leben aber trotzdem weiterläuft, notfalls mit der Kalaschnikow in der Hand

Dem alten Panajot war das Handeln seines Sohnes unbegreiflich: Was der denn mit dem ganzen Geld wolle? Geld trüge doch keine Früchte wie die Olivenbäume? Geld verschwände, Geld ernähre nicht. Was das für eine Welt sei, wollte Panajot wissen, in der alle auf einmal nur dem einem hinterherlaufen und sich nicht mehr um das Land kümmern wollten.

– Weißt du, ich bin alt. Ich habe nicht mehr lange. Ich sitze hier vielleicht noch zwei oder drei Sommer lang. Dann ist Schluss. Aber euch, euch beneide ich nicht.

Panajots Sohn hatte in Tirana das Land verkauft, jenen Streifen unten am Meer samt den Olivenhainen am Hang, wo auch Gjergjs Taverne steht. Jetzt war von Bungalows die Rede, die man dort bauen wollte, wobei mir unklar blieb, wer dieser »man« war, wobei ebenfalls unklar blieb, was mit Gjergj passieren würde – der hatte das Land ja erschlossen, urbar gemacht, Strom und Wasser gelegt sowie jeden Stein selbst gesetzt, jedes Brett selber vernagelt. Gjergj sagte, wenn sie es wagen würden, ihn vom Grund zu vertreiben, dann würde er es so machen wie vor ein paar Jahren die Leute von Shën Vasil: Die hatten, als (wiederum in Tirana) die gesamte Bucht verkauft wurde und ein französischer Investor sich anschickte, die Bauern durch Zäune von ihren Ressourcen zu trennen, mit Sprengstoff und nächtlichen Schüssen aus Kalaschnikows den ursprünglichen Zustand wiederhergestellt und die Franzosen in die Flucht geschlagen.

Insbesondere in Albaniens Süden sind Eigentumsfragen hochumstritten, es gibt keine Grundbücher, kein Katasteramt, keine Beweise für Besitz. In den 90ern sind die Familien (im Konsens mit der Dorfgemeinschaft) schlicht auf ihre ehemaligen Felder, Gärten und Olivenhaine zurückgekehrt, haben Steine als Grenzen gesetzt, sich untereinander geeinigt. Gleichzeitig haben sie sich dabei Land oder einen Streifen an der Straße angeeignet, Obstbäumchen gepflanzt oder wie Elli einen Kiosk hingebaut und mit Blumenkisten ummantelt – was angesichts der vollständigen Abwesenheit des Staates in seiner Funktion als Versorger, Versicherer und Reglementierer absolut niemanden scherte. Der Staat, als Rechtsnachfolger des kommunistischen Regimes, hat zwar zum Teil offizielle Rückübertragungen durchgeführt – dann, wenn Papiere vorlagen –, aber nur unvollständig und gerne im Blick auf politische Freundschaften und das eigene Klientel. (Die albanische Regierung als korrupt zu bezeichnen, ist eine Untertreibung, die suggeriert, neben Geld machen und verteilen würde zudem regiert.) Der Süden jedoch samt der griechischsprachigen Minderheit blieben dabei außen vor. Jetzt, wo sich die touristische Karriere der Riviera abzeichnet, nachdem der Ministerpräsident Edi Rama letztes Jahr Vertreter von Thomas Cook und TUI zu informellen Gesprächen zu Gast hatte, jetzt, da die Touristen kommen und Jahr für Jahr mehr werden, da Vlora, Saranda und Ksamil im August überfüllt sind, Himara ausgebucht ist, da strecken sich die langen Finger nach den kleineren Dörfern aus, den abgelegenen Stränden und Buchten. Da werden Erschließungspläne gemacht, Fassaden renoviert und Gelder beschafft, um Feldwege zu asphaltieren und Parkplätze in die Buchten zu bauen.

Was Gjergjs Gästen als ein kleines Paradies erscheint, das ist in Wahrheit keines, es ist ein mit viel Arbeit auf Sand gebautes Glücksspiel. Ob die Taverne nächstes Jahr noch da sein wird, das ist unklar. Ich weiß, dass ich in den Wind spreche, als ich anrege, man möge sich doch zusammensetzen und reden: Die Taverne sei doch ein Vorteil für die Bungalowgäste, und diese würden wiederum zusätzliche Kundschaft für die Taverne bedeuten! Warum also nicht zusammenarbeiten? Ich spreche in den Wind, weil ich genau weiß, dass alle Beteiligten abwarten werden, einfach weitermachen, einander ignorieren, solange es geht. Außerdem weiß ich, dass, wenn von »Bungalows« die Rede ist, wir nicht von fünf oder sieben bescheidenen Holzhütten sprechen. Zum Dritten ahne ich, dass »Bungalows« gleichbedeutend ist mit »Parkplätzen« und »Straße teeren«, die Regierung wird das schon richten.

111. Grund

Weil es Möwen sein werden, die den Adlern Einhalt gebieten: weiße Möwen auf blauem Grund

Der August war weit fortgeschritten, die Tomatenpflanzen infolge der Sonneneinstrahlung und ihrer eigenen Last erst ausgeblichen, dann zusammengesunken – die Aktivitäten rund um Gjergjs Taverne dünnten aus, wurden mürbe wie ein Stück alter Stoff. Fadenscheinig und durchlässig schienen die Silhouetten in der hohen Mittagssonne, die Gestalten im Wasser rührten sich kaum mehr, selbst das Meer entspannte und glättete sich. Es schien ein Stillstand, eine Lähmung um sich zu greifen. Der Touristen waren viele, des Mittags alle Plätze besetzt, Parkplätze keine mehr. Alles war zu viel: die Sonne, die Bestellungen, das Bier, der Raki. Gjergj stand die Müdigkeit in das Gesicht geschrieben, und der *staff* war an seinen Grenzen. Es herrschte so etwas wie Lagerkoller. War ja auch kein Wunder – außer Lado hatten alle nunmehr Monate am Strand verbracht, waren von frühmorgens bis abends spät auf den Beinen, füllten die Ruhepausen mit *Facebook* und *YouTube*, hatten ansonsten nichts zu tun und nur sich selbst. Lado hingegen hatte seine Gastronomiekarriere abgebrochen, war freigestellt worden und arbeitete (im Anschluss an einen dreitägigen Ausflug nach Gjirokastra) nunmehr freiwillig. Dies bedeutete, dass er so lange schlief, wie er wollte, mithalf, wann er wollte und wie er es für richtig befand – im Tausch gegen Kost und Logis. Lado war auf einmal ein freier Mensch und blühte auf, er sei jetzt »im Urlaub«, so sagte er. Gjergj wiederum versicherte mir, dass er ihn dennoch bezahlen würde, der Familie wegen, das Geld würde gebraucht. Die Küche hatte währenddessen an der ohnehin geringen Grundspannung weiter verloren, und dies sah man den Tellern auch an. Dienst nach Vorschrift wurde geschoben, und jegliches Aufbäumen scheiterte an einem Mangel an Kraft.

Mit einem Wort: Alle arbeiten auf das Ende der Strandsaison hin, das der September bringen würde. Und du selbst? Was treibst du? Bist du Teil des nahenden Wärmetods, gelingt dir ein weiterer Ausbruch, ein Aufbruch? Warum tust du es nicht den durchziehenden Touristen aus Westeuropa gleich, die es nicht erwarten können, den Ort zu wechseln, die unbedingt noch dieses sehen, jenes besichtigen wollen? Was hast du denn hier noch verloren? Und glaubst du überhaupt, dass du noch mal davonkommst? Worauf wartest du? Dass dein Manuskript abgeschlossen ist? Könntest du das nicht andernorts viel leichter bewerkstelligen? Sitzt abends im warmen Wind und schaust den Sonnenuntergang, wie erst der Horizont brennt und sich dann die See langsam violett färbt. Hörst die Grillen der Nacht, tags die Zikaden. Schöne Welt, denkst du, was haben wir mit dir nur angestellt? Gegessen haben wir dich, und jetzt ist nur der Butzen übrig, wie man in deiner fränkischen Heimat sagt: das Kerngehäuse. In der Zeitung liest du vom Schnee, der das Mikroplastik aus der Luft filtert und in Grönland ablädt. Dort steht auch, dass die Regierung deines Heimatlandes Schutzprojekte im Amazonasgebiet nicht länger fördern will, weil der dortige Präsident den Raubbau vorantreibt, um noch mehr Soja anzubauen – für den Export, für Viehfutter und vegane Produkte. Die Carnivoren der großen Stadt, in der du lange wohntest, holen sich Burger, die Veganer den Aufstrich und die pflanzliche Mortadella. Samstags treffen sich alle im Club und brauchen Amphetamine, um sich glücklich zu fühlen. Wer bis übermorgen tanzen will, der nimmt zwischendrin Kokain und hat keine Ahnung, dass die Coca-Plantagen ganze Landstriche vergiften. Übers Wochenende wird ein Flug gebucht, nach Pisa, Reykjavik oder Rom, einfach weil es geht und weil man sich selbst müde ist, überdrüssig des faden Hedonismus, der Leistungsgesellschaft, die auch die Freizeit erobert hat. Man fliegt nach Marrakesch, Kutaisi oder nach Tirana, um innerhalb nur zwei Wochen möglichst viel zu besichtigen in jenen Ländern und Gesellschaften, denen »Freizeit« ein Fremdwort ist. Alles ist durch, und du bist es auch.

Aber dann kommst plötzlich in den Besitz einer Axt: Erion hat sie dir mitgegeben, eines Tages Ende August, als du auf dem Weg zum Strand hinunter warst. Er verlangt zwei Dinge von dir: Zum einen, dass du Holz schlägst, dort unten die Olivenhaine säuberst, dies sei gerne gesehen, sagt er, und niemandem sei damit etwas weggenommen. Jedes Mal, wenn du wieder hinaufsteigst, sollst du dir ein Holzstück unter den Arm klemmen und so für den Winter vorsorgen. Zum zweiten sollst du ein »starker« Schriftsteller werden, so wie einer von den Alten. Durch das Holzschlagen würde dein Arm stark werden, sagt Erion, und ein starker Arm würde einen starken Schriftsteller ausmachen. … gut, gehst du ab jetzt halt Holz schlagen! Was kannst du machen? Du weißt, dass du bleiben wirst.

Außerdem hat sich Erion zu guter Letzt noch als Urheber all dieser Möwensilhouetten auf blauem Grund entpuppt. Dies seien die Insignien der *Republika Pulëbardhë*, sagt er, der Möwenrepublik, die man gegründet habe, um gegen die Adler zu bestehen. Den anderen habe das Symbol gefallen, deswegen würde es jedes zweite Haus in Alt-Amerika schmücken. Die Adler, wenn sie herunterkämen von den Bergen, bzw. von der Nationalstraße, würden dann schon einsehen, dass dies hier nicht mehr ihr Territorium sei. Umgehend würden diese sich für ihr Eintreten entschuldigen und sagen, oh, wenn dem so ist, dann können wir hier kein Land nehmen, nichts asphaltieren und auch keine Hotels an die Küste bauen! Denn dort liegt das Land der Möwen, dort spielt das seidige Meer mit Strand und Felsen. Dort unten wirft Erion Steine, Gjergj steuert sein Boot zum Riff, Tëmë zieht mit dem Maultier seine Runden.

Danke!

Es sind inzwischen wirklich zu viele Menschen geworden, die mir in Albanien helfen, an die ich mich mit Fragen wenden kann, als dass ich noch in der Lage wäre, diese alle aufzuzählen. Ich belasse es daher hier bei den wenigen, die es in Amerika möglich gemacht haben, dass ich bleibe bzw. mich hier zu Hause fühle: Da ist allen voran natürlich Gjergj, dessen Freund zu sein ich mich glücklich schätze. Genauso aber auch Aldo, Arius, Lado, Leo und Dorian, die im Hochsommer die Taverne am Laufen gehalten haben. Zonjë Theodora spielt oben im *fshati* die Rolle, die Gjergj am *plazhi* zukommt. Ohne euch beide hätte es diesen ganzen Sommer so nicht gegeben. Herzlichen Dank und, ich darf das auf Nordalbanisch sagen: *Ju rrit ndera*!

Arvi hat mich während der stromlosen Zeit beinahe täglich in seinem Café aufgenommen und mir einen Schreib-Alltag möglich gemacht. Ohne Elli und ihren Kiosk wäre ich bereits im April Hungers gestorben, und auch dort hat man mir ein Plätzchen eingerichtet, an dem ich den Computer aufbauen konnte und meine Ruhe hatte. Lisa Stüve hat zahlreiche Texte in diesem Buch noch vor dem Lektorat durchgesehen und, mit Ort und Leuten vertraut, mir wertvolle Hinweise gegeben: Herzlichen Dank dafür! Elton Toska wiederum hat mit seinem Witz und seinen Witzen erheblich Material beigesteuert und mir als Übersetzer zur Seite gestanden, als es nötig wurde.

Dike und Gjin aus Naraç möchte ich ein großes Dankeschön sagen, ihr seid meinem Herzen ein Ankerplatz! Emilija, dir danke ich für die Tage in den Bergen, und dafür, dass du deine Perspektive auf das Geschehen und auf Albanien mit mir geteilt hast!

Und last but not least: Ihnen herzlichen Dank für all die Aufmerksamkeit. Danke, Leser!

Amerika, Bregu i detit

Jörg Martin Dauscher

111 GRÜNDE:

REISE INTERNATIONAL: 111 GRÜNDE, GEORGIEN ZU LIEBEN • 111 GRÜNDE, DIE SCHWEIZ ZU LIEBEN • 111 GRÜNDE, ALBANIEN ZU LIEBEN • 111 GRÜNDE, CHINA ZU LIEBEN • 111 GRÜNDE, BULGARIEN ZU LIEBEN • 111 GRÜNDE, COSTA RICA ZU LIEBEN • 111 GRÜNDE, DIE SLOWAKEI ZU LIEBEN • 111 GRÜNDE, SINGAPUR ZU LIEBEN • 111 GRÜNDE, TSCHECHIEN ZU LIEBEN • 111 GRÜNDE, ARMENIEN ZU LIEBEN • 111 GRÜNDE, DUBLIN ZU LIEBEN • 111 GRÜNDE, ÄGYPTEN ZU LIEBEN • 111 GRÜNDE, DIE NIEDERLANDE ZU LIEBEN • 111 GRÜNDE, DIE UKRAINE ZU LIEBEN • 111 GRÜNDE, ARGENTINIEN ZU LIEBEN • 111 GRÜNDE, DIE TÜRKEI ZU LIEBEN • 111 GRÜNDE, SÜDAFRIKA ZU LIEBEN • 111 GRÜNDE, LONDON ZU LIEBEN • 111 GRÜNDE, NEW YORK ZU LIEBEN • 111 GRÜNDE, MALLORCA ZU LIEBEN • 111 GRÜNDE, DÄNEMARK ZU LIEBEN • 111 GRÜNDE, SCHWEDEN ZU LIEBEN • 111 GRÜNDE, FINNLAND ZU LIEBEN • 111 GRÜNDE, IRLAND ZU LIEBEN • 111 GRÜNDE, ISLAND ZU LIEBEN • 111 GRÜNDE, SCHOTTLAND ZU LIEBEN • 111 GRÜNDE, POLEN ZU LIEBEN • 111 GRÜNDE, PORTUGAL ZU LIEBEN • 111 GRÜNDE, AUSTRALIEN ZU LIEBEN • 111 GRÜNDE, NEUSEELAND ZU LIEBEN • 111 GRÜNDE, INDIEN ZU LIEBEN • 111 GRÜNDE, KUBA ZU LIEBEN • 111 GRÜNDE, RUSSLAND ZU LIEBEN • 111 GRÜNDE, FRANKREICH ZU LIEBEN • 111 GRÜNDE, ROM ZU LIEBEN • 111 GRÜNDE, ENGLAND ZU LIEBEN • 111 GRÜNDE, BRASILIEN ZU LIEBEN • 111 GRÜNDE, JAPAN ZU LIEBEN • 111 GRÜNDE, WALES ZU LIEBEN • 111 GRÜNDE, KANADA ZU LIEBEN • 111 GRÜNDE, ITALIEN ZU LIEBEN • 111 GRÜNDE, NORWEGEN ZU LIEBEN • **REISE DEUTSCHLAND:** 111 GRÜNDE, DEN RUHRPOTT ZU LIEBEN • 111 GRÜNDE, DIE NORDSEE ZU LIEBEN • 111 GRÜNDE, KÖLN ZU LIEBEN • 111 GRÜNDE, DAS RHEINLAND ZU LIEBEN • 111 GRÜNDE, THÜRINGEN ZU LIEBEN • 111 GRÜNDE, FRANKEN ZU LIEBEN • 111 GRÜNDE, BADEN ZU LIEBEN • 111 GRÜNDE, BAYERN ZU LIEBEN • 111 GRÜNDE, SACHSEN ZU LIEBEN • 111 GRÜNDE, HAMBURG ZU LIEBEN • 111 GRÜNDE, DIE PFALZ ZU LIEBEN • 111 GRÜNDE, SYLT ZU LIEBEN • 111 GRÜNDE, SCHWABEN ZU LIEBEN • **MUSIK:** 111 GRÜNDE, HIPHOP ZU LIEBEN • 111 GRÜNDE, HEAVY METAL ZU LIEBEN • 111 GRÜNDE, KLASSISCHE MUSIK ZU LIEBEN • 111 GRÜNDE, JAZZ ZU LIEBEN • **EROTIK:** 111 GRÜNDE, SM ZU LIEBEN • 111 GRÜNDE, OFFEN ZU LIEBEN • **HOBBY & FREIZEIT:** 111 GRÜNDE, SELBST ZU KOCHEN • 111 GRÜNDE, POKER ZU LIEBEN • 111 GRÜNDE, SCHACH ZU LIEBEN • 111 GRÜNDE, BÜCHER ZU LIEBEN • 111 GRÜNDE, DAS BÖSE ZU LIEBEN • 111 GRÜNDE, COMPUTERSPIELE ZU LIEBEN • 111 GRÜNDE, DIE EISENBAHN

WWW.111-GRUENDE.DE

SONST NICHTS.

ZU LIEBEN • 111 GRÜNDE, UM DIE WELT ZU REISEN • 111 GRÜNDE, KRIMIS ZU LIEBEN • 111 GRÜNDE, ROLLENSPIEL ZU LIEBEN • 111 GRÜNDE, ANGELN ZU GEHEN • 111 GRÜNDE, SEGELN ZU GEHEN • 111 GRÜNDE, DAS FLIEGEN ZU LIEBEN • 111 GRÜNDE, WANDERN ZU GEHEN • 111 GRÜNDE, PILGERN ZU GEHEN • 111 GRÜNDE, PADDELN ZU GEHEN • 111 GRÜNDE, SURFEN ZU GEHEN • 111 GRÜNDE, MANGA ZU LIEBEN • 111 GRÜNDE ZU TANZEN • 111 GRÜNDE, TAUCHEN ZU GEHEN • 111 GRÜNDE, YOGA ZU LIEBEN • **HASSEN:** 111 GRÜNDE, ANWÄLTE ZU HASSEN • 111 GRÜNDE, BERLIN ZU HASSEN • 111 GRÜNDE, SEINEN CHEF ZU HASSEN • 111 GRÜNDE, SEINE KOLLEGEN ZU HASSEN • 111 GRÜNDE, SEINEN VERMIETER ZU HASSEN • 111 GRÜNDE, HAMBURG ZU HASSEN • 111 GRÜNDE, MÜNCHEN ZU HASSEN • 111 GRÜNDE, SEINE MITARBEITER ZU HASSEN • 111 GRÜNDE, NACHBARN ZU HASSEN • 111 GRÜNDE, HIPSTER ZU HASSEN • 111 GRÜNDE, KÖLN ZU HASSEN • 111 GRÜNDE, WIEN ZU HASSEN • **SONSTIGE:** 111 GRÜNDE, BIER ZU LIEBEN • 111 GRÜNDE, VEGETARIER ZU SEIN • 111 GRÜNDE, APPLE ZU LIEBEN • 111 GRÜNDE, LEHRER ZU SEIN • WEITERE 111 GRÜNDE, LEHRER ZU SEIN • 111 GRÜNDE, IHR KIND AUF DEN MOND ZU SCHIESSEN (UND NOCH MEHR, ES NICHT ZU TUN) • 111 GRÜNDE, SICH AUF DIE RENTE ZU FREUEN • 111 GRÜNDE, AN DIE GROSSE LIEBE ZU GLAUBEN • 111 GRÜNDE, AUFS LAND ZU ZIEHEN • 111 GRÜNDE, ARZT ZU SEIN • 111 GRÜNDE, EIN HAUS ZU BAUEN • 111 GRÜNDE, DEN WALD ZU LIEBEN • 112 GRÜNDE, DIE FEUERWEHR ZU LIEBEN • 112 GRÜNDE, FEUERWEHRMANN ZU SEIN • 110 GRÜNDE, POLIZIST ZU SEIN • IMMER DIESE SENIOREN! 111 GRÜNDE, WARUM SIE UNS IN DEN WAHNSINN TREIBEN • 111 GRÜNDE, KEIN ARZT ZU SEIN • **HOW TO SURVIVE:** HOW TO SURVIVE DEN TOD • HOW TO SURVIVE KINDER • HOW TO SURVIVE MIT GESCHWISTERN • HOW TO SURVIVE ALS SINGLE • HOW TO SURVIVE ALS STIEFMUTTER • HOW TO SURVIVE SCHULE • HOW TO SURVIVE SCHEIDUNG • HOW TO SURVIVE ALS FRAU AB 40 • HOW TO SURVIVE UNTER MÜTTERN • HOW TO SURVIVE BÜRO • HOW TO SURVIVE IM RUHESTAND • HOW TO SURVIVE OHNE FUSSBALL • HOW TO SURVIVE KREISLIGA • NICHT AUF LAGER! • HOW TO SURVIVE ELTERNABEND • HOW TO SURVIVE AUF DEM DORF • HOW TO SURVIVE MOBBING • HOW TO SURVIVE MIT TEENAGER • HOW TO SURVIVE ALS EINZELKIND • HOW TO SURVIVE UNTER BESSERWISSERN • HOW TO SURVIVE SCHEISSJOBS • HOW TO SURVIVE ALS ALLEINERZIEHENDE • HOW TO SURVIVE ALS RADFAHRER • HOW TO SURVIVE NERVIGE ELTERN • **FÜR JEDEN IST ETWAS DABEI.**

WWW.SCHWARZKOPF-SCHWARZKOPF.DE

111 GRÜNDE:

FUSSBALL: 111 GRÜNDE, BAYERN MÜNCHEN ZU LIEBEN • 111 GRÜNDE, BAYER 04 LEVERKUSEN ZU LIEBEN • 111 GRÜNDE, SCHALKE 04 ZU LIEBEN • 111 GRÜNDE, MAINZ 05 ZU LIEBEN • 111 GRÜNDE, HERTHA BSC ZU LIEBEN • 111 GRÜNDE, EINTRACHT BRAUNSCHWEIG ZU LIEBEN • 111 GRÜNDE, DEN 1. FC KAISERSLAUTERN ZU LIEBEN • 111 GRÜNDE, FRAUENFUSSBALL ZU LIEBEN • 111 GRÜNDE, DIE PREMIER LEAGUE ZU LIEBEN • 111 GRÜNDE, DEN SV WEHEN WIESBADEN ZU LIEBEN • 111 GRÜNDE, MANCHESTER UNITED ZU LIEBEN • 111 GRÜNDE, DEN FC ARSENAL ZU LIEBEN • 111 GRÜNDE, DEN FC BARCELONA ZU LIEBEN • 111 GRÜNDE, DEN AC MAILAND ZU LIEBEN • 111 GRÜNDE, JUVENTUS TURIN ZU LIEBEN • 111 GRÜNDE, GALATASARAY ZU LIEBEN • 111 GRÜNDE, DEN FC AUGSBURG ZU LIEBEN • 111 GRÜNDE, DIE SPVGG GREUTHER FÜRTH ZU LIEBEN • 111 GRÜNDE, DEN VFL BOCHUM ZU LIEBEN • 111 GRÜNDE, DEN VFL WOLFSBURG ZU LIEBEN • 111 GRÜNDE, ARMINIA BIELEFELD ZU LIEBEN • 111 GRÜNDE, HANSA ROSTOCK ZU LIEBEN • 111 GRÜNDE, DYNAMO DRESDEN ZU LIEBEN • 111 GRÜNDE, DEN FC CARL ZEISS JENA ZU LIEBEN • 111 GRÜNDE, DEN SC PADERBORN ZU LIEBEN • 111 GRÜNDE, DEN KARLSRUHER SC ZU LIEBEN • 111 GRÜNDE, 1899 HOFFENHEIM ZU LIEBEN • 111 GRÜNDE, ALEMANNIA AACHEN ZU LIEBEN • 111 GRÜNDE, BAYERN-FAN ZU SEIN • 111 GRÜNDE, DEN FC BASEL 1893 ZU LIEBEN • 111 GRÜNDE, DEN FC INGOLSTADT 04 ZU LIEBEN • 111 GRÜNDE, DEN SK RAPID WIEN ZU LIEBEN • 111 GRÜNDE, DEN SV DARMSTADT 98 ZU LIEBEN • 111 GRÜNDE, PREUSSEN MÜNSTER ZU LIEBEN • 111 GRÜNDE, RB LEIPZIG ZU LIEBEN • 111 GRÜNDE, UNIONER ZU SEIN • 111 GRÜNDE, DIE NATIONALMANNSCHAFT ZU LIEBEN • 111 GRÜNDE, DIE SELEÇÃO BRASILEIRA ZU LIEBEN • 111 GRÜNDE, ROT-WEISS ESSEN ZU LIEBEN • 111 GRÜNDE, KICKERS OFFENBACH ZU LIEBEN • 111 GRÜNDE, ROT-WEISS ERFURT ZU LIEBEN • 111 GRÜNDE, BEŞIKTAŞ ZU LIEBEN • 111 GRÜNDE, DEN 1. FC SAARBRÜCKEN ZU LIEBEN • 111 GRÜNDE, DEN VFL OSNABRÜCK ZU LIEBEN • 111 GRÜNDE, ST.-PAULI-FAN ZU SEIN • 111 GRÜNDE, DIE MiLLi TAKIM ZU LIEBEN • 111 GRÜNDE, DEN FK AUSTRIA WIEN ZU LIEBEN • 111 GRÜNDE, ATLÉTICO MADRID ZU LIEBEN • 111 GRÜNDE, DEN VFL SPORTFREUNDE LOTTE ZU LIEBEN • 111 GRÜNDE, DEN SV WALDHOF MANNHEIM 07 ZU LIEBEN • 111 GRÜNDE, DEN FC 08 HOMBURG ZU LIEBEN • 111 GRÜNDE, DEN FC RED BULL SALZBURG ZU LIEBEN • 111 GRÜNDE, DEN SK STURM GRAZ ZU LIEBEN • 111 GRÜNDE, EINTRACHT FRANKFURT ZU LIEBEN • 111 GRÜNDE, DEN 1. FC NÜRNBERG ZU LIEBEN • 111 GRÜNDE, REAL MADRID ZU LIEBEN • 111 GRÜNDE, HOLSTEIN KIEL ZU LIEBEN • 111 GRÜNDE, DEN SSV JAHN REGENSBURG ZU LIEBEN • 111 GRÜNDE, DEN TSV 1860 MÜNCHEN ZU LIEBEN •

WWW.111-GRUENDE.DE

““
SONST NICHTS.

111 GRÜNDE, DEN FC LIVERPOOL ZU LIEBEN • 111 GRÜNDE, BENFICA LISSABON ZU LIEBEN • 111 GRÜNDE, BORUSSIA DORTMUND ZU LIEBEN • 111 GRÜNDE, BORUSSIA MÖNCHENGLADBACH ZU LIEBEN • 111 GRÜNDE, DEN VFB STUTTGART ZU LIEBEN • 111 GRÜNDE, WERDER BREMEN ZU LIEBEN • 111 GRÜNDE, HANNOVER 96 ZU LIEBEN • 111 GRÜNDE, DEN SC FREIBURG ZU LIEBEN • 111 GRÜNDE, DEN 1. FC KÖLN ZU LIEBEN • 111 GRÜNDE, FORTUNA DÜSSELDORF ZU LIEBEN • 111 GRÜNDE, DEN 1. FC UNION BERLIN ZU LIEBEN • 111 GRÜNDE, DEN 1. FC MAGDEBURG ZU LIEBEN • 111 GRÜNDE, DEN MSV DUISBURG ZU LIEBEN • 111 GRÜNDE, DEN FC ST. PAULI ZU LIEBEN • 111 GRÜNDE, DEN HAMBURGER SV ZU LIEBEN • 111 GRÜNDE, ENERGIE COTTBUS ZU LIEBEN • 111 GRÜNDE, DIE WÜRZBURGER KICKERS ZU LIEBEN • 111 GRÜNDE, DEN KFC UERDINGEN ZU LIEBEN • 111 GRÜNDE, BAYERN MÜNCHEN ZU HASSEN • **HANDBALL:** 111 GRÜNDE, HANDBALL ZU LIEBEN • 111 GRÜNDE, DIE SG FLENSBURG-HANDEWITT ZU LIEBEN • 111 GRÜNDE, DIE RHEIN-NECKAR LÖWEN ZU LIEBEN • **BASKETBALL:** 111 GRÜNDE, BASKETBALL ZU LIEBEN • 111 GRÜNDE, DIE FRAPORT SKYLINERS ZU LIEBEN • 111 GRÜNDE, ALBA BERLIN ZU LIEBEN • 111 GRÜNDE, FC BAYERN MÜNCHEN BASKETBALL ZU LIEBEN • 111 GRÜNDE, BROSE BAMBERG ZU LIEBEN • 111 GRÜNDE, MEDI BAYREUTH ZU LIEBEN • **EISHOCKEY:** 111 GRÜNDE, EISHOCKEY ZU LIEBEN • 111 GRÜNDE, DIE DÜSSELDORFER EG ZU LIEBEN • 111 GRÜNDE, DEN SC BERN ZU LIEBEN • 111 GRÜNDE, DEN EHC RED BULL MÜNCHEN ZU LIEBEN • 111 GRÜNDE, DIE ADLER MANNHEIM ZU LIEBEN • 111 GRÜNDE, DIE ICE TIGERS ZU LIEBEN • 111 GRÜNDE, DIE KÖLNER HAIE ZU LIEBEN • 111 GRÜNDE, DEN ERC INGOLSTADT ZU LIEBEN • 111 GRÜNDE, DIE EISBÄREN BERLIN ZU LIEBEN • 111 GRÜNDE, DIE VIENNA CAPITALS ZU LIEBEN • **SONSTIGER SPORT:** 111 GRÜNDE, BOXEN ZU LIEBEN • 111 GRÜNDE, BIATHLON ZU LIEBEN • 111 GRÜNDE, DIE FORMEL 1 ZU LIEBEN • 111 GRÜNDE, DAS RADFAHREN ZU LIEBEN • 111 GRÜNDE, TENNIS ZU LIEBEN • 111 GRÜNDE, MOTORRAD ZU FAHREN • 111 GRÜNDE, TISCHTENNIS ZU LIEBEN • 111 GRÜNDE, KLETTERN ZU GEHEN • 111 GRÜNDE, WRESTLING ZU LIEBEN • 111 GRÜNDE, SNOOKER ZU LIEBEN • 111 GRÜNDE, BODYBUILDING ZU LIEBEN • 111 GRÜNDE, DARTS ZU LIEBEN • 111 GRÜNDE, TRIATHLON ZU LIEBEN • 111 GRÜNDE, GOLF ZU LIEBEN • 111 GRÜNDE, DAS RUDERN ZU LIEBEN • 111 GRÜNDE, BASEBALL ZU LIEBEN • 111 GRÜNDE, DAS BOGENSCHIESSEN ZU LIEBEN • 111 GRÜNDE, DEN GALOPPRENNSPORT ZU LIEBEN • 111 GRÜNDE, AMERICAN FOOTBALL ZU LIEBEN • 111 GRÜNDE, HOCKEY ZU LIEBEN • 111 GRÜNDE, JUDO ZU LIEBEN • 111 GRÜNDE, CRICKET ZU LIEBEN • 111 GRÜNDE, RUGBY ZU LIEBEN • **FÜR JEDEN IST ETWAS DABEI.**

WWW.SCHWARZKOPF-SCHWARZKOPF.DE

WAS ZU LESEN:

BILDBÄNDE, SACHBÜCHER UND BIOGRAFIEN: UDO LINDENBERG – DAS LINDENWERK • PETER BEHRENS – DER CLOWN MIT DER TROMMEL. MEINE JAHRE MIT TRIO – ABER NICHT NUR • DAS IST DAF – DEUTSCH AMERIKANISCHE FREUNDSCHAFT - DIE AUTORISIERTE BIOGRAFIE • FLAKE – DER TASTENFICKER. AN WAS ICH MICH SO ERINNERN KANN • DIE ÄRZTE - EIN ÜBERDIMENSIONALES MEERSCHWEIN FRISST DIE ERDE AUF • DAS BUCH Ä – DIE VON DIE ÄRZTE AUTORISIERTE BIOGRAFIE • KERSTIN OTT – DIE FAST IMMER LACHT • FARIN URLAUB – AUSTRALIEN & OSTTIMOR • DIE BEATLES IN INDIEN – FOTOGRAFIEN VON 1968 • DIE TOTEN HOSEN. LIVE – BACKSTAGE – STUDIO – FOTOGRAFIEN 1986–2006 • FARIN URLAUB – INDIEN & BHUTAN • FARIN URLAUB – AFRIKA • KEINE MACHT FÜR NIEMAND – DIE GESCHICHTE DER TON STEINE SCHERBEN • WIR WOLLEN IMMER ARTIG SEIN – PUNK, NEW WAVE, HIPHOP UND INDEPENDENT-SZENE IN DER DDR 1980–1990 • NINA HAGEN – THATS WHY THE LADY IS A PUNK • FEELING B – MIX MIR EINEN DRINK. PUNK IM OSTEN. MIT AUSFÜHRLICHEN GESPRÄCHEN MIT FLAKE, PAUL LANDERS UND VIELEN ANDEREN • CLUESO – VON UND ÜBER • BYE BYE, LÜBBEN CITY – BLUESFREAKS, TRAMPS UND HIPPIES IN DER DDR • VINYL LEXIKON – FACHBEGRIFFE, SAMMLERLATEIN, PRAXISTIPPS • DREI FARBEN BRAUN – DAS GROSSE STUDIO BRAUN BUCH • GRAND ZAPPA – INTERNATIONALE FRANK ZAPPA DISCOLOGY • MAX PROSA – IM STILLEN ODEM – ON THE RUN. EINE JUGEND IN DER GRAFFITI-SZENE • DAS GROSSE LEXIKON DER DEFA-SPIELFILME • MORTEN GRUNWALD – MEINE TAGE IN GELBEN SOCKEN • DON CAMILLO UND PEPPONE – DIE FILME MIT FERNANDEL UND GINO CERVI VON 1952 BIS 1970 • MANFRED KRUG – MK BILDERBUCH • HELMUT BERGER – EIN LEBEN IN BILDERN • DAS GROSSE ALBUM DER EDGAR-WALLACE-FILME • ANADISMISSED – MEINE KAMPFANSAGE AN DIE MAGERSUCHT • HUNGRIGES HERZ – MEIN LEBEN MIT DER BULIMIE • SAUFDRUCK – IN VIER JAHREN GANZ NACH UNTEN • ICH WAR ERST 13 – DIE WAHRE GESCHICHTE VON LON • EDDY KANTE – IN MEINEM HERZEN KOCHT DAS BLUT • RAY COKES – MY MOST WANTED LIFE • ULRICH PLEITGEN – GANZ ODER GAR NICHT! • KINDERSPIEL – WIE MEIN KÖRPER MISSBRAUCHT UND MEINE SEELE GEBROCHEN WURDE • DAS LEBEN IST NICHT EXTRA SMALL – WIE ICH GELERNT HABE, MEIN LEBEN NICHT VON DER MAGERSUCHT BESTIMMEN ZU LASSEN • KONSEQUENT AMBIVALENT – 15 FRAUEN MIT BORDERLINE ERZÄHLEN • DRINNEN IST BESSER – AGORAPHOBIE – WENN DIE ANGST DEN WEG NACH DRAUSSEN VERSPERRT • NEBELLEBEN – IM CHAOS EINER PERSÖNLICHKEITS-STÖRUNG • DAS GIFT DER NARZISSE – TOCHTER EINER NARZISSTISCHEN MUTTER • FRISS ODER STIRB – WIE MIR DIE MAGERSUCHT AUF DEN MAGEN SCHLUG UND ICH IHR INS GESICHT • VERSTÖRUNGSTHEORIEN – DIE MEMOIREN EINER AUTISTIN, GEFUNDEN IN DER BADEWANNE • ICH BIN NICHT AUF DER WELT, UM GLÜCKLICH ZU SEIN • WIE ICH MIR MEINEN PLATZ IN DER FERNSEHHÖLLE VERDIENT HABE – EIN REGISSEUR VON »DSDS«, »THE BIGGEST LOSER«, »VERSTECKTE KAMERA«, SCRIPTED REALITY SOWIE VIELEN DOKU- UND DEKO-SOAPS GEWÄHRT EINEN TIEFEN BLICK HINTER DIE KULISSEN DER (ALB-)TRAUMFABRIK • DER WAHNSINN UND SEINE GEFÄHRTEN – WENN VATER STERBEN MUSS UND MUTTER STERBEN WILL – VON KREBS, DEPRESSIONEN UND ANDEREN WEGEN DER ZERSTÖRUNG. EINE FAMILIENTRAGÖDIE • 33 LEHRER, MIT DENEN IHR KIND RECHNEN MUSS • FÜR IMMER IM KOPF – SCHOCKIERENDE UND BERÜHRENDE ERLEBNISSE EINES FEUERWEHRMANNES • FE-MALE – HINEIN IN DEN RICHTIGEN KÖRPER • DER TOD IST EIN NICHT ZU

WWW.SCHWRZKPF.DE

SONST NICHTS.

UNTERSCHÄTZENDER GEGNER – 33 WAHRE GESCHICHTEN ÜBER FEUERWEHRMÄNNER IM EINSATZ • ICH KAM, SAH UND INTUBIERTE – WAHNWITZIGES UND NACHDENKLICHES AUS DEM LEBEN EINES NOTARZTES • SCHAUEN SIE SICH MAL DIESE SAUEREI AN – 23 WAHRE GESCHICHTEN VOM LEBENRETTEN • DIE SAUEREI GEHT WEITER – 20 NEUE WAHRE GESCHICHTEN VOM LEBENRETTEN • INKLUSION – SO NICHT! EINE LEHRERIN BERICHTET, WIE ES WIRKLICH IST – EINE KRITISCHE BESTANDSAUFNAHME AUS DER PRAXIS • WARUM DIE PFLEGE IN NOT IST – ERFAHRUNGSBERICHTE EINES GESUNDHEITS- UND KINDERKRANKENPFLEGERS • AUF HOHER SEE UND VOR GERICHT – EIN RECHTSANWALT FÜHRT DURCH DEN DEUTSCHEN JUSTIZDSCHUNGEL • KNASTFRAUEN – DER TATSACHENBERICHT EINES INSIDERS – EIN ARBEITSTHERAPEUT ERZÄHLT, WIE ES IM GEFÄNGNIS WIRKLICH IST • WIE LANG IST DIE EXTRAMEILE? EINE UNTERNEHMENSBERATERIN MISST NACH • LEBENSHUNGRIG – MEIN WEG AUS DER MAGERSUCHT • WIR SOLLTEN UNS KENNENLERNEN! EINE ZU 99 % WAHRE GESCHICHTE ÜBER MEINE ATEMBERAUBENDE PARTNERSUCHE NACH DER SCHEIDUNG • SEELENFRAKTUR • GRENZVERLETZUNGEN. EINE GESCHICHTE ÜBER BORDERLINE, FREUNDSCHAFT UND ABHÄNGIGKEIT • VEGAN KACKEN! WARUM ES KEIN »LIFESTYLE« SEIN DARF, ENDLICH DAS RICHTIGE ZU TUN • WAS UNS KRANK MACHT – 33 SCHWERE KRANKHEITEN, EINFACH ERKLÄRT • WIE GEHT EIGENTLICH KRANKENHAUS? WARUM DER MENSCH MEHR IST ALS NUR EIN KRANKHEITSBILD – EIN RUNDGANG DURCH ALLE BEREICHE DES KLINIKBETRIEBS – AUF VISITE MIT EINEM ANGEHENDEN ARZT • DIE KRANKENHAUSVERDIENER. WOLLEN SIE NOCH MAL KRANK SEIN? ICH NICHT! • WAS UNS UMBRINGT – 25 NOTFÄLLE UND WIE SIE DARAUF REAGIEREN KÖNNEN • ICH KAM, SAH UND REANIMIERTE – GESCHICHTEN VOM LEBEN UND STERBEN • DIE CANNABIS-LÜGE – WARUM MARIHUANA VERHARMLOST WIRD UND WER DARAN VERDIENT • DIE IN BRÜSSEL. DIE WAHRHEIT ÜBER LOBBYISTEN – EINBLICKE IN EINE SPANNENDE WELT • MILF-MÄDCHENRECHNUNG – WIE SICH FRAUEN HEUTE ZWISCHEN FUCKABILITY-ZWANG UND KINDERSTRESS AUFREIBEN • MUNDSCHROTT – BEKENNTNISSE EINES ZAHNARZTES • »UND JETZT DEN MUND BITTE SCHÖN WEIT AUFMACHEN!« – PANNEN UND KURIOSITÄTEN RUND UM DEN ZAHNARZT • NEULICH IM DISCOUNTER – HILFE, ICH BIN IM EINKAUFSWAGEN GEFANGEN! MEINE ABSURDESTEN ERLEBNISSE MIT KUNDEN • NEUROSEN WELKEN NICHT – VERHALTENSGESTÖRTE GESCHICHTEN • DIE BÜRONOMADIN – DIE GESCHICHTE EINER RASTLOSEN • JONAS, NIMM DEN DINOSAURIER AUS DER NASE! 33 GESCHICHTEN AUS DEM ABSURDEN ALLTAG EINES KITA-ERZIEHERS • HAARIGE GESCHICHTEN – DAS WAHRE LEBEN IM FRISEURSALON • 10 DINGE, DIE DU NACH DEM ABITUR NICHT TUN SOLLTEST • 33 SCHÜLER, MIT DENEN ELTERN UND LEHRER RECHNEN MÜSSEN • 33 ELTERN, MIT DENEN LEHRER UND SCHÜLER RECHNEN MÜSSEN • LEHRER ZÄHMEN LEICHT GEMACHT – WIE DU ES SCHAFFST, IM SYMPATHISCHSTEN IRRENHAUS DER WELT ZU ÜBERLEBEN • OMA, OPA, KANN ICH EIN EIS?! VOM GLÜCK, ENKELKINDER ZU HABEN • PAPA SORGLOS – VÄTER MACHEN NICHTS RICHTIG, ABER MANCHES BESSER • WER'S GLAUBT, IST SELIG – EINE KURZE GESCHICHTE DER WUNDER UND WARUM WIR AN SIE GLAUBEN • VOLL DIE BLAMAGE – PROMIS, POLITIKER, PHANTASTEN, PRIVATMENSCHEN UND ANDERE PRIMATEN: EIN SAMMELSURIUM UNGLAUBLICHER PEINLICHKEITEN ZUM KOPFSCHÜTTELN UND FREMDSCHÄMEN • **FÜR JEDEN IST ETWAS DABEI. ABER HAT MAL JEMAND BITTE EINE LUPE???**

WWW.SCHWARZKOPF-SCHWARZKOPF.DE

JÖRG MARTIN DAUSCHER, geboren 1975 in Franken, verschlug es 2006 erstmals nach Albanien. Fasziniert von Land und Leuten kehrte er von da an immer wieder zurück und bereiste Albanien ausführlich. Lange Zeit lebte Dauscher in Berlin, bis er 2016 seinen Job als Weinhändler hinschmiss und sich in Marokko, auf dem Balkan sowie in Georgien herumtrieb. Heute arbeitet Jörg Martin Dauscher als Autor und Journalist.

Jörg Martin Dauscher
111 GRÜNDE, ALBANIEN ZU LIEBEN
Eine Liebeserklärung an das schönste Land der Welt

ISBN 978-3-86265-786-5
© Schwarzkopf & Schwarzkopf Verlag GmbH, Berlin 2019

Vermittelt durch die Literaturagentur Brinkmann, München. Alle Rechte vorbehalten. Dieses Werk ist urheberrechtlich geschützt. Jede Verwendung, die über den Rahmen des Zitatrechtes bei korrekter und vollständiger Quellenangabe hinausgeht, ist honorarpflichtig und bedarf der schriftlichen Genehmigung des Verlages.

BILDNACHWEIS
Alle Fotos © Jörg Dauscher, außer: Bildteil 1, S. XIV oben: © tobago77 - stock.adobe.com, S. XV oben: © Yannick - stock.adobe.com, S. XV unten: © ollirg - stock.adobe.com, Bildteil 2, S. VI-VII: © ollirg - stock.adobe.com, S. IX oben: © jahmaica - stock.adobe.com, S. XIII oben rechts: © Tomasz Wozniak - stock.adobe.com. Autorenfoto: © Phil Dera. Titelbild: Ansicht von Gjirokastra.

VERLAG
Schwarzkopf & Schwarzkopf Verlag GmbH
Kastanienallee 32, 10435 Berlin
Telefon: 030 – 44 33 63 00
Fax: 030 – 44 33 63 044

INTERNET | E-MAIL
www.schwarzkopf-schwarzkopf.de
www.facebook.com/schwarzkopfverlag
info@schwarzkopf-schwarzkopf.de